Geschundene Prinzessin zwischen den Welten

Dary Christine

Dary Christine

Geschundene Prinzessin zwischen den Welten

Mein Leben an der Seite eines Tyrannen

Autobiografischer Roman

Erinnerungen

DeBehr

Herausgeber: Verlag DeBehr, Radeberg
Erstauflage: 2024
ISBN: 9783987271823
Umschlaggrafik erstellt über Midjourney.com

Inhaltsverzeichnis

6

DANKSAGUNGEN 7

PROLOG 9

1. Kapitel 17

2. Kapitel 89

3. Kapitel 141

4. Kapitel 191

5. Kapitel 253

EPILOG 257

Über die Autorin 263

Weitere Publikationen der Autorin 265

DANKSAGUNGEN

Mein Dank gilt Dalia, Didier und René für die ausführlichen Gespräche und Informationen, sowie dem Jugendamt Wien für die umfangreichen Heim-Akte und der Strafvollzugsanstalt Simmering, die mir halfen die Lücken in meinen Recherchen zu schließen.
Ich danke auch Esther, Michael und Gerd für ihr Lektorat.

PROLOG

DARIA

Die Schuldgefühle drücken mich fast zu Boden. Mag sein, dass ich eine gute Managerin gewesen wäre. Planen, organisieren, delegieren. Doch für die wahren Zusammenhänge des Lebens war ich blind. Als Mutter habe ich versagt. Diese Erkenntnis macht mir seit einigen Monaten schwer zu schaffen. Ich weiß nun, dass ich damals falsch gedacht, falsch gehandelt habe.

Ich sehe meinen Kindern beim Spielen mit den Weihnachtsgeschenken zu. Stille Tränen treten in meine Augen. Einst hatte er ein ebenso fröhliches Wesen. Ich liebte sein unbeschwertes Lachen. Ich liebte, wie er bei traurigen Filmen weinen musste. Ich liebte sein offenes Gesicht, in dem man all seine Gefühle lesen konnte. Er war doch ganz und gar mein Ebenbild. Nicht so sehr vom Äußeren her, als vielmehr in der Seele. Waren wir nicht beide Abenteurer und gleichzeitig Melancholiker? Warmherzig und jähzornig, stolz und verletzlich, verschlossen und doch – bei näherer Betrachtung – jeder ein offenes Buch mit vielen Seiten.

Später, ja später wurde er arrogant, zornig, aggressiv und undurchschaubar. Es schien mir unmöglich, ihn noch zu mögen, geschweige denn, ihn zu lieben. Manchmal hatte er sogar etwas Beängstigendes an sich. Wie sein Vater. Ganz genau wie sein Vater. Die letzten Monate, die er bei mir verbrachte, verschwendete ich an meine Enttäuschung, weil er nicht so war, wie ich das wollte. Er befriedigte meinen Ehrgeiz nicht mehr. Wollte nicht mehr zur Schule gehen. Nicht mehr lernen. Hatte nur mehr Unsinn im Kopf. Wenn ich ihn darauf ansprach, tischte er mir Lügengeschichten auf.

Doch hatte nicht auch ich mich verändert? Wie mochte es ihm wohl mit mir ergangen sein? Was war es, das mir zu dieser Zeit so sehr den Verstand betäubte und das Herz versteinerte? Waren es die Symptome einer Krankheit? Einer Geisteskrankheit vielleicht? Kann man denn bei gesundem Verstand so handeln, wie ich damals gehandelt habe? Woraus schöpfte ich nur die Kraft weiterzuleben und so zu tun, als wäre nichts geschehen, nachdem ich diesen verabscheuungswürdigen

Schritt getan hatte? War es Blindheit? War es das Phänomen, das man Verdrängung nennt? Wie konnte ich nur meinen Stiefsohn, meinen mir ans Herz gewachsenen Stiefsohn, den mir das Schicksal – ich möchte es Schicksal nennen – anvertraut hatte, so im Stich lassen? Ihn verstoßen? Meine Gefühle zu ihm verleugnen? Wie konnte ich nur die Beziehung zu seinen Geschwistern, denen er dermaßen zugetan war, zerreißen? War mir damals je bewusst, was ich tat? Nachlaufen hätte ich ihm müssen. Auf der Stelle alles wieder rückgängig machen. Wie konnte ich sehenden Auges zulassen, dass er, der einst Geliebte, in diesem scheußlichen, stinkenden Morast versank? Sobald ich die Folgen meines Handelns erkannt hatte, hätte mich dies doch in den Tod treiben müssen! Damals, schon kurze Zeit nach dem Abschied hätte ich doch wissen müssen, wohin das alles führen würde. Wieso war mir dies denn nicht klar geworden?

Zu dieser Zeit hatte Samy bereits die neue Wohnung im noblen 19. Bezirk bezogen, und hatte sich offensichtlich finanziell etabliert. Er hatte auch vorgetäuscht, ein geregeltes Familienleben zu führen. Sogar Dalia lebte nun wieder bei ihm. Jedoch in welches Milieu hatte er die Jugendlichen hineingezogen? Mit welchen Tricks hatte mich Samy dazu bringen können, ihm Heny anzuvertrauen? Das Kind in seine Obhut zu übergeben? Und wie hatte er uns schließlich gegeneinander aufgehetzt?
Ein Intrigen-Schmieder, ein Lügner war Samy. Sein Wohlstand beruhte wohl auf der Tatsache, dass er in der Zwischenzeit zum Zuhälter geworden war.

Es waren bloß Wochen vergangen. Oder vielleicht Monate. Wo war dies alles, was Heny und ich vorher für einander empfunden hatten, denn so plötzlich hingekommen? All das Familiäre, Vertraute, alles Vertrauen war entschwunden. Als wir einander dann wiedersahen – diese oberflächliche Konversation bei völliger Unmöglichkeit eines Gesprächs. Bei gleichzeitiger Geheimhaltung aller Gedanken. Verleugnung jeglicher Gefühle. Diese Angst, etwas preiszugeben. Wie viel Unausgesprochenes blieb zwischen uns im Raum stehen und verstellte die Sicht? Die Sicht auf den anderen.

Ich erinnere mich an unser letztes Gespräch. Es ist schon lange her. Sollten das die letzten Worte gewesen sein, die wir je zueinander gesagt hatten? Dieser Gedanke lässt mich erschauern. Garantiert würde ich das mein restliches Leben lang bereuen.

All das, was zwischen uns passiert ist, ist wie aus einer anderen Welt. Es liegt so weit zurück. Auch alles andere um mich herum scheint mir nun wie aus einer anderen Welt zu sein. Es ist mir plötzlich, als betrachtete ich mich selbst aus einer großen Entfernung. Einer Entfernung von tausenden von Lichtjahren. Ich blicke zu den Wolken, die sich vor den Fenstern formiert haben, auf. Dorthin, wo ich den Himmel vermute. Ob man mir eine zweite Chance gäbe, ihm wieder näher zu kommen? Ihn zu lieben, wie früher? Ihm eine Mutter zu sein? Jetzt, da er meiner Fürsorge vielleicht am meisten bedarf? …

… Zu spät! Zu spät? Gibt es denn ein Zu-Spät? Wer ist dieser elende Neinsager in mir? Es muss doch jeder Mensch eine zweite Chance bekommen! Können wir nicht diese letzten Jahre einfach vergessen, so als ob dazwischen nichts gewesen wäre?
Es kann und darf doch nicht sein, dass mein Fehler endgültig und nicht mehr rückgängig zu machen ist! Alles ist möglich. Die Hoffnung ist ein Ding mit Federn, das sich in der Seele verbirgt und Weisen ohne Worte singt. Ein schillernder Vogel, der seine Schwingen ausbreitet. Sich in die Lüfte erhebt, um sich dann irgendwann irgendwo wieder niederzulassen. Ein Lichtstrahl, der so viel Wärme geben kann. Ein Regenbogen, der sich über dem herabstürzenden Bach des Lebens spannt. Der Blick in einen tiefen Talkessel, auf dessen Grund ein glasklarer Bergsee in der Sonne glitzert. Das Licht am Ende des Tunnels. Plötzlich steht mein Entschluss fest: Ich hole ihn zurück! Egal, wie schwer diese Aufgabe auch sein möge!

Nun haben sich alle zu Bett begeben. Ich kann nicht schlafen. Ganz oben in dem Schrank sind noch die alten Fotoalben. Ich nehme die Leiter und hole sie herunter. Eines nach dem anderen staple ich auf dem Tisch. Mit einem weichen Tuch streiche ich darüber, um den Staub zu entfernen. Vorsichtig. Die Hüllen sind teilweise schon ziemlich brüchig. Anhand der alten Bilder möchte ich mich an ihn erinnern.

Ihn nochmals mit den Augen von damals betrachten. Seinen Lebensweg abtasten.
Jedenfalls den Teil davon, den wir noch gemeinsam gegangen waren. Mit zitternden Fingern streiche ich über das alte Fotopapier. Wann genau …? Warum …? Warum nur …? Seltsam, dass ich vieles aus dieser Zeit vergessen habe. Mir fehlen zum Beispiel Erinnerungen an meine Gefühle während dieser Zeit der Trennung. Würde ich beim Betrachten der alten Fotos meine Gefühle und meine Liebe zu ihm wiederfinden? Würde ich dabei die Bruchlinie unserer Bindung erahnen? Den Riss in unserer Mutter-Sohn-Beziehung ertasten? Damit wir dort wieder anknüpfen könnten, wo damals alles in Brüche gegangen war? …

Ich halte inne. Wie würde es wohl sein, wenn er wieder hier bei mir wäre? Würde er noch derselbe sein? So, wie ich ihn von früher kannte? So, wie ich ihn in Erinnerung behalten habe? Wohl nicht. Nach all dem, was in der Zwischenzeit mit ihm passiert war. Ich beginne nachzurechnen. Ja, es waren an die fünfzehn Jahre vergangen, seit ich meinen Stiefsohn zu seinem Vater ziehen habe lassen. Nein, er würde kein Kind mehr sein. Ein junger Mann, doch vom Leben gezeichnet. Seine Seele von Schicksalsschlägen gefoltert und gealtert. Ein gutes Herz hatte er immer gehabt. Doch Menschen ändern sich. Sie verändern sich ständig.
Kann Hoffnung nicht auch trügerisch sein? Würde er überhaupt an einer Wiederbegegnung interessiert sein? Würde womöglich all meine Hoffnung zunichtegemacht werden? Zerbröseln wie die Einbände meiner alten Fotoalben?

Ich schlage das älteste Album auf und mein Blick fällt sofort auf das Foto unserer ersten Begegnung. Es war im Zentralkinderheim der Stadt Wien aufgenommen worden. Ich stehe auf einem Balkon. Oder war es eine Terrasse? Im Hintergrund sind blühende Bäume zu sehen und in der Ferne die Andeutung anderer Gebäude. Das Baby in meinem Arm ist in eine blau-weiß karierte Decke gehüllt. Eine Babydecke, wie man sie damals von der Gemeinde Wien gemeinsam mit einer Babyerstausstattung, dem sogenannten Wiener Wäschepaket, anlässlich der Geburt eines Kindes geschenkt bekam. Sein Köpfchen scheint auf diesem Foto in etwa so groß wie meine Handfläche und wird von einem knolligen Näschen und zwei großen, runden Augen dominiert. Er hat dunkelblonde, glatte Haare. Die Augenfarbe würde man als graublau bezeichnen.

Nun erinnere ich mich sogar daran, dass er bei seiner Geburt nur 48 cm lang war und auch sein Gewicht lag deutlich unter dem meiner eigenen Kinder, die alle bei ihrer Geburt mindestens 50 cm maßen und über 3 kg wogen. Vielleicht waren es 2745 g oder aber auch nur 2475 g, denn wenn ich an sein Geburtsgewicht denke, fallen mir wie selbstverständlich die Zahlen 2, 4, 5 und 7 ein, ohne dass ich sagen könnte, in welcher Kombination sie dabei vorkamen. Den Mutter-Kind-Pass kann ich schon lange nicht mehr finden.

Man könnte meinen, ich trage auf diesem Foto ein Umstandskleid, dabei dürfte ich erst im zweiten Monat schwanger gewesen sein. Es war im Empirestil geschnitten. Das Oberteil war also stark verkürzt und die Taille saß knapp unter der Brust, der Rock fiel locker nach unten, im Rücken konnte man zwei Bändchen zu einer Masche binden. Es hatte kurze Ärmel und das Dekolleté gewährte Einblicke. Das Material des Kleides war ein leichtes, bunt kariertes Gewebe aus Baumwolle, das aus abwechselnd glatten und gerafften Stoffstreifen bestand, ein sogenannter Seersucker. Um meinen Hals lag eine Goldkette mit einem hellen Anhänger. Meine dunkelblonden Haare trug ich schulterlang.

Es war scheinbar schon relativ warm für die Jahreszeit, denn es muss April gewesen sein. Heny war damals etwa vier Monate alt. Und eigentlich hieß er Walter. Als Halbschwester von Alexander Bisenz hatte ihn seine Mutter zum Neffen des bekannten Kabarettisten und Malers gemacht, was Heny in seinem weiteren Leben aber auch nicht half. Seinen berühmten Onkel habe ich nie persönlich kennengelernt.

Meine Verbindung zu dem Baby bestand lediglich darin, dass er der Sohn des Mannes war, der auch der Vater meines noch Ungeborenen war. Welche Rolle sein Erzeuger später in Henys Leben spielen sollte, ließ sich zu diesem Zeitpunkt noch nicht abschätzen.

1. Kapitel

Es war ein wunderschöner Apriltag und die Sonne strahlte vom azurblauen Himmel. Kein Windhauch regte sich. Im Garten blühten schon die Bäume. Die junge Frau in dem Seersucker-Kleid mit dem Baby im Arm strahlte Glück und Zufriedenheit aus. Sie war das erste Mal in ihrem Leben wirklich verliebt. Auch der junge Mann an ihrer Seite schien glücklich. Sein Blick ruhte mit Wohlwollen auf ihrem Gesicht mit den engelsähnlichen, ebenmäßigen Zügen. Hinter ihm stand Hermine, ihre Mutter. Die junge Frau warf ihm einen hingebungsvollen Blick zu indem sie sagte:
„Der Kleine könnte schon bei uns bleiben. Ein Kind mehr oder weniger spielt doch auch keine Rolle."
„Nein, das kommt nicht infrage", antwortete Samy.
Und zu Hermine gewandt meinte er:
„Das kann ich Daria nicht antun. Ich schicke das Kind nach Ägypten. Meine Mutter soll es abholen."
Eigentlich war das Daria auch recht, denn im Moment konnte sie für dieses Kind wirklich nichts empfinden. Derjenige, dem ihre ganze Liebe und Hingabe galt, war Samy selbst, und nur er.

„Wie haben Sie sich nun entschieden? Stimmen Sie einer Adoption, wie es die Kindesmutter vorgeschlagen hat, zu?" Die Leiterin der Säuglingsstation war auf die Terrasse getreten, ohne dass sie jemand von den Dreien bemerkt hatte und stand plötzlich hinter Samy. Er zuckte zusammen, doch fasste er sich schnell wieder und antwortete:
„Mit der Adoption bin ich nicht einverstanden. Ich beantrage seine Entlassung in meine Obsorge. Meine Mutter wird sich um das Baby kümmern."
„Dann muss Ihre Mutter ein paar Mal herkommen und uns zeigen, dass sie mit einem Baby umgehen kann. Das Kind füttern und wickeln ..."
„Ja, ja, das wird sie machen", unterbrach sie Samy, „kein Problem. Sie hat schließlich drei Söhne aufgezogen." Er betonte das Wort drei. Seine Stimme bekam immer gleich einen gereizteren Ton, wenn er von Vertretern irgendwelcher behördlichen Einrichtungen angesprochen wurde. Doch die Leiterin schien sich mit dieser Antwort zu begnügen, drehte sich um und ging wieder in ihr Zimmer zurück.

Der Kleine saß nun aufrecht in Darias Arm und hatte sein rechtes Händchen zum Mund geführt. Süß war er doch! Schnell legte sie ihren anderen Arm um seine Schultern, um ein plötzliches Zurückkippen des Oberkörpers oder des Köpfchens zu verhindern. Ihr Daumen berührte dabei flüchtig sein Händchen. Da huschte ein plötzliches Lächeln über seine Lippen.
„Also, wenn du willst, ich würde das schon schaffen. Dalia werden wir ja auch zu uns nehmen und dann bekomme ich bald unser Baby." Bei diesen Worten begannen Darias Augen zu strahlen. „Ob ich nun zwei oder drei Kinder habe, ist auch schon egal."
„Du bist doch selbst noch ein Kind! Wie stellst du dir denn das vor? Jetzt hast du eben erst maturiert und noch keine Ausbildung. Du bist höchstwahrscheinlich mit den beiden Kindern bereits hoffnungslos überfordert", herrschte sie Hermine an. „Bei Samys Mutter in Ägypten ist er sicher gut aufgehoben."
Das waren allerdings Argumente, die man nicht so leicht widerlegen konnte.

Es war kaum ein Jahr her, da hätte Daria die Hand dafür ins Feuer gelegt, dass sie einmal keine Kinder haben wollte. Sie hatte davon geträumt, Schauspielerin, Sängerin oder Philosophin zu werden. Am besten alles zusammen. Bei solchen Ambitionen war es einfach undenkbar, sich auch noch um die Erziehung von Kindern kümmern zu müssen. Doch nun war alles über Nacht anders gekommen. Die Ereignisse hatten sich überstürzt, ihre Gefühle sie überrumpelt. Ja, sie war sogar dankbar dafür, dass ihr das Schicksal Samy beschert hatte, denn sie konnte sich keinen besseren Mann als ihn vorstellen.
„Jetzt gehen wir noch Dalia besuchen", sagte Samy.
Daria nickte und schickte sich an, das Baby in sein Gitterbett auf der Säuglingsstation zurückzubringen. Als sie den Kleinen auf das Kissen gelegt hatte, begann er zu weinen. Einen Augenblick lang zögerte sie. Was sollte sie nun tun? Doch die Säuglingsschwester, die wohl ihren Zwiespalt bemerkt hatte, sagte schroff:
„Das ist schon okay, er wird gleich wieder aufhören."

Die beiden anderen waren einstweilen langsam vorausgegangen, und als Daria sie eingeholt hatte, zog sie ihre Mutter am Ärmel.

„Mutti, ich muss dir etwas erzählen. Kannst du dich noch an diese Ägypterin erinnern, die bei der Schnellbahnstation Zeitungen verkauft hat?“
„Ja, natürlich, wir hatten uns mit ihr angefreundet und eines Tages war sie verschwunden.“
„Genau diese. Und niemand konnte uns Auskunft über sie erteilen, wo sie sein könnte und wer sie überhaupt war.“
„Aber was ist mit ihr?“
„Samy und ich haben dort vor ein paar Tagen auf seinen Freund gewartet. Bei dieser Gelegenheit habe ich Samy nach ihr gefragt. Ich dachte, dass er sie vielleicht kennen könnte, da er ja auch aus Ägypten ist. Da sah er mich erstaunt an und antwortete: 'So ein Zufall! Das ist die Mutter meiner Tochter.'“
„Nein, wirklich?“, rief Hermine aus.
„Ja. Es ist kaum zu glauben. Nicht wahr? Ich werde also die Tochter einer ehemaligen Freundin aufziehen“, jauchzte Daria.
„Außerdem ist Dalia das hübscheste Mädchen, das ihr euch nur vorstellen könnt.“ Samy, der die ganze Zeit über schweigend zugehört hatte, drehte sich nun zu ihnen um. „Ihr werdet staunen. Sie ist meine Prinzessin.“ Er grinste verschmitzt.

Sie gingen ein Stockwerk tiefer, dort waren die Drei- bis Fünfjährigen untergebracht. Als sie bei Dalias Kindergruppe angelangt waren, pressten alle drei gleichzeitig ihre Gesichter neugierig gegen die Glastür. Da erblickte Samy auch schon seine Tochter in der orangefarbenen Puppenecke. Ihre dunkelbraunen, beinahe schwarzen Haare waren zu zwei dicken Zöpfen geflochten. Daria fielen sofort ihre großen dunklen Augen auf. Die Gesichtszüge des Kindes lösten bei ihr eine vage Erinnerung aus. War dies etwa das Mädchen, das sie in ihren Tagträumen gesehen hatte? Die letzten Monate, bevor sie Samy kennengelernt hatte, war sie immer wieder von demselben Tagtraum heimgesucht worden: Sie sah vor ihrem geistigen Auge einen dunkelhäutigen Mann, der ein kleines Mädchen, dessen kräftiges, gekraustes Haar zu zwei dicken Zöpfen geflochten war, an der Hand hielt und hinter sich nachzog. Es schien ihm nur widerwillig folgen zu wollen. Seit dem Tag, an dem sie Samy kennengelernt hatte, war dieser Tagtraum nie mehr wiedergekehrt. Sollte sich also nun mit Dalia Darias

Vision erfüllen? Oder verbarg sich da noch etwas anderes …? Umwehte nicht etwas Geheimnisvolles dieses kleine Mädchen?

Nun nahm die Kinderheimbetreuerin Dalia an der Hand und führte sie zu ihnen. Sehr zart war sie. Sie wirkte unterernährt. Fast zerbrechlich. Trotz des dunkleren Teints sah ihr Gesicht blass aus. Als sie Samy erblickte, schien sie zu erschrecken und versteckte sich schnell hinter ihrer Betreuerin.
„Hast du denn Angst vor mir?“, fragte dieser mit einem gespielt amüsierten Lächeln, das seine Verlegenheit kaum zu verbergen vermochte.
„Sie ist wahrscheinlich schüchtern“, beeilte sich Hermine zu erklären, „weil sie so viele fremde Menschen besuchen kommen.“
„Ich möchte Dalia gern mit nach Hause nehmen, kann sie Ausgang bekommen?“, erkundigte sich Samy, der nun seine Fassung wiedererlangt hatte, bei der Kindergärtnerin.
„Das geht heute nicht. Sie müssen den Ausgang erst beantragen und dann muss darüber entschieden werden. Schließlich ist sie ja nicht ohne Grund zu uns eingewiesen worden“, antwortete diese mit Nachdruck.
„Gut, dann beantrage ich ihn eben jetzt.“ Und mit einer gewissen Aggression in der Stimme setzte er fort: „Es ist ja nicht meine Schuld, dass das Kind hier ist. Sie wissen doch, dass die Stiefmutter Dalia geschlagen hat. Deshalb lasse ich mich auch von ihr scheiden.“
„Wir sagen Ihnen Bescheid, ob Sie Ihre Tochter vielleicht über das kommende Wochenende abholen können.“
„Wir würden gern mit einer Sozialarbeiterin sprechen“, ließ sich nun wieder Hermine vernehmen, „Dalias Vater möchte auch ihre Entlassung aus dem Heim beantragen.“
„Und wer sind Sie, bitte, in dieser Angelegenheit?“, fragte die Kindergärtnerin erstaunt.
„Das ist meine zukünftige Schwiegermutter“, schaltete sich Samy sofort ein.
„Gut, wir werden einen Gesprächstermin vereinbaren“, antwortete sie schroff.
Nun warf Dalia einen prüfenden Blick in die Runde und trat zögernd aus ihrem Versteck ein wenig hervor. Dann stammelte sie etwas Unverständliches.

„Das ist Daria-Mami“, sagte Hermine zu Dalia. „Komm! Gib ihr die Hand!“
Zögernd reichte ihr die Kleine das Händchen.
„Na, habe ich euch zu viel versprochen? Ist sie nicht schön? So schön wie der Vater. Nicht wahr?“, prahlte Samy.
Daria kicherte.
„Natürlich“, sagte ihre Mutter scherzend, „genau so schön wie du.“
„Matschi, wenn ich dich vor Daria kennengelernt hätte, würde ich dich heiraten“, schmeichelte er.
Nun kicherte auch die Mutter.

Da Dalia ziemlich verlegen und auch nicht sehr gesprächig zu sein schien, verabschiedeten sich alle bald wieder und machten sich auf den Heimweg.
„Weißt du, Matschi“, sagte Samy, „deine Tochter ist mir von Gott gesandt worden. Im Vergleich zu ihr sind die anderen Frauen Holzklötze, die nur mit dem Herzen lieben, doch sie ist eine der ganz seltenen, speziellen Frauen, die auch mit ihrem Körper lieben können.“
Daria waren Samys Äußerungen sehr peinlich. Doch sie war ihm wirklich mit Leib und Seele verfallen. Gerne wollte sie all seine Probleme lösen und alles für ihn und seine Kinder tun, was er von ihr verlangen würde. Während sie zur Wohnung ihrer Mutter in die Vorgartenstraße fuhren, schwelgte sie in ihrem jungen Glück und hing ihren Gedanken nach.

An dem Tag, an dem die Reichsbrücke eingestürzt war, hatte sie sich mit Samy zu ihrem ersten Date in einem kleinen Lokal im Souterrain eines Hauses in der Berggasse verabredet gehabt. In der schummrigen Atmosphäre dieser Diskothek mit ihren gedämpften Klängen war genügend Raum für Unterhaltung geboten. Sie hatte Samys Worten mit Hingabe gelauscht und dabei wie in Trance seine behaarte Brust gekrault, die das enganliegende orangerote Hemd, das fast bis zur Körpermitte offen gestanden war, freigegeben hatte. Seine cremefarbene Hose war knapp gesessen und alle Körperwölbungen wurden dadurch detailgetreu nachgezeichnet. Im ganzen Raum hatte er einen intensiven Duft nach Paco Rabanne verströmt. An seinen Lippen war sie abwechselnd mit ihren eigenen Lippen und mit ihren Augen gehangen.

Dazwischen hatten sie getanzt, jedoch bloß die ganz langsamen Tänze, eng aneinandergepresst und fest umschlungen. Zu später Stunde waren sie mit einem Taxi zu dem Hotel, das ihr gemeinsamer Arbeitsplatz war, gefahren. In Samys Personalzimmer hatten sie miteinander bis in die frühen Morgenstunden geschlafen. Danach waren sie beide zur Arbeit gegangen. Doch bereits am Nachmittag hatte sich bei ihr ein nie zuvor gekanntes unbändiges Verlangen eingestellt und sie hatte ihn wieder aufgesucht, um es zu stillen. Seither konnte sie, wo immer sie war, an nichts anderes mehr denken als an Samy. Sie hatte die Fähigkeit entwickelt, sich bloß mittels der Kraft ihrer Gedanken bis zur Ekstase zu steigern. Manchmal saß sie in der Straßenbahn, in wilden Fantasien gefangen, und mit einem plötzlichen Erschrecken wurde ihr bewusst, dass alle Leute sie anstarrten. Was mochte ihnen wohl ihr Blick, der Ausdruck ihrer Augen über ihre intimsten Gedanken verraten haben?
Ihr Herz frohlockte bei der Vorstellung, bald seinen Familiennamen tragen zu dürfen. Sobald er von seiner jetzigen Frau geschieden war, wollten sie heiraten. Eines Tages würde er in Österreich sein Studium wieder aufnehmen können. Und eines Tages würden sie auswandern. Das hatte er ihr versprochen. Daria träumte von der Ferne. Von fremden Ländern. Denn sie war noch kaum im Ausland gewesen. Spanien hatte er erwähnt. Spanien klang nach Sonne, Meer und einem südlichen Flair.

Zu Hause angelangt kochte Hermine Kaffee. Für Samy machte sie Tee. Es gab auch Kuchen. Zu Darias Mutter konnte man zu jeder Tageszeit kommen, es gab immer etwas zu essen. Nach dieser Jause zündete sich Samy genüsslich eine Zigarette an und lenkte das Thema wieder auf seine Tochter.
„Das war ganz dumm, was meine Frau Silvia gemacht hat. Ein Kind schlägt man nicht so, dass es blaue Flecken hat. Ich habe Psychologie studiert. Ich weiß, wie man Kinder erziehen muss. Wenn die Kleine das Bett nässte, dämpfte Silvia ihre Zigarette auf Dalias Gesäß aus. Ich hingegen machte es gescheiter, ich ließ immer heißes Kerzenwachs auf ihre Haut tropfen. Das tut weh, aber es hinterlässt keine Spuren.“
„Aber Samy, das kannst du doch nicht ernst meinen!“ Hermine war

etwas irritiert.
„Doch, doch“, antwortete er. „So wird es jedenfalls bei uns in Ägypten gemacht.“
Daria zog es vor, dazu zu schweigen.

„Wenn Dalia einmal groß ist, muss ich der erste Mann sein, der mit ihr schläft“, setzte Samy fort.
„Aber du bist doch ihr Vater!“, empörte sich da Hermine.
„Eben deshalb. Ich kann doch nicht zulassen, dass sie ein anderer Mann entjungfert.“
Mutter und Tochter warfen einander unbeholfene Blicke zu, doch Samy hatte eine Art zu sprechen, die keinen Widerspruch duldete. So irrationell es auch scheinen mag, trotz ihrer Unsicherheit, was sie wohl über derlei Äußerungen denken solle, betrachtete ihn Daria weiterhin mit einer unverhohlenen Bewunderung.

Als Hermine aufgestanden war, um das Geschirr in die Küche zu tragen, zog Samy Daria ganz nahe an sich heran und flüsterte ihr ins Ohr: „Komm, wir gehen schnell. Ich liebe dich. Ich muss dich unbedingt bumsen.“
Ihre Knie wurden weich. Am liebsten wäre sie in seine Arme gesunken, um sich ihm an Ort und Stelle hinzugeben.

Sie gingen die Straße entlang. In den Vorgärten zwitscherten schon die Vögel. Frühlingsduft lag in der Luft. Durch Darias Haar strich ein lauer Wind.
„Du lächelst wie die Mona Lisa“, sagte Samy und umfasste zärtlich ihre Schultern.
Sie schlenderten langsam und schweigend durch den Allerheiligen Park. Als sie auf der anderen Seite den Park wieder verließen, kam bereits der Friedrich-Engels-Platz in Sicht. Bald schon sahen sie das grüne Gebäude der Jugendherberge und die denkmalgeschützte Wohnhausanlage mit ihren grünen Balkonen, die gerne von Touristen fotografiert wurde, da sie vom Otto-Wagner-Schüler Rudolf Perco konzipiert und errichtet worden war. Auch hatte der an der Floridsdorfer Brücke liegende Gemeindebau während des Bürgerkrieges zwischen Schutzbündlern und Austrofaschisten eine bedeutende strategische Rolle gespielt. 1934 war er von den Austrofaschisten besetzt worden. Doch all diese Dinge wussten die Touristen, die mit gezückten Kameras herumschwirrten und den Bau von allen Seiten ablichteten, besser als die Leute, die dort lebten.

„Wie gut, dass uns dein Großvater die Gemeindewohnung überlassen hat. Sonst müssten wir jetzt noch immer bei deiner Mutter wohnen“, sagte Samy.
„Ja, aber wir müssen einige Installationen tätigen lassen. Ewig kann ich nicht so leben. Ohne Dusche. Ja, nicht einmal warmes Wasser haben wir! Vor dem nächsten Winter muss unbedingt auch eine Heizung eingebaut werden“, antwortete Daria. Und nach einer kurzen Pause setzte sie mit einem innerlichen Lächeln fort:
„Außerdem nisten Tauben im Abzugsschacht über der Kochnische, wie du weißt.“
„Wie sind die bloß hineingekommen?“, fragte Samy.
„Ganz einfach. Irgendjemand hat einmal vergessen, das Lüftungsfenster zu schließen“, erklärte Daria.

Jetzt im Nachhinein konnte sie sich kaum vorstellen, wie sie in dieser Substandardwohnung zu viert die Wintermonate überstanden hatten. Ende September war ihr Dienstverhältnis mit dem Hotel beendet gewesen. Das Personalzimmer hatte geräumt werden müssen. Daria und Samy waren daher zunächst einmal bei ihrer Mutter eingezogen. Sie durften das Kabinett benutzen. Hatten sich eigentlich ihre Schwestern Marion und Manuela dann mit der Mutter das Schlafzimmer teilen oder eine der beiden vielleicht im Wohnzimmer schlafen müssen? Es war doch noch nicht so lange her, aber Daria konnte sich gar nicht mehr erinnern. Jedenfalls war es ihnen bald zu eng geworden. Schließlich wurde die Idee geboren, dass das junge Paar die leerstehende Gemeindewohnung des Großvaters, der in seinem Haus in Niederösterreich lebte, beziehen sollte. Samy hatte vorgeschlagen, dass auch Marion, die noch das Gymnasium besuchte, gemeinsam mit ihnen in diese Wohnung übersiedeln solle. Hermine hatte nichts dagegen gehabt.

Die Engelsplatzwohnung bestand aus zwei Zimmern, einem Kabinett, einer relativ großen Küche und einem WC. Von einem schmalen, länglichen Flur aus waren die Küche, die Toilette, eines der beiden Zimmer und das Kabinett direkt begehbar. Das zweite Zimmer konnte nur durch das Kabinett erreicht werden. Dadurch bot es sich an, das sogenannte Durchgangszimmer als Wohnzimmer zu verwenden, während Daria und Samy das dahinterliegende Zimmer als Schlafraum nutzten. Marion wurde das Zimmer auf der anderen Seite des Korridors zugeteilt. Da die Wohnung im Großen und Ganzen möbliert war, brauchten sie nur eine Sitzgarnitur mit Couchtisch und ein paar Elektroheizkörper zu kaufen. Einige Küchenschränke und das Vorzimmerkästchen hatten die beiden Mädchen selbst zusammengebaut. Alles war ausgemessen, Pläne waren gezeichnet worden. Die Bretter hatten sie sich im Bastlergeschäft in der Marchfeldstraße zuschneiden lassen. Alle Löcher hatten mittels eines Holzbohrers in die Bretter gebohrt werden müssen, sodass die Handflächen der Mädchen alsbald von Blasen übersät waren. Die Sitzgarnitur bestand aus einem Sofa und zwei Ohrensesseln. Es waren wuchtige Möbelstücke aus einem weinroten Samt, die beinahe den gesamten verfügbaren Platz in diesem schmalen Durchgangszimmer beanspruchten. Sie hatten sie im Dorotheum ersteigert. Brauchten sie warmes oder heißes Wasser, erwärmten sie es auf dem Gasherd, mit dem sie auch gelegentlich versuchten, die Küche und weitere Teile der gesamten Wohnung zu beheizen. Die Wärme, welche die elektrischen Radiatoren ausstrahlten, hatte sich nämlich schon bald als ungenügend erwiesen. Die Körperpflege konnte nur mittels des in ein Lavoir umgefüllten erwärmten Wassers erfolgen. Um zu duschen oder ein Bad zu nehmen, mussten sie zu Hermine fahren. Marion hatte immer seltener den Unterricht an ihrer Schule besucht. Abends waren sie oft alle drei bis spät in der Nacht ausgegangen. Ins Kino. Oder in eine Diskothek. Ihre Mutter hatte für sie die Miete bezahlt, die staatliche Familienbeihilfe, die sie noch für Marion erhielt, an sie weitergeleitet und auch oft die Lebensmitteleinkäufe bestritten.

Eines Tages hatte es an ihrer Tür geläutet. Als Daria die Wohnungstür geöffnet hatte, war ein junger Mann mit zwei großen Koffern davorgestanden. Er sei Hamed, Samys Bruder, hatte er ihr erklärt, war bei ihnen eingezogen und fortan in Österreich geblieben. Er hatte im Durchgangszimmer schlafen müssen. Eigentlich war es eine schöne Zeit gewesen, dachte Daria jetzt im Nachhinein. Unbeschwert und ohne Verpflichtungen konnten sie in den Tag hineinleben. Schließlich waren Marion und Hamed wieder ausgezogen. Darias Schwester war doch zur Mutter zurückgekehrt und Samys Bruder hatte eine Freundin gefunden, bei der er wohnen konnte.

Nun waren Daria und Samy bei der Wohnhausanlage am Friedrich-Engelsplatz angelangt. Während sie die Wohnungstür aufschloss, sagte sie:
„Weißt du, was ich gestern noch gemacht habe?“ In ihrer Stimme klang die Vorfreude einer Überraschung. Verspielt riss sie die WC-Tür auf, hob stolz den Kopf empor und zeigte mit dem Finger auf die Öffnung ganz oben in der rückwärtigen Wand, die den Blick auf den Abzugsschacht freigab.
„Ich habe den Schacht von den Taubennestern gesäubert.“
„Wie hast du denn das gemacht?“ Samy lächelte ungläubig.
„Nun, ich habe einfach die Nester mitsamt den Eiern mittels eines Besens durch das geöffnete Fenster direkt ins Freie gekehrt. Auf den unter der Wohnung befindlichen Parkplatz“, verkündete sie stolz.
„Aus dem zweiten Stock?“, fragte er lauernd.
„Ja, natürlich“, antwortete sie.
„Du hast die ungeborenen Kinder der Tauben getötet?“

„Ja, aber was hätte ich denn sonst damit tun sollen?“ Nun wurde sie doch etwas unsicher. „Wir können ja nicht ewig in diesem Taubendreck leben“, stammelte sie kleinlaut.
„Ich kann es nicht glauben.“ Samy schüttelte wie vom Schlag getroffen den Kopf. „Du hast tatsächlich die Taubenjungen getötet? Du bist eine Mörderin!“

Seine Reaktion stürzte sie urplötzlich in die tiefste Verzweiflung. Was sollte sie jetzt tun? Diese Tat konnte sie doch nun nicht mehr rückgängig machen.
„Es tut mir leid“, sagte sie und versuchte, ihn zu umarmen. Doch er stieß sie von sich.
„Du glaubst doch nicht im Ernst, dass ich für dich nun noch irgendwelche Gefühle aufbringen kann, nachdem du so etwas getan hast.“
„Bitte, bitte, verzeih mir!“, flehte sie ihn an.
„Nein, nie im Leben!“
„Ich liebe dich! Verzeih mir!“
Nochmals versuchte sie ihn anzufassen, doch er schüttelte sie ab.
„Ach, sei einfach still und verschwinde!“, schrie er sie an.
Sie lief ins Schlafzimmer, warf sich in ihrer Kleidung aufs Bett und weinte bitterlich.
„Oh, Gott! Oh, Gott! Was habe ich getan? ... Er ist wirklich ein guter Mensch. ... Er hat sogar für Taubenbabys Gefühle“, schluchzte sie.

Als sie sich wieder ein wenig beruhigt hatte und nach Samy suchte, stellte sie mit Entsetzen fest, dass er in der Zwischenzeit die Wohnung verlassen haben musste. Augenblicklich fiel sie auf ihre Knie und begann zu beten: „Lieber Gott, bitte, hilf mir, dass er zu mir zurückkehrt! Ich kann ohne ihn nicht leben. ... Ich weiß, ich bin ein schlechter Mensch. Ich habe die Taubenjungen getötet. ... Bitte, verzeih mir und mach, dass Samy mich wieder liebt!“

Draußen stieg bereits der Mond am Himmel hoch, doch Samy war noch nicht zurückgekommen. Daria saß im Wohnzimmer in einem Ohrensessel und wartete. Nun würde sie wieder einmal eine ihrer schlaflosen Nächte frierend im Wohnzimmer verbringen. Bald darauf schlief sie aber doch im Sessel sitzend ein.

Als sie die Augen aufschlug, war es noch immer dunkel, aber über den Engelsplatz wehte bereits eine kühle Morgenbrise. Die Vögel erwachten und begannen vor den Fenstern klagend zu zwitschern. Im Osten brachen die ersten Strahlen der Sonne durch das Dunkel der Nacht. Ein neuer Tag voll Schmerz und Hoffnung hatte begonnen. Da drehte sich ein Schlüssel im Schlüsselloch und kurz darauf umarmten sich zwei Liebende.
„Ich hatte solche Angst um dich. Die Wände wollte ich hochklettern vor Angst. Wo warst du denn die ganze Nacht?"
„Ich bin mit dem Auto weggefahren. Ein bisschen aus Wien hinaus. Aber ich hatte plötzlich eine Panne. Dann musste ich stundenlang auf den ARBÖ warten. Im kalten Auto. Du kannst dir gar nicht vorstellen, wie ich gefroren habe."
„Mir war auch kalt. Komm, legen wir uns ins Bett, damit wir uns gegenseitig wärmen können."
Das ließ sich Samy nicht zwei Mal sagen. Er fasste sie um die Taille, hob sie hoch und eilte mit ihr ins Schlafzimmer.
„Oh Gott, du hast mir so gefehlt." Samy küsste sie mehrmals glücklich.
„Du mir auch", flüsterte sie in sein Ohr.
Sie lagen nah beieinander. Er bedeckte ihr Gesicht mit Küssen. Da begann sie, seine Küsse zu erwidern. Er setzte seine Zärtlichkeiten fort und umarmte sie leidenschaftlich. In diesem Moment hatten sie einander alles verziehen.

Als sie erwachte, fielen ihr die Kinder im Zentralkinderheim wieder ein. Würde die Großmutter wirklich kommen und das Baby abholen? Wie konnte es seine leibliche Mutter nur zur Adoption freigeben wollen?

Einmal war Silvia an ihrer Wohnungstür erschienen. Damals musste sie wohl bereits mit Walter schwanger gewesen sein, obwohl Daria ihr Zustand im Augenblick dieser Begegnung nicht bewusst geworden war. Sie hatte lange blonde Haare und trug einen Minirock. Miniröcke waren damals doch schon längst passé! Dass sie ausnehmend hübsch war, wie Samy stets behauptete, konnte Daria jedenfalls nicht nachvollziehen. Wenn sie sich diese plötzliche, ungeplante, ja unerwartete

und in höchstem Maße unerwünschte Begegnung nun wieder vergegenwärtigte, erinnerte sie sich nur mehr an folgende Äußerung:
„Du wirst schon selbst sehen, wie Samy ist. Versprechen alles, halten nix!“
Da hatte sie vor Silvias Nase die Türe zugeschlagen. Und dann ist sie also gemeinsam mit Walter, den sie damals gerade unter ihrem Herzen trug, vor Darias verschlossener Türe gestanden. Das war das erste Mal, dass Daria Walter vor ihrer verschlossenen Tür stehen ließ.

Ach ja, das Leben mit Samy war manchmal mühsam, irritierend und schmerzlich. Das wusste sie bereits selbst. Aber bei Gott, es hatte auch seine positiven Seiten. Wie in Trance hatte sie diese letzten Monate, seit sie ihn kannte, gelebt. Eine Zeit intensivster Gefühle, die kaum Spuren auf der Erlebnisebene hinterlassen hatte. Wenn man sie plötzlich gefragt hätte: „Was hast du vorgestern oder letzte Woche gemacht?“ Sie hätte vermutlich keine Antwort darauf geben können. Die Tage waren dahingeplätschert, die Ereignisse an ihr vorbeigegangen. Ihre Erinnerungen waren einzig und allein von ihren eigenen Empfindungen geprägt. Ein Spießrutenlauf zwischen den höchsten Glücksgefühlen und der ständigen panischen Angst vor Verstoßung. Eine Gratwanderung zwischen dem Paradies und der Verdammnis.

Samys Scheidungstermin rückte näher und näher. Endlich war es so weit. Daria hatte in letzter Zeit oft in ihrem Kopf ihren Vornamen und Samys Nachnamen genüsslich hintereinander formuliert. Manchmal, wenn niemand in der Nähe war, hatte sie ihn sogar ein paar Mal laut ausgesprochen und sich am Zusammenklang der beiden Namen ergötzt.

„Wann wollen wir eigentlich heiraten?“, fragte Samy, als er von der Verhandlung heimkam.

„Wann immer du willst“, frohlockte sie.

„Dann gehen wir doch gleich zum Standesamt und melden unsere Trauung an“, schlug er vor. „Das kann sowieso ein paar Wochen dauern, bis wir einen Termin bekommen. In der Zwischenzeit ist das Scheidungsurteil längst rechtskräftig.“

Insgeheim dachte er, dass er durch diese Scheidung seine Aussicht auf die Einbürgerung verspielt hatte. Doch je früher er wieder mit einer Österreicherin verheiratet wäre, desto früher könne er erneut um die Staatsbürgerschaft ansuchen. Der ehestmögliche Termin für die standesamtliche Trauung war aber erst Anfang Juli.

Während die Tage verstrichen, wurde Daria immer runder. In ihrer Mittagspause ernährte sie sich nur mehr von Salatplatten und trank Grapefruitsaft, dennoch wurde sie dicker und dicker. In ihrer Verzweiflung rief sie eines Tages nach der Arbeit ihre Mutter an, um sie zu fragen.

„Was soll ich denn nur zur Hochzeit anziehen? Ich passe doch jetzt schon in kein Kleid mehr.“

„Ich werde dir eines nähen, welches deinen Bauch ein wenig kaschiert“, beruhigte sie Hermine. „Die anschließende Feier wird übrigens bei mir in der Wohnung stattfinden. Frau Müller hat versprochen, mir beim Kochen zu helfen.“

Frau Müller war eine Nachbarin der Mutter. Mit ihrer Tochter Inge war Daria bereits seit ihrer frühesten Kindheit befreundet. „Wir haben einander schon im Embryonalstadium kennengelernt“, pflegten die beiden stets miteinander zu scherzen.

Daria fiel ein Stein vom Herzen. Sie hatte befürchtet, dass sie alle Hochzeitsgäste in ein Restaurant einladen mussten. Wohl arbeitete sie nun in einem Reisebüro und hatte wenigstens ein regelmäßiges Einkommen. Auch Samy bemühte sich, zum Haushaltsbudget etwas beizutragen, indem er abends mit dem Auto Zeitungen ausfuhr, doch schien sich das Geld einfach zu verflüchtigen.

Nun hörte sie Samy aus dem Schlafzimmer kommen.
„Guten Abend, Liebling!“, begrüßte sie ihn.
„Guten Morgen!“, entgegnete er. „Für mich ist jetzt Morgen.“
„Ich habe gute Nachricht für dich“, sagte Daria, die sich nicht auf eine Diskussion über die Tageszeit einlassen wollte.
„Was ist es denn? Willst du es mir nicht lieber im Schlafzimmer erzählen? Ich habe dich schon vermisst. Wo warst du denn die ganze Zeit?“ Samy drängte seinen splitternackten Körper an den ihren und küsste sie. Als sich ihre Lippen wieder voneinander lösten, ergriff er ihre Hand, und sie ließ sich von ihm widerstandslos ins Schlafzimmer führen. Dort legte er sich gleich wieder ins Bett, um unter der noch warmen Decke auf sie zu warten. „Wo warst du so lange?“, wiederholte er.
„In der Arbeit. Wo sonst?“, antwortete sie, während sie sich auszog. „Und dann habe ich noch schnell mit meiner Mutter telefoniert. Sie wird mein Hochzeitskleid selbst nähen und für die Feier ist auch gesorgt. Die findet bei ihr in der Wohnung statt.“ Sie schlüpfte zu ihm ins Bett.
„Das klingt gut“, meinte Samy und nahm sie liebevoll in seinen Arm. „Du bist so schön wie die Mona Lisa“, sagte er mit gedämpfter Stimme und küsste sie hingebungsvoll mit seinen weichen Lippen auf den Hals, auf ihre Brüste, auf den runden Bauch und zwischen den Schenkeln. Sie hielt den Atem an. Dann begann sie seine Liebkosungen zu erwidern, ihn zu streicheln und zu küssen. Ein wohliger Schauder durchlief ihren Körper. Er steigerte seine zärtlichen Bewegungen. Durch seine Erregung geriet auch sie in einen lustvollen Rausch.

Als sie die Augen wieder aufschlug, war es bereits dunkel. Samys Gesicht schwebte über dem ihren.
„Ich habe dich im Schlaf beobachtet. Du schläfst so süß. Wie ein Baby“, flüsterte er. Sie umarmten einander und sie fühlte sich in diesem Augenblick so richtig geborgen.

Nachdem sie einige Minuten in dieser engumschlungenen Stellung verharrt hatten, löste sie sich abrupt aus seiner Umarmung, stützte sich auf ihren Ellenbogen und blickte ihm ins Gesicht.
„Apropos Baby: Warum wollte Walters Mutter ihn zur Adoption freigeben?“
„Silvia ist ein Hippie“, erklärte ihr Samy. „Sie nimmt Rauschgift. Ich glaubte damals, als ich sie heiratete, ihr helfen zu können. Das war aber unmöglich. Ich bin daran gescheitert.“
„Aber ich dachte immer, ich sei auch ein Hippie“, antwortete sie verwundert. „Gibt es denn einen Kausalzusammenhang zwischen der Hippie-Bewegung und dem Drogenkonsum?“
„Natürlich gibt es den“, meinte Samy.
„Für mich bestand die Zugehörigkeit zur Hippie-Kultur immer nur in der Wahl der entsprechenden Kleidung, dem Musikgeschmack und der Infragestellung von sinnentleerten Wohlstandsidealen der Mittelschicht“, entgegnete sie. „Ich verabscheute schon immer die kommerzielle Schlagermusik und hörte stattdessen Musik, die allgemein als progressiv bezeichnet wird.“
„Welche Musik ist denn das bei euch?“, fragte er interessiert.
„Deep Purple, Uriah Heep, Fleetwood Mac, Chicken Shack, Ginger Baker, Taj Mahal, Black Sabbath, Led Zeppelin, Frank Zappa, Emerson, Lake and Palmer, Pink Floyd, Jethro Tull und vor allem Janis Joplin“, ratschte sie sofort wie aufgezogen herunter.
Es war noch gar nicht so lange her, da wäre sie für diese Musik gestorben. Doch nun drehte sich nur mehr die Kassette mit den Liedern von Oum Kalthoum im Rekorder.
„Ja, aber Janis Joplin ist doch auch an einer Überdosis gestorben“, meinte Samy.
„Das weiß ich, aber ich wusste nicht, dass alle Hippies Drogen nehmen.“

Die Wirkung von Drogen, die oftmals als bewusstseinserweiternd gepriesen wurden, hatte zwar auch auf Daria eine gewisse Faszination ausgeübt, doch gehörte dies nicht zu ihrer Welt. Von ihrer Mutter hatte sie sich damals das Buch mit dem Titel „Rauschgift“ gewünscht, welches sie mit Begeisterung verschlungen hatte. Aber während ihrer Schulzeit war ihr das Taschengeld so knappgehalten worden, dass sie selbst dann, wenn sie auf die Idee gekommen wäre, sich Drogen zu beschaffen, nicht in der Lage gewesen wäre, sie auch tatsächlich zu bezahlen. Dass dennoch oft diejenigen drogenabhängig waren, denen es an Kaufkraft fehlte, was unter anderem den Zusammenhang zwischen Drogenkonsum und Kriminaldelikten erklärte, war ihr nicht in den Sinn gekommen. Dafür mangelte es ihr an Vorstellungskraft und den nötigen Informationen.

„Kann es nicht sein, dass Walter einen gesundheitlichen Schaden davongetragen hat?“ Sie setzte sich nun vollständig auf.
„Nein, das glaube ich nicht“, entgegnete Samy. „Wenn es so wäre, dann hätte man mich sicherlich darüber informiert. Mag sein, dass er anfangs Entzugserscheinungen hatte. Aber die wären jetzt auch längst vorbei.“
Mit diesen Erklärungen gab sie sich zufrieden. Für Samy war es nun Zeit, sich fertig zu machen und mit den Zeitungen nach Niederösterreich zu fahren, wo er sie in den Gasthäusern bestimmter Ortschaften zum Kauf anbieten musste. Daria stand auf und bereitete für ihn und sich selbst noch schnell ein kleines Nachtmahl zu. Das Frühstück, wie Samy es nannte. Bald darauf verließ er die Wohnung.

Seit vier Wochen waren sie jetzt verheiratet. Fotos gab es von ihrer Hochzeit keine, da ihre Polaroid-Kamera den Geist aufgegeben hatte. Daria hatte das von Hermine selbst genähte, türkisfarbene Kleid getragen, das im Empirestil geschnitten war und ihre Schwangerschaft kaschieren sollte, es aber nicht wirklich tat. An ihrem Hochzeitstag hatte sie unter schrecklichen Zahnschmerzen gelitten. Hoffentlich war dies kein schlechtes Omen für ihre gemeinsame Zukunft, dachte sie.

Zur Feier, die in Hermines Wohnung in der Vorgartenstraße stattgefunden hatte, war auch ihre Schulfreundin Hanna gekommen. Aufgrund der wirren Haartracht, die Hanna anlässlich der Hochzeit trug, nannte sie Samy seit jenem Tag „die Vorgartenstraße". Er hatte generell einen Hang zur Umbenennung. Sein späterer Schwager Alfred, der zukünftige Mann von Darias Schwester, wurde von ihm einfach „Pommes frites" genannt und statt „Watschen", was auf Wienerisch Ohrfeige bedeutet, sagte er „Patschen".
Hanna war es auch gewesen, die Daria auf die wahrscheinlich königliche Abstammung ihres Ehemannes von der im islamischen Kulturkreis berühmten as-Sanussi-Familie hingewiesen hatte. Diese Vermutung sollte sich auch bestätigen. Samy stammte tatsächlich von Mohammed Ben Ali as-Sanussi, dem Gründer des Sufi-Ordens Sanusiya ab, der 1787 in Algerien geboren worden war und dessen Nachkomme Muhammad Idris im 20. Jhdt. als Idris I. König von Lybien wurde. Diese Tatsache sollte später auch in Walters Leben eine Rolle spielen.

Die Hochzeitsnacht verbrachten die Frischvermählten bei Hermine in Darias ehemaligen Bett. Sie mit vernichtenden Zahnschmerzen.

Nach der Eheschließung dauerte es gar nicht lange, bis Dalia aus dem Zentralkinderheim entlassen wurde. Sie bekam einen Platz im Gemeindekindergarten auf dem Kapaunplatz zugewiesen. Keine fünf Minuten Fußweg waren es von der Wohnung dorthin. Als Daria eines Nachmittags mit Dalia an der Hand heimkam, kündigte ihr Samy Besuch an.
„Meine Mutter hat geschrieben“, sagte er. „Sie wird morgen in Wien ankommen.“
„Morgen schon?“ Daria schien wenig begeistert zu sein. „Dann muss ich wohl schnell das Zimmer herrichten, das Marion bewohnt hat.“
Nun hätten sie endlich ein größeres Wohnzimmer gehabt und schon mussten sie es wieder als Schlafraum zur Verfügung stellen.
„Rechne mit zwei Personen. Sie wird wahrscheinlich meinen jüngsten Bruder mitbringen.“
„Wie viele Brüder hast du eigentlich?“, fragte sie erstaunt.
„Nur diese beiden und keine Schwestern. Ich sagte doch, meine Mutter hätte drei Söhne aufgezogen“, antwortete er.
„Ach ja, richtig. Nun erinnere ich mich.“ Das hatte sie wohl wieder einmal vergessen.
„Mein kleiner Bruder ist behindert“, setzte Samy fort. „Er ist retardiert. Ich glaube, man nennt es Kretinismus.“
„Hoffentlich ist das nicht erblich!“ Unwillkürlich schloss sie für einen Moment die Augen. Sie erschrak vor einer solchen Möglichkeit und wollte sie sich nicht näher ausmalen. Mit ihrer rechten Hand tastete sie zu ihrem prallen Bauch, als wolle sie das Ungeborene davor beschützen. Doch je heftiger sie versuchte, diese Gedanken loszuwerden, umso stärker nahmen sie von ihr Besitz. Samy hatte wohl ihre Reaktion bemerkt. Deshalb umfing er nun ihre Schultern und drückte sie fest an sich.
„Du brauchst keine Angst zu haben. Unser Baby ist gesund. Es wird ein gesundes, hübsches Mädchen.“
Da schlug sie ihre Augen erschrocken auf.
„Ich hätte lieber einen Buben“, entgegnete sie und machte dabei ein Schmollmündchen. „Aber für dich werde ich ein Mädchen bekommen.“ Nun lächelte sie wieder.
Samy bückte sich zu Dalia hinunter, hob sie hoch, setzte sie auf den

Schuhschrank und zog ihr die Schuhe aus.
„Da sitzi“, stammelte Dalia und zeigte auf den Schemel, auf dem der Telefonapparat stand.
„Ja, nächstes Mal“, antwortete Samy, „aber jetzt fliegst du erst einmal mit dem Flugzeug.“ Dabei hob er sie wieder von ihrem Hochsitz herunter, indem er mit ihr auf dem Weg zum Fußboden einen großen Bogen in der Luft beschrieb. Da musste die Kleine lauthals lachen.

Daria war in der Zwischenzeit in der Küche verschwunden, um das Nachtmahl zu richten. Als sie dann gemeinsam bei Tisch saßen und Samy seine kleine Tochter fütterte, war sie restlos begeistert. Welch guter Vater er doch war! Sie waren eine wirklich glückliche Vorzeigefamilie.

Nach dem Abendessen ging Samy zur Arbeit. Daria brachte Dalia zu Bett und begann das Zimmer für den Besuch vorzubereiten. Nun würde bald auch Walter das Heim verlassen können. Seit ihrer ersten Begegnung hatte sie ihn nicht mehr gesehen. Dalia hatte in der Zwischenzeit, vor ihrer Entlassung, einige Male Ausgang bekommen. Samy hatte sie jedes Mal allein mit dem Auto vom Kinderheim abgeholt und auch wieder zurückgebracht. Als Daria endlich zu Bett ging, war es schon spät. Doch zum Glück musste sie am nächsten Tag nicht all zu früh aufstehen. Samy würde sowieso bestimmt erst am Vormittag heimkommen, wie sie ihn nun bereits kannte. Fast jede Nacht hatte er eine Autopanne. Hoffentlich würde er die Ankunft des Flugzeuges nicht verpassen.

Es war Samstag. Die Maschine der Egypt Air zog einen weiten Bogen über die Umgebung von Wien-Schwechat und flog die für sie vorgesehene Landebahn an. Samy hatte sich wieder einmal verspätet. Hastig parkte er den Wagen ein, die Vorderräder blieben nach links eingeschlagen. Dann rannte er die Rolltreppen nach oben, an den Ticket-Schaltern und Mietwagenbüros vorbei und kam schließlich in der Ankunftshalle an.
„Ist die Egypt Air aus Kairo schon gelandet?“, fragte er keuchend den Herrn, der zufällig neben ihm stand.
„Nein, sie hat zehn Minuten Verspätung“, antwortete dieser. Jetzt konnte sich Samy Zeit lassen. Bis die Maschine tatsächlich zum Stillstand gekommen war, die Passagiere mit dem Bus zum Flughafengebäude transportiert waren, ihr Gepäck in Empfang genommen und ausgecheckt hatten, würden ihm sicher noch etwa zwanzig Minuten bleiben. Er ging gemütlich zu dem kleinen Café gegenüber dem Ausgang, bestellte einen schwarzen Tee mit viel Zucker und zündete sich eine Zigarette an. Die Vorfreude auf das Wiedersehen mit seiner Mutter und seinem Bruder überkam ihn von Minute zu Minute stärker. Nun befiel ihn auch eine gewisse Nervosität. Würden sie sich verändert haben? Es war lange her, dass er seinen kleinen Bruder gesehen hatte. Sicher würde er ihn kaum wiedererkennen.

Damals war er mit seiner ersten Frau Nafiseh, einer Ägypterin, auf einem Schiff nach Europa auf Hochzeitsreise gefahren. Den Eltern hatten sie nichts davon gesagt, dass sie planten, nach Dänemark auszuwandern. Auf der Durchreise durch Österreich jedoch hatten sie ein paar Ägypter getroffen, die in Wien als Zeitungsverkäufer arbeiteten und zu viert oder fünft in kleinen Wohnungen lebten. Das war eine Überraschung, als Samy in einigen von ihnen alte Freunde aus Alexandria wiedererkannte! Sofort hatte er beschlossen, in Wien zu bleiben, war mit seiner Frau bei ihnen eingezogen und hatte ebenfalls einen Job als Zeitungsverkäufer angenommen. Von da an war in seinem Leben alles schiefgelaufen.
Dalias Geburt als bereits der Ehesegen schief hing. Die erste Scheidung. Die zweite Ehe. Walters Geburt. Die zweite Scheidung. Die Misere mit den beiden Kindern. Doch nun fühlte er, dass es mit Daria an

seiner Seite nur mehr bergauf gehen konnte.

Wenig später war es soweit. Die Maschine war gelandet und hatte Passagiere und Gepäck ausgespuckt. Ungeduldig wartete Samy beim Ausgang. Da erblickte er seine Mutter. Einen Atemzug lang standen sie sich stumm gegenüber, dann fielen sie einander in die Arme. Beide hatten feuchte Augen. Und da war auch Moheb, sein kleiner Bruder, den er verlassen hatte, als dieser noch ein Kind war. Samy drückte ihn fest an seine Brust. Fünfzehn Jahre musste er nun alt sein, rechnete er schnell in seinem Kopf aus.

Samy nahm ihr Gepäck an sich und wollte raschen Schritts zum Auto gehen, als er bemerkte, dass seine Mutter noch schwerfälliger geworden war. Sie hatte sicherlich auch mindestens zwanzig Kilogramm zugenommen, seit er sie zum letzten Mal gesehen hatte. Fettleibig war sie schon immer gewesen, aber jetzt konnte sie sich kaum mehr fortbewegen, ohne sich bei jedem Schritt auf Moheb aufzustützen. Samy verlangsamte sein Tempo.

Daheim wartete Daria schon mit dem Essen. Ihre Speisen waren meist eigene Kreationen, denn kochen im herkömmlichen Sinne konnte sie nicht. Samy und Dalia aßen alles, was sie auf den Tisch stellte. Doch würde es der Schwiegermutter auch schmecken? In dem Augenblick, da sie dies dachte, sperrte Samy die Tür auf und schob im nächsten Moment zwei große, schwere Koffer ins Vorzimmer herein. Daria kam ihm zu Hilfe. Sie erschrak, als sie die korpulente Frau und den durch ihr Gewicht bereits verkrümmten Moheb auf dem Korridor stehen sah. Wie soll denn die ein Baby großziehen?, dachte sie sofort. Die kann sich doch selbst kaum fortbewegen. Doch fasste sie sich schnell wieder und begrüßte sie so herzlich, wie sie es in dieser Schrecksituation eben vermochte. Beide sprachen nur Arabisch. Nicht einmal ein Wort Englisch. Mit Hamed konnte man sich wenigstens auf Englisch unterhalten. Aber wie sollte sie sich mit Samys Mutter und seinem jüngsten Bruder verständigen? Das drohte jetzt schon mühsam zu werden.
„Ich bringe schnell die Koffer in ihr Zimmer“, rief sie und nützte die Gelegenheit, gleich wieder zu verschwinden. Da sie wegen ihrer Schwangerschaft nichts Schweres heben durfte, schob sie die beiden

prall gefüllten Kolosse in das Schlafzimmer, das sie für den Besuch vorbereitet hatte.
Samy war in der Zwischenzeit mit seinen Gästen durch die Wohnung gegangen, um ihnen alle Räume zu zeigen. Beim gedeckten Tisch traf man sich wieder. Schon nach den ersten Bissen sagte die Mutter etwas auf Arabisch.
„Hmmm, das schmeckt wirklich gut. Daria kocht wie eine Ägypterin“, übersetzte Samy.
Da musste sie aber lachen. Sie hätte nie gedacht, dass es eine Auszeichnung sein könnte, mit einer Ägypterin verglichen zu werden. Doch nun war ihr mit einem Schlag bewusst geworden, dass dies das höchste Lob war, das ihre Schwiegermutter aussprechen hatte können. Das Eis war gebrochen. Sie war als Schwiegertochter akzeptiert. Das versöhnte sie und machte sie gleich noch viel glücklicher.

Der nächste Tag war ein Sonntag. Sie fuhren mit dem Auto zum Zentralkinderheim: Samy, Samys Mutter, Moheb, Daria und Dalia. Als sich die Mutter in den Wagen setzte, sank dieser um gute zehn Zentimeter tiefer. Samy fürchtete, dass die Karosserie auf dem Boden schleifen würde, doch irgendwie ging es doch und sie erreichten sicher das Heim in Währing.
Samy schleppte seine Mutter die Treppen hoch und zog sie mit sich zu der Leiterin der Säuglingsstation.
„Guten Tag!“, sagte er strahlend. „Hier ist meine Mutter.“ Dann wartete er gespannt auf die Resonanz.
„Guten Tag!“, antwortete die Leiterin unfreundlich wie immer. Sie drehte sich um und ging in den Saal, um das Baby zu holen. Dies war nicht die Reaktion gewesen, mit der er gerechnet hatte.

Walter war ein wenig gewachsen. Etwa acht Monate müsste er jetzt sein, dachte Daria.
„Schau! Seine Augen sind nicht mehr graublau, sondern auch so braun wie deine“, sagte sie liebevoll zu Samy. In diesem Augenblick überkam sie ein Gefühl, als wäre dies ihr gemeinsames Kind.
Walter strampelte im Arm der Leiterin und stieß seltsame Laute dabei aus. Ob vor Freude oder Angst konnte man nicht wirklich beurteilen.
„Nehmen Sie hier Platz.“ Die Leiterin wandte sich an Samys Mutter

und deutete dabei auf einen Stuhl, der an einem hölzernen Tisch stand. Samy übersetzte auf Arabisch.
„Spricht sie denn nicht Deutsch?“, fragte die Leiterin verwundert.
„Nein, nur Arabisch“, antwortete Samy. „Aber ich kann ja schließlich alles übersetzen.“
Nun begann die Prüfung. Die Großmutter musste demonstrieren, dass sie fähig war, ihren Enkelsohn zu wickeln und zu füttern.
Da es Dalia zu langweilig wurde, beschloss Daria, mit ihr in der Zwischenzeit im Park spazieren zu gehen.

Die Tage und Wochen vergingen. Samys Mutter hatte die Prüfungen bestanden und nach ein paar Mal Probefüttern und Probewickeln war auch Walter aus dem Heim entlassen worden, als würden diese Kriterien genügen, um die Verantwortung für ein menschliches Wesen zu übernehmen. Doch sie konnte den Namen Walter nicht richtig aussprechen. Es klang immer wie Balta.
„Balta! Balta!“, sagte sie mit ihrer tiefen, rauen Stimme und klopfte ihm mit ihrer großen, derben Hand dabei auf den Rücken. Der Kleine riss die Augen auf und rollte sie, sodass es aussah, als wollten sie ihm aus den Höhlen kullern. Schließlich entschloss sie sich dazu, ihn einfach Heny zu nennen.

Heny wohnte nun mit seiner Großmutter und seinem jüngsten Onkel in dem Zimmer, das zuvor Marion bewohnt hatte. Er ging jetzt Samy und Daria nichts mehr an. Daher kümmerten sie sich auch überhaupt nicht um ihn. Hoffentlich sind sie alle bald wieder fort, dachte Daria insgeheim. Dalia war ihr von Anfang an ans Herz gewachsen, doch für Heny konnte sie nur mit Mühe ein bisschen Sympathie aufbringen. Dabei hätte doch das Mitleid bei Weitem ausreichen müssen, alle anderen Empfindungen zu ersticken.
Tagsüber verbreitete die August-Sonne noch eine wohlige Wärme, doch schon wurden die Abende kühler und die Nächte länger. Langsam zog der Herbst ins Land. Dann kam der Tag, an dem Samys Mutter ihre Koffer packte. Am anderen Morgen sollten sie und Moheb gemeinsam mit Heny wieder nach Ägypten fliegen.
„Kannst du den Kleinen heute versorgen?“, fragte Samy Daria. „Ich muss mit meiner Mutter in die Stadt fahren. Wir besorgen noch

Geschenke für die Familie in Alexandria und holen das Ticket für Heny ab."
„Natürlich kann ich das", gab sie fröhlich zur Antwort. Sie ging in die Küche und warf einen prüfenden Blick in den Kühlschrank. Da gab es jede Menge Becher mit Joghurt. Seine Großmutter gab dem Kind nämlich fast ausschließlich Naturjoghurt zu essen. Eine, wie Daria scheinen wollte, seltsame Weise, ein Baby zu ernähren. Doch an diesem einen Tag tat es Daria ebenso, ohne es zu hinterfragen. Heny – so war es nun einmal entschieden worden – war nicht ihre Angelegenheit. Die Behörden hatten ihn in die Obhut der Großmutter entlassen. Das gerichtliche Sorgerecht hatte offiziell Samy erhalten.
Morgen um diese Zeit sind sie weg, dachte auch Samy erleichtert. Somit würde die Engelsplatz-Wohnung bald wieder sein alleiniges Reich sein. Doch wenn Daria, Samy, Dalia und das Baby, das sie erwarteten, sich in ihren vier Wänden wirklich wohlfühlen wollten, mussten sie einiges verändern. Es gab nämlich noch immer keine eingebaute Heizung, kein Warmwasser und kein Badezimmer.

Die Umbauarbeiten hatten begonnen. Die Kochnische wurde zum Badezimmer mit Sitzwanne umfunktioniert und mittels eines Vorhangs von der restlichen Küche getrennt. Es wurde viel gestemmt; neue Leitungen mussten verlegt werden. Freunde halfen dabei gegen Verpflegung, die wiederum von Hermine bereitgestellt wurde. Untertags wurde in der Wohnung gearbeitet, abends ging man zu Darias Mutter essen.

Obwohl Daria nun schon hochschwanger war, stand sie auf der Leiter und kratzte in mühevoller Arbeit die alten Tapeten von den Wänden. Da spürte sie plötzlich Schmerzen im Rücken und im Unterbauch. Ein seltsames Ziehen und Krämpfe. Sie rief entsetzt ihre Mutter an und fragte sie um Rat.
„Fahr schnell ins Spital. Du bekommst dein Baby", sagte diese sofort.
„Ich weiß wieder einmal nicht, wo Samy ist. Was soll ich mit Dalia machen?", fragte Daria aufgeregt.
„Ich werde sie vom Kindergarten abholen und mich um sie kümmern", beruhigte sie Hermine. „Was bleibt mir denn anderes übrig? Setz dich in ein Taxi und fahr zur Semmelweis-Klinik!"

Im Kreißsaal war es kalt. Daria fröstelte. Die Schmerzen wurden unerträglich. Wie aus weiter Ferne hörte sie die Schwestern sich über Kochrezepte unterhalten. Ihr Magen knurrte. Sie hatte schon stundenlang nichts mehr gegessen.
„Hilfe! Hilfe!", begann sie zu schreien, denn sie fürchtete, die Schwestern und Ärzte würden über ihren Gesprächen den Zeitpunkt der Geburt übersehen. Dabei warf sie sich von einer Seite zur anderen. Die Hebammen kamen und fuhren sie an:
„Wir haben auch unsere Kinder bekommen. So ein Theater muss man dabei wirklich nicht machen!"
Die Stunden vergingen. Jede einzelne wurde zur Ewigkeit. Die Fruchtblase war längst geplatzt. Doch das Kind wollte nicht kommen. Schließlich wurde der diensthabenden Ärztin das Geschrei der Gebärenden zu viel.
„Gib ihr Lachgas, dann wird Ruhe sein!", sagte sie zur Krankenschwester ziemlich unfreundlich.

Plötzlich hörte Daria jemanden rufen: „So pressen Sie doch! ... Ja, fester! ... Noch einmal!“
Sie versuchte zu pressen. Als sie die Augen ein wenig öffnete, sah sie wie durch Nebelschleier eine weiße Gestalt mit blonden Locken, die sich auf ihren Bauch warf.
Und dann sagte eine Stimme: „Ein Bub.“
Ein Bub! Ein Bub! Wie ein Echo klang es in ihrem Kopf. Nun war Daria wieder ziemlich wach.
„Es ist ein Bub?“, fragte sie ungläubig die Ärztin, die ihr das kleine Bündel nun auf die Brust legte.
„Ja, ein Bub. Da wird sich Ihr Mann aber freuen“, meinte die Hebamme und zwinkerte ihr aufmunternd dabei zu.
„Nein, er wollte ein Mädchen“, antwortete Daria. Sie konnte fühlen, wie ihr die Tränen in die Augen stiegen.
„Na so was, das ist aber ganz ungewöhnlich. Normalerweise wollen die Männer immer Söhne“, mischte sich nun auch die Kinderschwester ein. Dann nahm sie Daria das Baby wieder ab.
„Jetzt muss er noch ein bisschen in den Brutkasten. Er kann die Temperatur noch nicht halten. Außerdem hat er Gelbsucht“, erklärte die Hebamme.
„Aber das ist nicht so schlimm. Die vergeht innerhalb der nächsten Tage“, lenkte die Ärztin ein, als sie das entsetzte Gesicht der jungen Mutter sah.
Nun begannen tatsächlich, Tränen in Bächen aus ihren Augen zu stürzen. Sie hätte Samy so gern seinen Wunsch erfüllt.
Leise weinte sie vor sich hin.
„Sie hat eine Geburtspsychose“, hörte sie noch eine Stimme aus der anderen Ecke des Kreißsaals sagen. Dann war alles wieder still und dunkel um sie her.

Fünf Tage später konnte Daria mit einem gesunden Baby, das sie Dodo nannten, die Klinik verlassen. Doch sie selbst hatte sich in dem kalten Kreißsaal eine Nierenbeckenentzündung zugezogen. Die Behandlung und die wiederkehrenden Kontrollen dauerten mehrere Monate. Aber schließlich war die Krankheit auskuriert, und sie konnte wieder schmerzfrei auf dem Rücken liegend schlafen. Dalia und Dodo gediehen, Daria hatte große Freude an den beiden Kindern. Bald begann sie wieder, sich nun auch über ihre eigene Zukunft Gedanken zu machen.

Eines Tages sagte sie zu Samy: „Nach der Karenzzeit werde ich doch eine Ausbildung beginnen."
„Ist in Ordnung. Und woran denkst du?", antwortete er.
„Untertags arbeite ich ja wieder im Reisebüro, aber abends möchte ich drei Mal pro Woche den Universitätslehrgang für Fremdenverkehr besuchen. Schließlich wollte ich ja ursprünglich studieren. Der Lehrgang wäre zumindest ein Kompromiss."
„Und wer wird sich um die Kinder kümmern?", fragte Samy und blickte ihr entgeistert ins Gesicht.
„Wir könnten doch ein Au-pair-Mädchen engagieren", schlug sie vor.
Da ging ein Lächeln über seine Lippen. Seine Augen strahlten, als hätte er soeben eine Erleuchtung gehabt.
„Das ist eine gute Idee", sagte er gespielt sinnierend.
„Wir sollten zur Ökista gehen und uns einmal erkundigen. Von diesem Büro werden ja Au-pair-Mädchen vermittelt", meinte sie.
„Gibt es dort auch Fotos von den Kandidatinnen? Ich möchte nur ein hübsches Mädchen bei mir in der Wohnung aufnehmen."
Daria war es bereits gewohnt, solche Bemerkungen ihres Mannes zu ignorieren. Doch wehe, wenn sie auf der Straße ein Mann zu lange oder zu intensiv anstarrte! Dann bekam er es mit Samy zu tun. Es wäre deshalb schon ein paar Mal beinahe zu einer Schlägerei gekommen, hätte nicht der jeweilige Gegner vorgezogen, sich auf mehr oder weniger elegante Art und Weise wieder aus der Affäre zu ziehen.

Sie gingen also gemeinsam zur Ökista und fanden Renette. Sie war Französin und mit ihren 18 Jahren nur wenig jünger als Daria selbst, etwas mollig, sie hatte lange, blonde Haare und üppige Brüste.
„Die nehmen wir", sagte Samy mit einem lüsternen Blick auf das Foto.
„Einverstanden. Angeblich spricht sie auch gut Deutsch. Ihre Großeltern wohnen in der Steiermark, steht hier", antwortete Daria. „Sie will noch während des Sommers nach Österreich kommen." Die Entscheidung für Renette war gefallen.

Es war Freitag und sie fuhren zum Bahnhof, um das Au-pair-Mädchen abzuholen. Dalia zappelte auf dem Rücksitz herum, erfüllt von einer unbestimmbaren Nervosität. Dank Dodo, der wieder einmal zur unpassendsten Zeit in die Windel gemacht hatte, kamen sie zu spät. Der Zug hatte seine menschliche Fracht bereits abgesetzt und war wieder abgefahren. Samy riss das Auto mit quietschenden Bremsen in eine der Parklücken. Die Vorderräder ließ er wie immer nach links eingeschlagen. Daria und die Kinder blieben im Wagen zurück. Samy raste die Treppen hoch. Eine junge Dame stand wartend auf dem Bahnsteig. Als er die letzte Stufe erreicht hatte, trat sie schon auf ihn zu.
„Bist du Samy?“, fragte sie mit einem offenen Lächeln. Eine blonde Haarsträhne fiel ihr ins Gesicht. Sie hatte eine helle Haut und blaue Augen. Die blausten Augen, die er je gesehen hatte. Hübsch war sie nicht, aber – weiß Gott – da schaut man schon zwei Mal hin, dachte er.
„Erraten!“, rief er lachend. „Dann musst du wohl Renette sein.“ Samy brauchte nie lange, um sich wieder zu fassen.
„Ja.“ Nun setzte sie ihren scheuen Blick auf. Er fand diesen sexy.
„Willkommen in Wien!“, strahlte er sie an. „Ich möchte, dass du dich bei uns wohlfühlst.“
„Danke!“
Er nahm ihren Koffer und ging in Richtung Treppe. Sie folgte ihm schweigend. Beim Auto angelangt, hob er das Gepäck in den Kofferraum, ging zur Beifahrerseite und öffnete für Renette die hintere Wagentür. Mit einem dankbaren Lächeln stieg sie ein.
„Guten Tag. Ich bin Renette“, sagte sie, während sie neben Dalia Platz nahm.
„Grüß dich, Renette. Ich bin Daria. Neben dir sitzt Dalia und das ist Dodo.“ Dabei hob Daria das Baby, das sie im Arm hielt, ein wenig hoch, sodass Renette es sehen konnte.

Daheim angelangt zeigte sie dem Mädchen ihr Zimmer. Es lag gleich neben ihrem Schlafzimmer. Im Zuge der Umbauarbeiten hatten sie nämlich auch das - ohnedies zu große - Schlafzimmer teilen lassen und somit einen zusätzlichen Raum gewonnen. Während das Mädchen

ihre Sachen auspackte und im Schrank verstaute, begann sich jedoch in der Küche ein Gewitter zusammenzubrauen. Daria stand gerade an der Schwelle zur Badenische, die nur mittels eines Vorhangs von der Küche getrennt war.
„Kannst du nicht wenigstens heute zu Hause bleiben?", redete sie eindringlich auf Samy ein, „damit wir gemeinsam Renette erklären können, was sie alles zu tun haben wird?"
„Unmöglich!", schrie er sie an, „Ahmed schuldet mir Geld. Ich muss beim Kartenspielen neben ihm sitzen und darauf warten, dass er gewinnt. In dem Moment muss ich ihm das Geld sofort abnehmen, denn sonst verspielt er es auch gleich wieder."
„Du und dein verfluchtes Kartenspiel! Du zerstörst damit unsere Ehe! Diese Geschichte mit Ahmed ist doch nur eine Ausrede. Du selbst bist süchtig nach dem Spiel."
„Willst du vielleicht damit sagen, dass ich lüge?"
„Ja, das will ich! Du lügst pausenlos, sobald du den Mund öffnest!"
Samy blickte sie hasserfüllt an. Seine Augen hatten sich zu böse funkelnden kleinen Schlitzen verengt.
„Du bist eine Hure!", zischelte er zwischen zusammengepressten Zähnen. Im selben Augenblick traf sie Samys Handrücken ins Gesicht. Sie fiel rücklings in die Sitzbadewanne und schlug dabei mit dem Kopf gegen die Armaturen. Über ihre Oberlippe rann etwas Warmes. Sie fuhr mit der Hand zur Nase und bemerkte, dass sie blutete. Darüber erschrak sie so heftig, dass sie sich wieder aufraffte, ins Zimmer lief und schrie: „Jetzt rufe ich aber die Polizei!"
Sie suchte nach einem Papiertaschentuch und presste es gegen die blutende Nase. Dann ergriff sie schnell den Telefonhörer und wählte den Polizeinotruf.
„Hilfe! Ich werde von meinem Mann geschlagen. Kommen Sie schnell zum Engelsplatz 10, Tür 7."
Als sie aufgelegt hatte, sagte Samy zu ihr völlig ruhig, ohne seine Stimme dabei zu erheben:
„Bist du verrückt?" Er schüttelte tadelnd den Kopf. „Willst du denn unsere Familie zerstören?" Etwas bestimmter setzte er fort: „Du versteckst dich jetzt augenblicklich hinter dem bodenlangen Vorhang im Wohnzimmer! Ich werde schon mit den Polizisten reden."

Die eben erst eingetroffene Renette stand plötzlich neben Samy und pflichtete ihm bei. Daria verstand die Welt nicht mehr. Da läutete es auch bereits an der Tür. Schnell schob Renette die verstörte Dalia ins Kinderzimmer. Daria huschte ins Wohnzimmer. Samy und Renette öffneten gemeinsam und taten sehr verwundert darüber, Polizisten vor ihrer Wohnungstür zu sehen. Renette spielte glaubhaft Samys Frau.
„Es muss sich um einen Irrtum handeln", sagte sie, „wie Sie sehen, ist in der Wohnung alles ruhig und ich habe nicht bei Ihnen angerufen."
Daria verbarg sich währenddessen zitternd hinter dem langen Vorhang. Ihr Herz pochte ihr bis zum Hals.
Schon nach kurzer Unterredung ließen sich die Polizisten davon überzeugen, dass es sich um einen Fehlalarm handeln müsse und zogen wieder unverrichteter Dinge ab.

Mit der Zeit lernten Renette und Daria einander besser kennen.
„Samy ist doch kein Mann für dich!", pflegte Renette gelegentlich mit einem leichten Vorwurf in der Stimme zu sagen. Obwohl sie sich mit Samy jeden Morgen vergnügte, sobald Daria auf dem Weg zur Arbeit war, ahnte diese nichts von diesem Verhältnis. Im Gegensatz zu ihr war ihm Renette jedoch nicht mit Haut und Haaren verfallen. Sie war ein weises Mädchen. Auch sehr einfallsreich und kreativ. Gar so oft fehlte das Geld, um Lebensmittel einzukaufen. Sie war daher gezwungen, aus den vorhandenen Lebensmitteln irgendein Gericht für die Kinder und sich selbst zu zaubern, wenn Samy und Daria nicht daheim waren. Manchmal auch, wenn sie daheim waren. Denn anstatt sich um den Haushalt und die Kinder zu kümmern, verbrachten die beiden auch untertags viel Zeit gemeinsam im Bett. Oft grenzte es tatsächlich an Zauberei, wie Renette es immer wieder schaffte, etwas Essbares herzustellen. Manchmal borgte sich Samy sogar Geld für Einkäufe von ihr aus, welches er niemals zurückzahlte.

Es war Samstagvormittag. Die Sonne strahlte vom Himmel. Ein wunderschöner Tag hatte begonnen. Ideal für einen Familienausflug aufs Land. Dieses Wochenende wollten sie alle gemeinsam Renettes Großeltern in der Steiermark besuchen. Leider hatte Daria Waschtag in der Waschküche des Gemeindebaus. Sie hatte soeben die letzte Partie Wäsche in den Trockner gegeben, als Samy mit Renette plötzlich aufbruchsbereit in der offenen Türe des Waschküchenabteils stand.
„Also, wenn du jetzt noch nicht fertig bist, dann fahren wir ohne dich und die Kinder los", verkündete er. Die beiden wandten sich zum Gehen.
Daria warf einen kurzen Blick auf die Anzeige an der Trockenmaschine. „Nein, wartet noch, ich bin in einer halben Stunde fertig!", rief sie ihnen nach.
Renette drehte sich um und zögerte, doch Samy ergriff ihre Hand und zog sie mit sich fort.

Daria war verzweifelt. Sie hatte sich so auf diesen Ausflug gefreut. Kurz entschlossen sperrte sie das Abteil, in dem sich ihre Wäsche befand, ab und lief ihnen nach. Sie waren schon nicht mehr zu sehen. Sie lief durch den Waschküchenhof auf die Straße. Da hörte sie gerade noch, wie Autotüren zugeschlagen wurden. Dann heulte ein Motor auf. Daria sprang auf die Fahrbahn und warf sich dem anfahrenden Auto entgegen, um Samy zu stoppen. Er musste scharf abbremsen, um sie nicht zu überfahren. Im selben Augenblick sprang er auch schon aus dem Wagen, lief auf sie zu und gab ihr eine schallende Ohrfeige. Sie sank zu seinen Füßen auf die Knie.
„Verzeih mir bitte! Bitte, verzeih mir! Nimm mich mit!", flehte sie ihn an.
„Du bleibst mit den Kindern hier", sagte er schroff.
„Bitte, bitte, ...!", schrie sie verzweifelt, ergriff seine Hand und bedeckte sie mit Küssen. Er stieß sie zur Seite, ging zum Auto zurück, stieg ein und brauste mit Renette los.

Sobald Daria mit der Wäsche fertig war, fuhr sie mit den beiden Kindern zu ihrer Mutter und deren neuem Lebensgefährten Kurt.
„Um Gottes willen, Kind!", rief Hermine aus, als sie die drei vor ihrer

Tür stehen sah. „Wie siehst du denn aus? Was ist passiert?“
„Samy ist mit Renette weggefahren“, schluchzte Daria.
„Kommt einmal herein und dann erzähl uns, was geschehen ist.“ Hermine zog Dalia an der Hand in die Wohnung, Daria folgte ihnen mit Dodo.
Als sie ihre Geschichte erzählt hatte, sagte Kurt: „Du solltest dich scheiden lassen.“
„Das finde ich auch“, bestätigte ihre Mutter.
„Aber Samy würde mir die Kinder wegnehmen“, gab Daria zu bedenken.
„Dein Kind kann er dir nicht wegnehmen. Du bist Österreicherin und Dodo ist auch Österreicher“, entgegnete Hermine.
„Aber was wird dann aus Dalia?“ Daria begann wieder zu schluchzen.
„Du musst vor allem an dein eigenes Kind denken und an dich selbst“, meinte Kurt.
„Aber ich liebe Dalia doch auch wie mein eigenes Kind.“ Sie begann noch heftiger zu weinen.
„Jetzt beruhige dich doch. Bleib heute Nacht mit den Kindern bei uns. Morgen sieht die Welt vielleicht schon wieder ganz anders aus“, schlug Hermine vor.
Daria konnte die ganze Nacht kein Auge zumachen. Ständig musste sie daran denken, was aus den Kindern werden würde. Besonders aus Dalia. Und wie sie selbst es überleben würde können, keine Nacht mehr in Samys Armen schlummern zu dürfen, die Quelle all ihrer Lust auch im Schlaf noch dicht an ihrem Körper spürend. Immer wieder wurde sie in dieser Nacht von Weinkrämpfen geschüttelt, bis endlich der Morgen dämmerte und die Kinder schön langsam unruhig und schließlich wach wurden.

Als nach diesem Wochenende Renette und Samy zurückkamen, sprach keiner mehr ein Wort über den Vorfall. Daria ging wieder zur Arbeit, und Samy wartete im Bett auf Renette, bis sie die Kinder in den Kindergarten gebracht hatte. Jeden Abend fuhr er mit dem uralten Wagen nach Niederösterreich, um die Zeitungen auszutragen. Oft blieb er auf der Strecke stehen, der ARBÖ musste gerufen werden; oft wollte das Auto erst gar nicht anspringen. Häufig blieb auch Samy in irgendeinem Lokal hängen, frönte dem Kartenspiel, verlor viel Geld und kam

erst am späten Morgen des nächsten Tages oder gar erst gegen Mittag heim, wenn Daria bereits längst in der Arbeit war. Wenn er verlor, hüllte er sich in Schweigen oder erzählte irgendeine Lüge von einer Autopanne, wegen der er angeblich stundenlang im Wagen hatte sitzen müssen, um auf den Pannendienst zu warten.
„Wo warst du gestern so lange? Ich machte mir solche Sorgen um dich und konnte überhaupt nicht schlafen“, klagte Daria oft, wenn er dann endlich wieder daheim war.
Ich habe dir etwas mitgebracht“, sagte Samy eines Morgens geheimnisvoll. „Heute habe ich gewonnen.“
Er überreichte ihr ein Paket. Sie öffnete es mit Neugierde. In einer flachen Schachtel lag ein wunderschönes Cocktailkleid aus weißem Lurex. Als er sie in seine Arme schloss, hatte sie bereits alle Sorgen, die er ihr bereitet hatte, wieder vergessen.

Renette war nach Frankreich zurückgekehrt. Andere Kindermädchen waren gekommen und alsbald auch wieder gegangen, denn sie alle hatten es kaum in diesem Umfeld ausgehalten.
Es dauerte nicht lange, bis Samy begann, die anderen Kartenspieler regelmäßig in die Wohnung mitzubringen, wo sich das Glücksspiel bis in die frühen Morgenstunden fortsetzte. Dabei rauchten sie fürchterlich. Der dichte Qualm zog sich ins Schlafzimmer und beraubte Daria gar so manche Nacht ihrer Nachtruhe. Auch diesmal konnte sie deswegen nicht schlafen. Sie stand auf und wollte ins Wohnzimmer gehen.

„Könntest du bitte Tee für uns kochen, meine Prinzessin?“, fragte Samy mit seinem charmantesten Lächeln, als sie aus dem Schlafzimmer trat. Also ging sie in die Küche und stellte Tee zu. Die Kartenspieler waren allesamt Ägypter. Diese lieben stark gezuckerten Tee. Daher füllte sie die Zuckerdose bis an den Rand und stellte sie gemeinsam mit der Teekanne und den Tassen auf den Tisch. Plötzlich sah sie alle fast gleichzeitig aus ihren Sitzen aufspringen und in weiten Bögen spucken. Sie hatte irrtümlich Salz statt Zucker auf den Tisch gestellt.

„Du musst dieses verdammte Kartenspiel aufgeben“, sagte Daria am nächsten Tag zu Samy. „Entweder ich oder das Glücksspiel! Du hast

vierzehn Tage Zeit, dich zu entscheiden. Das ist ein Ultimatum."
„Ach, daher weht der Wind. Deshalb wolltest du uns gestern mit Salz vergiften!"
„Nein, das war unabsichtlich!", verteidigte sie sich.
„Das hat dir deine Mutter geraten", fuhr Samy fort, ohne ihren Einwurf zu beachten. „Sie neidet dir nur dein Glück. Du weißt doch ganz genau, dass du in deinem Leben keinen so guten Schwanz mehr bekommen kannst wie den meinen. Du solltest den Kontakt zu deiner Mutter abbrechen."
„Meine Mutter hat damit gar nichts zu tun. Du wirfst das Geld zum Fenster hinaus, bist nie da, wenn man dich braucht, und lässt mich ständig mit den Kindern allein."
„Dalia, Dodo!", rief Samy die Kinder herbei. „Schaut eure Mutter an, die Hure! Seht, wie schwach sie ist!"
Dabei versetzte er Daria einen Stoß, sodass sie auf das Bett fiel. Dann warf er sich auf sie und hielt sie mit den Knien fest, während er die Wehrlose zu ohrfeigen begann. Sie strampelte mit den Beinen und versuchte, sich aus seiner Umklammerung zu befreien. Doch es half ihr nichts. Die Kinder liefen schreiend und weinend aus dem Zimmer. Endlich ließ er von ihr ab und verließ wortlos die Wohnung.

Es war Sonntagabend und die Kinder schliefen. Daria war auch schon schläfrig, doch sie wollte noch ein paar Wäschestücke bügeln. Den Bügeltisch hatte sie bereits in der Küche aufgestellt. Sie öffnete den Schlafzimmerschrank, um das Bügeleisen herauszunehmen. Da fiel ihr Blick auf einen Stapel unsortierter Papiere und Briefkuverts. Sie nahm den ganzen Stoß heraus, um ihn zu ordnen. Plötzlich sah sie ein Kuvert, das Samys Namen und Anschrift trug. Neugierig geworden, entnahm sie dem Briefumschlag den gefalteten Brief.
„Geliebter Samy!" stand da in großen Lettern. Darias Hände begannen zu zittern, doch sie musste nun alles wissen und las weiter.
„Ich möchte dir mit diesem Brief sagen, dass ich wirklich wahre Gefühle für dich empfinde. Du kannst dir gar nicht vorstellen, was in mir vorgeht. Bitte lass mich so schnell wie möglich wissen, ob es für uns eine gemeinsame Zukunft geben kann, oder ob ich mir nur falsche Hoffnungen mache. Bitte, ruf mich an! Deine dich liebende Barbara"

Daria suchte das Datum des Poststempels. Der Brief war zwei Tage nach Dodos Geburt abgeschickt worden. Hatte Samy sie betrogen, als sie mit seinem Sohn hochschwanger war? Oder während sie ihn gerade unter Schmerzen gebar?
Sie holte das Telefonbuch und suchte nach dem Namen dieser Frau. Tatsächlich fand sie ihn. Mit zittrigen Fingern wählte sie die Nummer. Barbara meldete sich.
„Ich bin Samys Frau", stieß Daria hervor, ohne zu grüßen. „Haben Sie mit meinem Mann ein Verhältnis?"
Eine Sekunde lang herrschte Stille auf der anderen Seite der Leitung, dann hörte Daria die Worte: „Wir hatten eines, aber das ist jetzt vorbei."
Sie musste sich gegen die Wand lehnen. Ihr Herz klopfte, als ob sie fünf Stockwerke in einem Zug hinaufgerannt wäre.
„Wie oft haben Sie mit ihm geschlafen?", hörte sie sich selbst fragen.
„Nur zwei Mal", antwortete die Stimme aus dem Telefonhörer.
Daria legte auf. In ihrem Kopf arbeitete es. Fünf Minuten später rief sie ihre Schwester an.
„Hallo Manuela, Daria spricht. Entschuldige, dass ich so spät noch bei euch anrufe, aber ich habe eine große Bitte. Kannst du morgen am

Abend zu mir kommen und auf die Kinder aufpassen? Ich muss einen dringenden Weg erledigen."

„Ist in Ordnung. Kein Problem. Wann soll ich denn bei dir sein?", erkundigte sich Manuela.

„Um 18 Uhr, bitte."

„Gut, also dann bis morgen!"

„Bis morgen!"

In dieser Nacht sollte ein Plan geschmiedet werden, dessen Ausführung die Zukunft verändern hätte können.

Als Daria die Augen aufschlug, stand Samy vor ihr. „Wieso hat deine Schwester bei uns geschlafen?“ Er runzelte misstrauisch die Stirn.
„Meine Schwester?“, wiederholte sie schlaftrunken und gähnte.
„Ja, deine Schwester“, wiederholte er. „Wieso ist sie hier?“
„Ich hatte einen Weg und sie hat auf die Kinder aufgepasst“, antwortete sie.
Eine Minute später war sie hellwach und setzte sich im Bett auf. Samy war nicht mehr im Zimmer. Sie ging ins Wohnzimmer.
„Soll ich dir Tee machen?“, fragte sie, während sie die Tassen aus dem Schrank nahm.
Er schüttelte den Kopf. Dann hob er die Zigarette hoch, die im Aschenbecher glomm, und führte sie langsam zu seinen Lippen. Er zog daran und starrte dabei auf den Fußboden. Dann legte er sie wieder auf den Aschenbecher zurück. Sie beobachtete ihn dabei. Würde er auf seine Frage zurückkommen? Was sollte sie ihm sagen? Doch Samy rauchte schweigend weiter. Daria entfernte sich, um Manuela, Dalia und Dodo zu wecken. Sie ging in die Küche, kochte Kaffee für die Erwachsenen und Kakao für die Kinder, bereitete das Frühstück für alle und schmierte Brote für die Jause im Kindergarten. Samy wollte nicht frühstücken. Sie verließen die Wohnung, doch er blieb weiterhin rauchend und schweigsam im Wohnzimmer sitzen.
Als Daria an diesem Nachmittag von der Arbeit heimkam, hatte Samy bereits die Kinder vom Kindergarten abgeholt.
„Komm!“, sagte er zu ihr und fasste sie an der Hand.
„Wohin?“, fragte sie verwundert.
„Wir gehen auf einen Kaffee. Die Kinder können einstweilen allein bleiben.“
Er öffnete die Wohnungstür und schob Daria hinaus. Mit dem Auto fuhren sie zur Wexstraße. Er parkte den Wagen ein und führte sie in das Kaffeehaus an der Ecke. Sie bestellten zwei Tassen Melange. Er wartete, und als sie nichts sagte, begann er zu sprechen.
„Wo warst du gestern?“
„In einem Kaffeehaus“, antwortete sie unsicher.
„Ich weiß, dass du dort einen Mann getroffen hast“, fiel er mit der Tür ins Haus.
„Woher weißt du das?“ Im selben Moment dachte sie, dass dies eine

unvorsichtige Antwort gewesen sei.
„Du gibst es also zu?“, fragte er auch prompt. Sie schwieg.
„Liebling“, sagte er mit weicher Stimme, „du kannst es mir doch sagen. Ich bin dein Samy. Mir kannst du alles anvertrauen, das weißt du doch.“
„Ja, ich habe mich dort mit jemandem unterhalten.“
„Und dann?“, fragte er lauernd.
„Dann nichts“, antwortete sie.
„Schau, Liebling, wir haben nun schon einmal begonnen, darüber zu sprechen. Es ist sowieso bereits geschehen. Es gibt keinen Grund, warum du es mir nicht sagen solltest. Er hat dich geküsst. Nicht wahr?“
„Nein, hat er nicht!“
„Es hat dich jemand dabei gesehen. Du kannst es ruhig zugeben.“
„Also gut. Er hat mich geküsst.“
„Na siehst du. Warum denn nicht gleich?“
Verständnisvoll lächelnd sprach er weiter: „Erzähle mir alles! Hast du mich gestern betrogen? Du kannst mir ruhig alles anvertrauen. Ich liebe dich doch. Ich werde dir verzeihen. Ich will es nur wissen.“
„Es gibt wirklich nichts zu erzählen“, wehrte sie ab.
„Ich will es bloß wissen“, beharrte er.
„Was wissen? Ich sagte doch, es war nichts zwischen mir und Mahmud.“ Nun war ihr der Name entschlüpft.
„Daria, du kennst mich. Du weißt, dass ich es herausfinden werde, wenn ich will.“
„Es war nichts zwischen uns“, bekräftigte sie nochmals.
„Was hat er noch gemacht, außer dich zu küssen? Wir sind doch erwachsene Menschen. Welchen Grund sollte es geben, dass du mir nicht die Wahrheit sagen und mir vertrauen könntest?“
„Also“, sagte sie und verstummte im selben Moment auch wieder.
„Ich kenne Mahmud. Ich werde ihm eine Frage stellen, die nur jemand beantworten kann, der mit dir geschlafen hat. Und dann werde ich wissen, ob du mich belogen oder die Wahrheit gesagt hast.“
Bei seinen Worten krampfte sich ihr Herz schmerzhaft zusammen. Was für eine Frage konnte das sein? Würde Mahmud womöglich alles verraten? Sie saß in der Klemme.
„Wirst du mir wirklich verzeihen?“, fragte sie zaghaft.
„Mein Gott! Daria! Sag es mir endlich!“, sagte Samy und verstand in

diesem Augenblick, dass sie ihn wirklich betrogen hatte.
Und als sie nichts mehr sagte, fuhr er fort: „Ich höre, Liebling." Nun kostete es ihn eine enorme Anstrengung, sich noch zur Ruhe zu zwingen.
„Das ist alles. Er hat mich bloß geküsst, beharrte sie auf ihrer ursprünglichen Aussage.
„Du warst länger als vier Stunden weg. Denkst du, das kann ich dir glauben? Ich weiß, dass mehr passiert ist zwischen euch." Er fühlte ein flaues Gefühl im Magen und wünschte, er hätte dieses Thema nie angeschnitten.
„Samy", hörte er sie plötzlich sagen, „du wirst nicht böse sein?"
„Natürlich nicht", antwortete er schnell.
„Du wirst mir verzeihen?"
„Selbstverständlich!"
„Versprochen?", vergewisserte sie sich nochmals.
„Versprochen", bestätigte er. Er nahm zwei Zigaretten aus der Schachtel, zündete beide an und reichte ihr eine davon.
„Also, vorgestern habe ich Barbara angerufen und sie hat mir gestanden, dass ihr ein Verhältnis hattet. Deshalb bin ich gestern ausgegangen. Um mich zu rächen. Ich habe Mahmud im Chattanooga kennengelernt. Wir haben uns ein wenig unterhalten und dann haben wir uns geküsst. Das ist alles." Samy hatte seine Hände gefaltet und beobachtete ihre Lippen, während sie sprach.
„Du bist mit ihm in seine Wohnung gegangen. Nicht wahr? Du kannst mir nichts vormachen. Ich weiß es. Verdammt, warum vertraust du mir nicht?"
„Ja, ich bin mit ihm mitgegangen."
„Hast du mit ihm geschlafen?" Seine Stimme klang sanft und beruhigend.
„Ja."
Er schloss die Augen. Er schüttelte den Kopf. Dann ging ein entsetzliches Beben durch seinen Körper. Sie erschrak fürchterlich. Minutenlang zitterte er wie Espenlaub. Dann begann er zu toben und zu brüllen:
„Ich verstoße dich und nehme dir die Kinder weg!"
Daria schlug die Hände vors Gesicht und begann zu weinen. Sie konnte es nicht fassen. Hatte er ihr nicht soeben versprochen, ihr zu

verzeihen? Sie weinte bitterlich und wünschte, sie könnte ihr Geständnis zurücknehmen. Doch dazu war es nun wohl zu spät.
„Nein“, rief sie verzweifelt, „es stimmt nicht. Ich habe es nicht getan!“
„Du hast mich betrogen!“, schrie er zurück.
Alle Augen waren nun auf die Streitenden gerichtet, doch keiner der beiden bemerkte es. Für sie gab es in diesem Augenblick nur sie selbst. So als wären sie völlig allein auf dieser Erde. Um sie herum nur Leere und ein tiefes Dunkel. Als Samy zahlte, zitterte er noch immer. Sie verließen das Lokal und stiegen ins Auto ein. Doch anstatt heimzufahren, fuhr er mit ihr auf die Höhenstraße.
„Bitte, fahren wir nach Hause. Die Kinder sind allein. Ich bin so müde“, flehte sie. Aber Samy hörte nicht.
„Warum hast du das nur getan?“, wiederholte er unablässig.
„Ich habe es nicht getan!“ Sie warf den Kopf zurück. „Mein Gott! Warum glaubst du mir denn nun nicht mehr?“
„Ich verstoße dich! Ich verstoße dich! Ich verstoße dich!“, brüllte er, während er den Wagen in der Dunkelheit die Serpentinen höher und höher jagte.
„Um Gottes willen, Samy. Bitte, fahr nicht so schnell! Wir stürzen in den Abgrund!“, schrie sie in Panik.
„Ich bin schon in den Abgrund gestürzt“, war seine Antwort. Endlich waren sie auf dem Kahlenberg angekommen. Er stellte den Wagen auf dem Parkplatz ab, stieg aus, ging die Treppe zur Aussichtsterrasse hoch und trat ganz nahe an die Brüstung heran. Sein Rücken war Daria zugekehrt. Sie hielt die Luft an. Würde er sich in die Tiefe stürzen? Jetzt? Oder - jetzt? Sie beobachtete ihn mit verhaltenem Atem. Minutenlang blickte er hinunter auf das Lichtermeer der nächtlichen Stadt. Sie konnte sehen, dass er wieder am ganzen Leib zitterte. Sie wagte es nicht, ihm zu folgen. Schließlich kam er zurück, setzte sich ans Steuer und fuhr heim zum Engels-Platz. Als sie aus dem Wagen stiegen, torkelte ihnen ein betrunkener Obdachloser entgegen.
„Ihn hat wahrscheinlich auch eine Frau betrogen“, sagte Samy mit tonloser Grabesstimme.
Er musste sich kurz gegen das Auto lehnen, bevor er zum Haustor gehen konnte. Er öffnete die Tür und trat in den dunklen Flur. Daria drehte das Licht auf und stellte sich ihm in den Weg.
„Samy, bitte verzeih mir“, bettelte sie.

Er nahm sie an den Schultern und stieß sie zur Seite.
„Verzeih mir, Samy!“, schrie sie nochmals und folgte ihm die Treppe hinauf zur Wohnung.
Er sperrte die Wohnungstür auf. Die Kinder standen in der Küche.
„Mami! Mami!“, riefen sie und rannten auf sie zu.
„Wo warst du so lange?“, fragte Dalia. „Wir haben Hunger.“
Daria setzte sich an den Küchentisch, legte die Arme auf die Tischplatte und ließ ihren Kopf darauf fallen. Sie wusste nicht, was sie tun sollte. Nicht jetzt. Nicht morgen. Überhaupt nicht. Dann spürte sie Dalias kleine Hand auf ihrem Kopf.
„Mami, was hast du?“, fragte sie, drehte Daria ihr kleines Gesichtchen zu, blickte ihr besorgt in die Augen und strich ihr dabei übers Haar.
Daria setzte sich auf. Sie fühlte sich, als wäre sie das Kind und nicht die Mutter. Sollte es nicht umgekehrt sein? Sollte nicht sie ihre Kinder trösten? Warme Tränen rannen über ihre Wangen. Sie versuchte zu lächeln. Dann stand sie auf, gab den Kindern ihr Nachtmahl und brachte sie zu Bett.
„Liest du uns noch eine Geschichte vor?“, bettelte Dalia.
„Vielleicht morgen. Heute ist es schon zu spät“, sagte Daria.

In der Zwischenzeit war Samy ins Schlafzimmer gegangen. Er starrte das Bett an, bevor er hineinkroch. Er lag auf dem Rücken und stierte an die Zimmerdecke. Als sie ins Zimmer trat, schloss er schnell die Augen und drehte sich zur Seite. Sie schlüpfte aus ihrem Gewand und setzte sich aufs Bett. Sie fuhr mit ihrer Hand unter die Decke und begann seinen Rücken zu streicheln.
„Samy“, flüsterte sie.
Er griff nach ihren Fingern, hielt sie fest, um ihre Bewegungen zu stoppen und sagte: „Geh weg!“ Bei diesen Worten schleuderte er ihre Hand zur Seite.
„Ich kann nicht weggehen. Wohin soll ich denn gehen?“, schluchzte sie verzweifelt.
„Ich habe dich heute drei Mal verstoßen. Wir sind geschiedene Leute“, sagte er.
„Oh Gott, Samy, denk doch an die Kinder!“, schrie sie auf.
„Eben an die denke ich. Die bleiben bei mir. Wir bleiben in der Wohnung und du gehst weg.“

„Das ist doch meine Wohnung!“ Nun schlug ihre Verzweiflung schlagartig in Empörung um.
„Das ist eine Gemeindewohnung. Ich habe dasselbe Recht, hier zu bleiben wie du. Du bist die Sünderin, die Ehebrecherin. Also hast du überhaupt kein Recht. Du verschwindest. Ich bleibe mit den Kindern hier.“
„Nein, bitte, bitte, nicht. Das kannst du doch nicht tun“, jammerte sie Hände ringend.
„Sei einfach still und greif mich ja nicht nochmals an“, sprach Samy mit drohend verhaltener Stimme.

Während die Tage verstrichen, wurde Daria immer dünner. Sie konnte keinen Bissen mehr essen. Sie konnte kaum noch schlafen. In ihrer Verzweiflung lief sie zur Kirche in der Forsthausgasse. Das Tor war verschlossen. Sie rüttelte daran. Da kam der Pfarrer und sprach sie an.
„Grüß Gott! Wo brennt’s denn?“, fragte er.
„Sogar Gott verschließt seine Tore vor mir“, brach es aus ihr hervor.
„Na, na, na! Was ist denn los?“, fragte er verwundert.
„Ich ... wollte ... beichten“, schluchzte sie unter Tränen.
„Dann kommen Sie doch mit mir“, sagte der Pfarrer gutmütig.
Er war ein gemütlich aussehender, älterer, untersetzter Herr, den Daria schon seit ihrer Kindheit kannte. Er führte sie in die Sakristei. Sie setzten sich, und sie begann zu beichten:
„Ich habe meinen Mann betrogen“, stieß sie hervor.
„Das hatte doch sicher eine Ursache. Hat er sie davor auch betrogen?“, fragte der Pfarrer sofort.
„Ja, das hat er“, antwortete sie überrascht. „Ich wollte mich revanchieren. Aber nun hat er mich verstoßen.“ Da waren ihre Tränen plötzlich versiegt.
„Warum bleiben Sie denn dann nicht einfach bei dem anderen?“, fragte der Pfarrer.
„Den kenne ich doch gar nicht! Ich habe ihn nur einmal getroffen.“ Ihre Verzweiflung war mit einem Schlag der Verwunderung darüber gewichen, wie weltlich dieser Diener Gottes doch war.
„Und nun bereuen Sie wohl, was Sie getan haben“, folgerte er.
„So ist es.“ Sie brach erneut in Tränen aus.
„Na, wenn das so ist“, sagte der Pfarrer, „dann erteile ich Ihnen nun

die Absolution."
Er legte ihr die Hand auf den Kopf und begann die Absolutionsformel zu sprechen:
„Gott, der barmherzige Vater, hat durch den Tod und die Auferstehung seines Sohnes die Welt mit sich versöhnt und den Heiligen Geist gesandt zur Vergebung der Sünden. Durch den Dienst der Kirche schenke er dir Verzeihung und Frieden. So spreche ich dich los von deinen Sünden im Namen des Vaters und des Sohnes und des Heiligen Geistes."
„Amen!" Mit zitternden Händen hatte sie bei den Worten des Pfarrers das Kreuzzeichen ausgeführt. Diese Worte hatten in ihrer Situation der Not und Pein etwas Tröstliches an sich.
„Beten Sie drei ‚Vaterunser' und fünf ‚Gegrüßet seist du, Maria'. Dann sind Ihnen Ihre Sünden vergeben", fügte der Pfarrer hinzu.
Sie bedankte sich bei ihm. Nun fühlte sie sich tatsächlich viel besser. Als sie heimkam, erzählte sie alles Samy.
„Wenn Gott dir verziehen hat, dann will auch ich es tun", sagte dieser daraufhin großzügig. Dieser plötzliche Sinneswandel kam überraschend für sie. Das hatte sie ja gar nicht erwartet.
„Ich nehme dich zurück", fuhr er fort. „Aber du bist befleckt und schmutzig, daher kann ich nicht mit dir auf dem normalen Weg verkehren. Du musst mich mit deinem Mund befriedigen. Jetzt sofort." Ihre Beichte war ihm gerade recht gekommen. Ein willkommener Anlass, die längst fällige Bettversöhnung herbeizuführen. Es war wie eine rituelle Handlung und extrem demütigend für sie.

Trotz dieser offiziellen Versöhnung schienen die Tage ihrer Ehe gezählt zu sein, und sie begann tränenreiche Überlegungen anzustellen, wie sie es nur schaffen könnte, die Kinder bei sich zu behalten und gleichzeitig den Mann loszuwerden. Dies war die Zeit, zu der sie in ihrer Hilflosigkeit sogar inständig zum Teufel betete, er möge Samy doch in einen tödlichen Autounfall verwickeln, was bei seinem Fahrverhalten eigentlich gar nicht so unwahrscheinlich gewesen wäre.

Seit Henys Abreise nach Ägypten waren zwei Jahre vergangen. Darias Tage an ihrem Arbeitsplatz im Reisebüro waren gezählt, zu viele Krankenstände, zu viele Pflegeurlaube, da die Kinder immer wieder einmal krank waren und Betreuung brauchten. Mit Samy war leider nie zu rechnen, obwohl er meist keiner geregelten Arbeit nachging, also blieb es wohl oder übel an Daria hängen. Noch schnell vor ihrer Kündigung, nützte sie daher ein Mitarbeiterangebot und kaufte zwei preisreduzierte Zugfahrkarten in die Niederlande.

Doch nach dem verlängerten Wochenende mit ihrer Schwester Manuela in Amsterdam erlebte Daria eine Überraschung. Darüber, dass Samy die Kinder in ihrer Abwesenheit bei ihrer Mutter abgeliefert hatte, wunderte sie sich nicht mehr. Aber es war eines zu viel. Heny war wieder da! Dabei hätte sie damit rechnen müssen. Samys Mutter hatte sich in ihren Briefen stets darüber beklagt, dass er unerträglich und ständig krank sei. Daher hatte Samy schließlich Hamed beauftragt, das Kind nach Österreich zurückzuholen.
Dünn war Heny. Sein Bauch schien aufgedunsen.
„Er hat Durchfall und absolut kein Benehmen“, sagte Hermine stinksauer, „und Samy hat einfach alle Kinder bei mir in der Wohnung deponiert. Wie soll ich mich denn mit Heny verständigen? Er spricht doch nur Arabisch.“
„Deponiert“ hatte sie gesagt, als wären die Kinder irgendwelche Gegenstände. Nicht nur, dass sich Hermine ständig bei ihrer Tochter darüber beklagte, dass sie deren Kinder immer wieder beaufsichtigen musste, beschuldigte sie die Kinder auch, alle ihre Möbel kaputt zu machen, weswegen sie Daria stets Vorhaltungen machte.
Daria fuhr dem kleinen Neuankömmling mit der Hand durchs Haar und spürte auf seiner Kopfhaut einen rauen Widerstand. „Was ist denn das?“, fragte sie.
Hermine holte einen Kamm und scheitelte seine Haare. Da sahen sie, dass seine Kopfhaut mit einer grünlich-schwarzen Dreckschicht überzogen war.
„Das auch noch!“, stöhnte Hermine.
Daria packte das Kind, zog es aus und stellte es in die Badewanne. Als sie den Buben kräftig einseifte, seinen Kopf schrubbte und ihn

abduschte, blickten sie plötzlich zwischen den Strömen von Wasser, die über sein Gesichtchen rannen, zwei weit aufgerissene Augen an und er schrie in Panik: „Chalas jah Mama!“ („Genug, Mama!“)
Das war das erste Mal, dass er ohne dazu aufgefordert worden zu sein, zu ihr „Mama“ sagte.

Heny hatte Angst. Angst vor dem fremden Land. Angst vor den fremden Menschen. Angst vor der Seife und dem Wasser. Alles war anders als zu Hause. Die Menschen hatten eine helle Haut. Wo war seine gute, alte Mama plötzlich hingekommen, an die er sich so gewöhnt hatte und die er liebte? Wo war Moheb? Seine ganze Familie? Wo war seine Wohnung? Sein Zimmer? Sein Bett? Sein Spielzeug? Die gewohnten Speisen? Warum verstand plötzlich niemand mehr seine Sprache?

Gleich am nächsten Tag brachte ihn Daria gemeinsam mit seinem Bruder in den Kindergarten auf dem Kapaunplatz. Dalia besuchte bereits die Volksschule in der Leystraße und am Nachmittag den Hort in demselben Gebäude, in dem sich auch der Kindergarten befand.
„Ich brauche dringend ab heute einen Platz für Heny. Er ist Dodos und Dalias Bruder. Er wurde von seinem Vater aus Ägypten geholt. Aber ich muss arbeiten gehen und weiß nicht, was ich nun mit ihm machen soll“, sagte Daria zu der Leiterin des Kindertagesheimes.
„Lassen Sie ihn nur da. Er soll zu Dodo in die Gruppe gehen“, sagte diese.
Die Kinder starrten Heny an. Er fühlte sich nicht wohl. Sie redeten auf ihn ein. In einer fremden Sprache. Er verstand kein einziges Wort. Einige größere Kinder kamen auf ihn zu und machten einen Kreis rund um ihn. Heny fürchtete sich vor ihnen. Ein Bub fragte ihn etwas. Heny konnte keine Antwort geben. Da gab ihm das Kind einen Stoß. Heny wehrte sich. Er stürzte sich auf den Buben, riss ihn zu Boden und trommelte mit den Fäusten auf ihn ein, bis sie die Kindergärtnerin trennte.

In der Nacht träumte Heny von den Kindern. Sie verspotteten ihn. Sie lachten über ihn. Und einer gab ihm einen Stoß. Dann schlugen ihn alle. Er war gefesselt und konnte sich nicht wehren.
Manchmal träumte er auch von Ägypten und von seiner alten „Mama“, die eigentlich seine Großmutter war. Wenn er dann aufwachte, glaubte er jedes Mal, er wäre wieder daheim. Aber wenn er erkannte, dass es nicht so war, war er den ganzen Tag über wütend. Mit der Zeit wurden diese Träume immer seltener. Heny wusste nicht, ob sie je ganz aufhören würden. Und bald konnte er sich an seine alte Mama nicht mehr erinnern.
Er erlernte die deutsche Sprache erstaunlich schnell. Innerhalb weniger Wochen konnte er sich bereits gut verständigen. Doch er war oft krank. Er litt an chronischer Laryngitis. Im Kindergarten machte er disziplinäre Schwierigkeiten. Stieß alles um. Boxte andere Kinder. Alles scheinbar aus reiner Bosheit und ohne unmittelbaren Grund. Er tat nie das, was die Kindergärtnerinnen von ihm erwarteten und forderten.
„Sie sollten mit Heny zu einem Kinderpsychiater gehen“, riet die Leiterin.

Auch daheim war er oft zornig. Auf der Straße riss er sich manchmal plötzlich los und rannte auf die Fahrbahn, wenn man ihn nicht fest genug an der Hand hielt. Bockig und unberechenbar war er. Mit der Zeit sollte es sich herauskristallisieren, dass Daria die einzige Person war, die damit so halbwegs umgehen konnte. Als er wieder einmal bockte und wild um sich schlug, ergriff sie ihn, hob ihn hoch, küsste und drückte ihn an ihre Brust, bis er aufs Bocken vergaß und sich in ihren Armen wand, kichernd und gurgelnd „Magst du Halsi?“ grölend. Worauf sie ihn so lange auf den Hals küssen musste, bis es kitzelte. Lachen konnte er! Mit seinem breiten Mund. Und kichern. Ein mädchenhaftes Kichern. Alles war so zart an ihm. Da kam Dodo tollpatschig angewackelt und stotterte:
„I – i - i au.“
„Was sagst du da?“, fragte ihn Daria lachend.
„Er sagt, er will auch“, erklärte ihr Heny sofort. Kurz zuvor hatte er noch nicht einmal ein deutsches Wort gesprochen und im Handumdrehen verstand er es, Dodos Babysprache in die deutsche Sprache zu übersetzen. Die beiden Brüder waren schon bald ein unzertrennliches Paar. Stets steckten sie ihre Köpfe zusammen, flüsterten miteinander und heckten gemeinsam Pläne und gar so manchen Schabernack aus. Stundenlang konnten sie sich mit ihrem Lego oder Playmobil beschäftigen. Danach sortierten sie alles wieder ohne zu murren in die dafür vorgesehenen Kisten.

Wenn Daria die Kinder abends vom Kindertagesheim abholte, fiel ihr Blick jedes Mal auf die hellen, zu der aktuellen Hosenlänge in parallelen Linien verlaufenden Streifen an ihren Hosenbeinen, wo sich frühere Hosensäume noch abzeichneten, was davon zeugte, dass alle ihre Hosen um einen oder manchmal um zwei Zentimeter verlängert werden hatten müssen, was man auch auf allen Kindergartenfotos deutlich erkennen konnte. Doch die beiden waren dort nicht die Einzigen, die übertragene Kleidung von „Alles für das Kind“ trugen, denn auf dem Friedrich-Engels-Platz lebten viele arme Familien. Den Gemeindekindergarten am Kapaunplatz besuchten vorwiegend Kinder aus prekären Verhältnissen. Henys bester Freund war Harry.

Es war später Nachmittag. Daria war - wie jeden Abend - in Richtung

Kindergarten unterwegs. Bevor sie den Park auf dem Kapaunplatz erreichte, holte sie eine blonde Frau ein und sprach sie an:
„Sie sind ja Henys Mutter, wenn ich mich nicht irre."
„Ja. Guten Tag. Wessen Mutter sind Sie?"
Sie war klein und untersetzt, hatte ein etwas aufgedunsenes Gesicht und ihre blonden, schulterlangen Haare waren struppig.
„Ich bin Harrys Mutter. Toni ist sein Bruder. Er ist mit Dalia in der Gruppe. Normalerweise holt die Großmutter die Kinder ab."
Nun erinnerte sich Daria, die alte Frau schon öfter im Waschküchenhof gesehen zu haben. Die Tochter, die sich nun zu ihr gesellt hatte, war eine Kopie ihrer Mutter, nur eben noch jünger. Der Körperbau war derselbe. Auch Harrys Großmutter hatte struppiges, schulterlanges, jedoch weißes Haar. Manchmal hatte Daria sie mit einem Stecken in den Coloniakübeln nach etwas Brauchbarem suchen sehen. Und einmal hatte sie sich ihren Rausch auf einer Bank im Hof ausgeschlafen.
„Dodo und Heny sind ja mit Harry sehr gut befreundet", sagte Daria, der nichts Besseres einfiel. Was hätte sie sonst schon mit dieser Frau besprechen sollen?
„Die Väter meiner Kinder sind alle zwei eine Katastrophe. Tonis Vater! Immer nur brechen! Arbeiten nix! Und wir haben kein Geld", begann Harrys Mutter nun zu erzählen.
Was sollte das heißen: immer nur brechen? dachte Daria. War Tonis Vater vielleicht ein Einbrecher? Da sie keine andere Antwort wusste, nickte sie nur mit dem Kopf und sagte: „Ja, ja. Diese Väter!"
„Und Harrys Vater ist gar ein Bankräuber", setzte die Frau fort.
Nun waren sie beim Kindergarten angelangt. Harrys krächzende Stimme, die vom vielen Schreien bereits heiser klang, konnte man schon beim Eingang hören. Sie gingen zuerst zu Dodos, Henys und Harrys Gruppe. Da saßen die drei beisammen an einem Tisch und spielten lautstark mit Autos und Flugzeugen. Die Kindergärtnerin empfing Daria wieder einmal händeringend.
„Bitte unternehmen Sie doch endlich etwas mit diesem Kind! Heny ist wirklich völlig asozial. Deutsch versteht er jetzt schon ganz gut, aber er will einfach nicht hören. Er befolgt absolut keine Anweisungen. Außerdem stiehlt er ständig das Spielgeld. Wir haben es schon mit allen Mitteln versucht. Bestrafen nützt rein gar nichts bei ihm."
Was sollte Daria ihr darauf antworten? Sie wusste selbst am besten,

dass man es mit Heny nicht immer leicht hatte. Schließlich war er schwer verletzt worden, denn binnen weniger Stunden hatte er seine Heimat, seine Familie, einfach alles verloren, was ihm vertraut, wert und teuer gewesen war. Er hätte auch seinen Namen eingebüßt, da er ja laut den Dokumenten Walter hieß, doch zum Glück hatten sie im Kindergarten den inoffiziellen Namen Heny übernommen. Somit musste er wenigstens auf diesen vorläufig nicht verzichten. Daria hatte mit ihm tatsächlich bereits vor zwei Wochen eine Psychiaterin aufgesucht. Doch das wollte sie im Kindergarten erst gar nicht erzählen. Das EEG hatte leichte Abweichungen von der Norm gezeigt.
„Ich würde eine medikamentöse Therapie vorschlagen", hatte die Ärztin gesagt.
„Psychopharmaka? Einem so kleinen Kind? Nein, das kommt für mich nicht infrage", hatte Daria entschieden. „Ich werde das auch ohne ärztliche Hilfe schaffen."

Nun waren sie zu Hause angekommen. Sie nahm Heny den Anorak ab. Da sah sie etwas aus seiner Tasche blitzen. Sie griff hinein und zog eine Handvoll Spielgeld daraus hervor.
„Heny, warum tust du das?" Enttäuscht und resigniert schüttelte sie ihren Kopf.
Er sah sie mit großen, runden Augen verständnislos an und sagte: „Aber, Mama, ich habe es doch für dich mitgebracht. Du sagst ja immer, du hast kein Geld."

Wenn man zeitig in der Früh das Haus verließ, waren die Gassen und Straßen noch wie ausgestorben. Nur auf dem Friedrich-Engels-Platz herrschte bereits reges Treiben. Die Straßenbahnen der Linie O zogen geräuschvoll ihre Kurven an dieser Endstation. „Endstation Engelsplatz“, riefen die Schaffner, „Alles aussteigen, bitte!“
Einige Arbeiter, die zur Frühschicht fuhren, hatten ihre Mantelkrägen aufgestellt und sich die Wollmützen in die Stirn gezogen. Während ein junger Bursche auf der Sitzbank an der Haltestelle saß und sich selbst in aller Öffentlichkeit eine Heroinspritze verabreichte, lag ein paar Meter von ihm entfernt bereits ein anderer mit einem Schüttler. Diese Drogenabhängigen gehörten zum Bild des Engelsplatzes. Genauso wie der ägyptische Zeitungsverkäufer. Auch die schlafenden Obdachlosen, die am Abend ihren Weg zum Männerheim in der Meldemannstraße nicht mehr gefunden hatten. Wenn sie Glück hatten, wachten sie am Morgen in den Blumenbeeten, die den Platz zierten, wieder auf. Ja, für viele, die an dieser Endstation angekommen waren, war es zum Aussteigen leider schon viel zu spät.

Einmal hatte Daria auch einen ihrer Nachbarn in den Rosenbeeten liegen sehen. Er war wahrscheinlich im Rausch hineingefallen. Oder vielleicht hatte ihn auch seine Lebensgefährtin ob seines Zustands nicht in die Wohnung gelassen, und er hatte sich daher zwischen den Blumen zur Ruhe gelegt. Seine Hosenbeine hatten sich während der Nacht in den Dornen verfangen. Am Morgen, als er seinen Rausch ausgeschlafen hatte, wusste er nicht, wie er sich daraus wieder befreien konnte. Da war sie schnell weitergegangen. Wie hätte sie ihm auch helfen können? Der Mann wog bestimmt rund hundert Kilo.

Nun stand sie mit den drei Kindern bei der Haltestelle und wartete auf den O-Wagen. Da sprach sie der ägyptische Zeitungsverkäufer an: „Sind die Kinder Ägypter?“
„Ja“, sagte sie und zeigte auf Heny. „Er spricht sogar Arabisch, da er bis vor Kurzem noch in Ägypten gelebt hat.“ Der Mann sprach ihn daraufhin in seiner Landessprache an. Im selben Augenblick wandte Heny erbost den Kopf zur Seite, riss sich von Darias Hand los und rannte auf die Straßenbahngeleise zu. Sie sprang ihm nach, bekam ihn

noch im letzten Augenblick, bevor er vor die einfahrende Straßenbahn hüpfen konnte, zu fassen, hob ihn hoch und drückte ihn an sich. Doch nicht einmal „Magst du Halsi“ konnte ihn diesmal versöhnen. Zum Glück beruhigte sich Heny während des Spaziergangs wieder.

Auf dem Heimweg beschloss Daria, im Wienerwald Restaurant an der Ecke Marchfeldstraße/Friedrich-Engels-Platz, welches einige Jahre später für Heny eine schicksalhafte Bedeutung erlangen sollte, noch schnell etwas zum Essen zu besorgen, um es nach Hause mitzunehmen. Zum Kochen war es nun wohl zu spät und alle waren hungrig.
„Was soll die Mama kaufen?“, fragte sie. Dann fiel ihr Blick auf Heny.
„Warum zappelst du so? Ist dir kalt?“
„Ja“, gab er zur Antwort.
Daria betrachtete die Speisen in der Vitrine und beschloss, ein Backhuhn mit Kartoffelsalat zu nehmen. Doch als sie sich zu den Kindern umdrehte, war Heny verschwunden.
„Wo ist Heny?“, fragte sie erschrocken.
„Ich glaube, er ist auf die Straße gelaufen“, antwortete Dalia gelassen.
„Was?“, schrie sie auf. Daria rannte vor die Tür, doch da war er nicht.
„Um Gottes willen!“, rief sie, „der Kleine kennt sich doch hier noch gar nicht aus, und da fahren so viele Autos und Straßenbahnen.“
Sie fasste Dodo und Dalia an den Händen und zog sie mit sich aus dem Lokal. Vor dem Restaurant lag ein großer Platz mit freier Sicht, den sie mit ihren Augen nach ihm absuchte. Doch nirgends war Heny zu sehen. In Panik hechtete Daria mit Dalia im Schlepptau und Dodo im Kinderwagen über all die Straßenbahngeleise und Fahrbahnen zur Polizeistation.
„Ich habe mein Kind verloren!“, schrie sie verzweifelt schon von Weitem einem Polizisten entgegen.
„Beruhigen Sie sich doch, wir werden es schon wiederfinden. Wie alt ist denn das Kind? Wie sieht es aus?“
„Er ist erst dreieinviertel Jahre alt und kennt sich hier gar nicht aus. Er ist mein Stiefsohn. Er kommt aus Ägypten, und ich habe ihn verloren“, stammelte sie mit tränenerstickter Stimme.
„Was hat er an?“
„Eine braune Cordsamthose und einen braunen Anorak mit einem roten Längsstreifen an jedem Ärmel.“

„Wir schicken einen Funkwagen, der wird ihn schon finden. Aber Sie gehen jetzt besser heim und sehen auch dort nach. Vielleicht ist er einfach nach Hause gerannt.“
„Dass er den Heimweg bereits nach so kurzer Zeit kennt, bezweifle ich. Er ist erst seit ein paar Monaten bei mir“, antwortete Daria.

Nachdem jedoch bereits ein Funkwagen unterwegs war und sie dem Polizisten ihre Wohnadresse mitgeteilt hatte, blieb ihr nichts anderes übrig, als heimzugehen. Was sollte sie Samy sagen? Wie würde er wohl darauf reagieren, wenn er erführe, dass sie seinen Sohn einfach verloren hatte? Bei dem Gedanken, dass sie Heny vielleicht nie wiedersehen würde, wurde ihr ganz übel.

Als sie den Hausflur betraten, konnten sie ein seltsames Geräusch vernehmen, und als sie im zweiten Stock aus dem Lift stiegen, stand Heny dort, dicht am Gitter des Aufzugs. Mit dem Zeigefinger der rechten Hand fuhr er andächtig die Maschen des grünen Drahtgeflechts nach und sang dabei immer wieder auf zwei Tönen im Abstand einer kleinen Terz: „Ich hab‘ keine Mama, ich hab‘ kein Klo. Ich hab‘ keine Mama, ich hab‘ kein Klo. ...“

Am nächsten Morgen, als sie Heny wecken wollte, fand sie ihn bereits wach in seinem Bett auf dem Bauch liegend. Mit einem aufgeschlagenen Buch auf seinem Kopfpolster. Es war sein Drachenbuch, das er von Kurt geschenkt bekommen hatte.
„Was ist denn das Tolle an den Drachen?“, fragte sie ihn.
Er blätterte um und zeigte auf einen chinesischen Drachen.
„Der ist neun verschiedene Tiere“, antwortete Heny.
„Du meinst, er besteht aus neun verschiedenen Tieren“, korrigierte sie ihn.
„Ja, genau.“ Dann zeigte er auf ein anderes Bild. „Schau, wie der aussieht. Wie groß er ist. Du musst vor ihm Angst haben. Er ist stark. Ich bin auch stark“, sagte Heny und plusterte sich vor ihr auf.
„Der sieht ja aus wie ein Teufel“, antwortete sie.
„Ja, er ist ein böser Teufel! Er kann überall leben: in der Luft, im Wasser, auf der Erde und sogar im Feuer. Der Körper ist eine Schlange, der Kopf ist ein Krokodil. Und der ist ein Adler! Und der ist ein Wolf! Siehst du die Krallen?“, rief er aufgeregt. „Das ist eine Raubkatze! Ein schwarzer Panther!“ Dann blätterte er um. „Schau, da kommt der Held, das ist ein Gott! Das bin ich! Ich mach den Drachen kaputt! Pch! Pch! Pch!“ Dabei vollzog er mit seinen Armen Kampfbewegungen in der Luft. Seine Augen funkelten wild. Er war so aufgebracht, dass Daria ein wenig zurückweichen musste, um nicht auch etwas abzubekommen.

Nach dem Kampf fiel Heny erschöpft in seine Kissen zurück. Als er nun so vor ihr lag und sie ihn betrachtete, dachte sie, dass er den Drachen in gewisser Weise wesensverwandt war. Er hatte die Beharrlichkeit eines Krokodils, denn er hatte eine tolle Begabung dafür, mit großer Geduld und Ausdauer Puzzles zusammenzusetzen. Er war auch geschmeidig wie eine Raubkatze, konnte klettern, springen, und er besaß die Kraft eines Löwen, trotz seiner zierlichen Statur und seines zarten Alters. Seine Identifikation war jedoch eine zweifache. Einerseits mit dem Drachen. Andererseits mit dem Helden, der den Drachen bezwingt. Das war das tragische Dilemma, in dem das melancholische, wissensdurstige Kind steckte. Wütend und aufrührerisch konnte er sein. Seine ungezähmten Kräfte und Gewaltausbrüche verbrannten ihm schier das Herz.

Aber in seinem Innersten schlummerten ein unbesiegbarer Sinn für Gerechtigkeit und der Hang zum Guten. Das führte ihn allerdings nicht aus dem Dilemma heraus, sondern gar so oft in komplizierte Verstrickungen und tiefe Zerrissenheit.

Heny war tatsächlich auch ein kleiner Held. Eines Tages war wieder einmal Streit zwischen Samy und Daria ausgebrochen. Wieder einmal war sie vor den Kindern aufs Bett geworfen, mit Füßen getreten, geohrfeigt, beschimpft und gedemütigt worden.
„Eure Mutter ist eine Hure! Seht, wie schwach sie ist!“, hatte er wie immer geschrien.
Dodo und Dalia flohen weinend in die Küche. Da stürzte sich Heny todesmutig auf seinen Vater.
„Geh weg!“, schrie er. „Lass sie los!“ Dabei packte er mit seinen kleinen Händchen Samys Hosenbeine und zerrte daran. Dieser schenkte ihm keine Beachtung. Da wurde Heny noch wütender und holte mit der Faust zum Schlag aus. Doch sein Vater kam ihm zuvor und wehrte den Schlag ab. Er fasste den Kleinen bei den Handgelenken und zwang ihn auf dem Bett auf den Rücken. Dann hielt er ihn fest und lachte ihn aus. So scharf und plötzlich, dass selbst Daria zusammenzuckte. Sie richtete sich auf und sah Heny in einer ohnmächtigen Wut sich gegen seine Fesselung aufbäumen. Samy ließ ihn los, warf ihm nochmals einen verächtlichen Blick zu und verließ das Zimmer.
„Danke“, sagte Daria. „Danke, Heny. Du hast mich gerettet.“
Einmal brachte er ein wunderschön gemaltes Bild aus dem Kindergarten heim, das einen kohlrabenschwarzen Wolf mit wirren, widerspenstig vom Körper abstehenden Haaren darstellte. Der Hintergrund war in einem grellen, kräftigen Grün gehalten. Das Ungetüm sah furchterregend aus, doch seine unendlich traurigen Augen schienen zu sagen: „Befreie mich aus diesem Bann, denn wenn du es bist, die den Zauber löst, kann ich doch noch zum wunderschönen Prinzen werden.“
Deshalb erhielt dieses Gemälde einen Ehrenplatz an der Wand des Durchgangszimmers, das nun als Kinderzimmer genutzt wurde. Doch wird Daria die von diesem Bild geforderte Mission erfüllen können?

Eines Morgens war Henys Bett wieder einmal komplett nass. Das passierte leider noch sehr oft des Nachts. Daria war deshalb ziemlich verzweifelt, da sie nicht genügend Bettwäsche zum Wechseln besaß. Wo sollte sie in der Wohnung diese großen Wäschestücke zum Trocknen aufhängen? Die Waschküche des Gemeindebaus, die mit gewerblichen Maschinen und Wäschetrocknern ausgestattet war, konnte jeder Haushalt nur zwei Mal pro Monat nach Vereinbarung eines Termins benutzen. Und gar erst, wenn die Matratze selbst davon betroffen war! Daria ergriff das Kind. Mit der gerechten Wut der Empörung, wie sie meinte, schleppte sie es vor seinen in aller Seelenruhe schlafenden Vater. Warum sollte schließlich alle Last auf ihr alleine ruhen? Also hatte Daria eine - wie sich später herausstellen sollte - unheilvolle Idee. Sie weckte ihren Mann auf und schrie:
„Heny hat wieder das Bett genässt, jetzt unternimm endlich einmal etwas!“
Samy richtete sich auf, packte Heny, warf ihn mit dem Bauch nach unten auf sein Kopfkissen und schlug auf ihn ein. Dann reichte er ihr das brüllende Kind wieder, legte sich um und schlief sofort weiter. Es dauerte nicht lange, bis Henys Gesäß von blauen, blutunterlaufenen Striemen übersät war.

Da kam Daria eine zweite unheilvolle Idee. Als sie die Kinder in den Kindergarten brachte, sagte sie zu der Erzieherin:
„Sehen Sie sich doch Henys Gesäß einmal an. Das hat sein Vater getan.“
Gleich am nächsten Tag ging Daria zum Jugendamt und ließ eine Niederschrift über den Vorfall machen. Dann erkundigte sie sich, ob sie im Falle einer Scheidung die Obsorge über die Stiefkinder bekommen würde, wenn der Vater nachweislich nicht dazu geeignet wäre, die Kinder aufzuziehen, und brutal gegen sie vorginge.
„Sie würden natürlich Ihr eigenes Kind behalten, die Stiefkinder kämen jedoch auf jeden Fall in ein Heim“, meinte die Sozialarbeiterin. Dann setzte sie verwundert fort: „Sie sind aber eine gute Stiefmutter!“

In der Zwischenzeit hatte auch der Kindergarten Anzeige erstattet. Bald darauf erhielten Daria und Samy die Ladungen zur

Gerichtsverhandlung. Er war als Beschuldigter, sie als Zeugin geladen. Samy kam mit dem Brief in der Hand ins Wohnzimmer. Daria saß auf dem Sofa und strickte an einem Pullover für Dodo.
„Du willst doch nicht unsere Familie zerstören", sagte er zu ihr und setzte sich ihr gegenüber in den Ohrensessel.
„Du weißt doch hoffentlich, was du bei Gericht sagen musst?" Es klang wie eine Frage.
„Die Wahrheit werde ich sagen. Was denn sonst?", antwortete sie.
Samy stand auf und setzte sich neben sie. Dann nahm er ihr das Strickzeug aus der Hand, legte seinen Arm um ihre Schulter und sprach eindringlich auf sie ein: „Wie du weißt, bin ich gerade im Begriff, mich selbstständig zu machen. Bald werden wir unsere eigene Pizzeria eröffnen. Du wirst die Chefin sein. Und wir werden Geld haben. Willst du denn das alles zerstören?"
„Nein. Natürlich nicht", sagte sie leise. Nun wurde sie doch etwas unsicher.
„Und denk doch an die Kinder. Schau, wie glücklich sie jetzt sind", setzte Samy sein suggestives Gespräch fort.
Daria dachte an die Worte der Sozialarbeiterin: „Sie würden natürlich Ihr eigenes Kind behalten, die Stiefkinder kämen jedoch auf jeden Fall in ein Heim."
Nein, das wollte sie sicher nicht, dass die Kinder getrennt würden, und Dalia und Heny wieder ins Heim kämen. Vielleicht würde wirklich alles anders werden, wenn sie erst einmal selbstständig waren. Sie war dabei gewesen, als sie die Einrichtung der Pizzeria ausgesucht hatten. Die Gespräche mit Banken und Lieferfirmen hatte sie gemeinsam mit Samy geführt. Die Vorhänge und Tischdecken für das Lokal hatte sie selbst genäht.
„Was soll ich also sagen?", fragte sie. „Was schlägst du vor?"
„Du musst einfach sagen, dass es normalerweise nicht meine Art ist, die Kinder zu schlagen."
Sie löste sich aus seiner Umarmung, rückte von Samy ein wenig ab und blickte ihm ratlos ins Gesicht.
„Aber das wäre ja ein Widerspruch zu dem, was ich ursprünglich im Kindergarten und beim Jugendamt behauptet habe. Ich habe ja bejaht, als man mich fragte, ob du die Kinder und mich selbst öfter schlägst. Was wird man mir denn dann noch glauben?"

„Also, du möchtest unsere Familie vernichten?“, fragte Samy. In seinen Augen spiegelte sich alle Verzweiflung dieser Welt wider.
„Nein, das will ich nicht.“ Sie schüttelte den Kopf, um ihre Worte zu bekräftigen.
Er fixierte sie eindringlich mit seinen Augen.
„Dann überleg dir also gut, was du bei Gericht sagst!“ Daraufhin verließ er das Zimmer.

Daria fühlte sich bis zum Tag der Gerichtsverhandlung überhaupt nicht wohl in ihrer Haut. Was sollte sie tun? Was würde sie bei der Verhandlung sagen? Trotz aller Überlegungen kam sie auf keinen grünen Zweig. Doch auch Samy schien etwas auszubrüten. Er blickte stets finster und grübelte unentwegt. Bevor sie den Gerichtssaal betraten, flüsterte er Daria nochmals zu:
„Vergiss nicht! Dieser Vorfall war ein einmaliger Ausrutscher.“
Sie tat, als hätte sie nichts gehört, ging schweigend und mit sich selbst kämpfend in den Saal und setzte sich auf den ihr zugewiesenen Platz.

Nach der Verhandlung strahlte Samy. Er war nicht verurteilt worden.
„Das hast du gut gemacht“, lobte er sie. „Ich war ganz stolz auf dich, als du sagtest: ‚Dieser Vorfall war ein einmaliger Ausrutscher. Es war eigentlich alles meine Schuld, weil ich meinen Mann so plötzlich aus dem Schlaf gerissen habe‘.“ Er lachte siegesbewusst und überheblich.

Doch diese Aussage sollte ein Nachspiel haben. Bald erhielt Daria nämlich ein Schreiben vom Gericht, in dem ihr mitgeteilt wurde, sie sei von der Staatsanwaltschaft wegen Verleumdung angeklagt. Einige Tage später befand sie sich also wieder im Gerichtsgebäude. Diesmal als Angeklagte. Sie wurde vor zwei Untersuchungsrichter gerufen.
„Auf Verleumdung stehen bis zu vier Jahre Haft“, sagte der eine Richter und blickte ihr dabei tief in die Augen.
Und der zweite ergänzte: „Sie haben Ihre ursprünglichen Aussagen bei der Verhandlung plötzlich zurückgenommen. Die Anklage gegen Ihren Mann wurde also beiseitegelegt. Daher musste die Staatsanwaltschaft Anzeige gegen Sie erheben.“
Daria verstand diese Logik nicht. Sie begann herzzerreißend zu weinen. Dann entschloss sie sich dazu, den genauen Sachverhalt, die

ganze Wahrheit zu erzählen. Sie gestand den Richtern, dass ihre ursprüngliche Aussage zutreffend war und dass Samy sie dazu überredet hatte, die Anschuldigungen gegen ihn zurückzunehmen. Die beiden Herren überlegten eine Weile, berieten sich untereinander, und schließlich sagte der eine: „Wir haben uns dafür entschieden, auch Ihren Akt beiseitezulegen."

Der wirtschaftliche Aufschwung trat nicht ein. Die Pizzeria, die ausschließlich mittels Fremdkapitals finanziert worden war, musste schon kurz nach ihrer Eröffnung Konkurs anmelden. Auch ihre Ehe war nicht mehr dauerhaft zu retten. Obwohl Samy sich ursprünglich dagegen vehement gesträubt hatte, willigte er schließlich in eine einvernehmliche Scheidung ein. Nachdem sie in der Nacht noch ausgiebig ihren Trieben freien Lauf gelassen hatten, traten sie am Morgen gemeinsam vor die Scheidungsrichterin. Vermögen hatten sie sowieso keines. Dodo sollte in Darias Obhut verbleiben, über die Alimente und Besuchsrechte des Vaters würden sie sich außergerichtlich einigen. Dalia und Heny wurden erst gar nicht erwähnt, da offiziell ohnedies Samy das alleinige Sorgerecht hatte.
„Ihr Ex-Mann darf noch sechs Monate in Ihrer Wohnung bleiben“, sagte die Richterin abschließend. Daria erschrak.
„Was? Noch ein halbes Jahr?“
„Natürlich. Er muss doch ausreichend Zeit haben, eine neue Unterkunft zu finden“, meinte die Richterin, die ihr auch suggeriert hatte, sie solle ihn als Erstantragsteller auf Scheidung gelten lassen.
Nach diesem Schritt änderte sich de facto nichts an ihrem Zusammenleben.

Seither waren einige Wochen vergangen. An einem schönen Frühlingstag, holte Samy Daria mit dem Auto von der Universität, wo sie nach wie vor den Lehrgang für Fremdenverkehr besuchte, ab. Sie öffnete das Handschuhfach, um einen Brief, der auf dem Beifahrersitz gelegen war, hineinzugeben. Da fiel ihr etwas Schweres entgegen.
„Oh nein! Was ist denn das? Wieso hast du eine Pistole im Auto?“, schrie sie entsetzt auf.
„Die ist für dich bestimmt, wenn du einen falschen Schritt machst“, sagte er mit einem bedrohlichen Unterton in der Stimme.

Nachdem sie die Kinder zu Bett gebracht hatte, ging sie noch schnell ihre Mutter besuchen. Von der Pistole erzählte sie dieser allerdings wohlweislich nichts. Als sie sich wieder auf den Heimweg machte, war es bereits Nacht. Die Straßen waren menschenleer. Da erinnerte sie sich wieder der Pistole. Plötzlich bemächtigte sich ihrer eine

schreckliche Angst. Könnte ihr Samy nicht irgendwo in der Dunkelheit auflauern? Sie beschleunigte ihren Schritt. Von Zeit zu Zeit musste sie sich nun zwanghaft umdrehen, um zu sehen, ob sie verfolgt würde. Das klare, unerbittliche Licht des Mondes umfing sie. Da hörte sie plötzlich jemanden atmen, ganz dicht hinter sich. Beinahe blieb ihr das Herz stehen. Sie begann zu laufen. Da hörte sie Schritte näherkommen. Sie wendete den Kopf. Nach rechts. Nach links. Nach hinten. Nichts. Keine Spur von einem Menschen. Es war nur ihr eigener Atem, den sie hörte. Es waren ihre eigenen Schritte, die widerhallten, auf den Pflastersteinen in der Dunkelheit. Sie hörte ihren eigenen Herzschlag in der Stille der Nacht. Sonst keinen Laut unter dem Mond. Nun war sie beim Haustor angelangt. Während sie ein Auge auf das Schlüsselloch warf, schielte sie mit dem anderen Auge über ihre Schulter hinweg nach hinten, von wo Gefahr drohen konnte. Sobald sie durchs Haustor in den Flur getreten war, drehte sie mit panikartiger Schnelligkeit das Licht auf. Kein Samy, der sich auf dem dunklen Gang verbarg, um sie dort in der Finsternis mit einer entsicherten Waffe in der Hand zu überraschen. Sie fuhr mit dem Lift in den zweiten Stock, stieg aus und öffnete die Tür. Beinahe hätte sie laut aufgeschrien. Doch sie brachte nicht einmal einen Ton heraus. Sie war starr vor Schreck und ihre Kehle krampfte sich zusammen. Da stand Samy im Vorzimmer und erwartete sie bereits. Mit seiner Hand hielt er noch den Telefonhörer umklammert.
„Du bist ja kreidebleich“, sagte er verwundert.
„Oh, du bist zu Hause?“, stammelte sie verlegen.
„Ja, ich wusste auch, dass du jeden Augenblick kommen würdest. Ich habe gerade mit deiner Mutter telefoniert.“ Er legte den Hörer auf die Gabel zurück.

Daria trat ein. Seltsamerweise verschwand nun ihre Angst sofort, wo sie sich mit ihm gemeinsam in ihrer Wohnung befand.
„Ich habe mich schon so nach dir gesehnt.“ Er schloss sie in seine Arme und küsste sie innig. Dabei presste er seinen Unterleib sanft gegen den ihren.
Warum? Warum, mein Gott, war alles nur so kompliziert?, dachte sie. Plötzlich wusste sie nicht mehr, ob sie Samy nun liebte oder hasste. Ob sie sich nach ihm verzehrte oder ihn fürchtete. Und ob es für die

Kinder besser wäre, sie würden mit ihrem Vater aufwachsen oder ohne ihn. Vielleicht war seine Eifersucht nur ein handfestes Zeichen seiner Liebe. Oder war es Eigensinn? Selbstherrlichkeit? Die Annahme, er könne eine Frau besitzen wie einen Gegenstand? Sie musste über diese Fragen nachdenken. Eine Antwort suchen, die sie hoffentlich finden würde. Eines Tages. Später. Viel später. Denn jetzt war jetzt. Und jetzt ließ sie sich gehen. Von ihm ins Schlafzimmer führen, wo sie sich bereitwillig dem wohligen Rausch ihrer Triebe hingeben würde.

In der Wohnung war es noch still. Vereinzelt hörte man auf dem Parkplatz einen Motor starten und ein Auto losfahren, bis sich das Motorengeräusch immer weiter entfernte und schließlich nicht mehr zu hören war. Heny war schon wach und lag mit offenen Augen in seinem Bett. Dodo schlief noch tief und fest. Diese Zeit am Morgen war für Heny beinahe die schönste Stunde des ganzen Tages, und er genoss sie Minute um Minute. Er konnte die aufgehende Sonne beobachten, wie sich der Himmel rötete, wie die Sonne höher und höher kroch und langsam das Zimmer erhellte. Er beobachtet den Staub, der im Lichtkegel der Sonnenstrahlen zu tanzen schien. Als würde er erst vom Licht aufgewirbelt. Oder er konnte sich eines seiner Bücher ansehen und seinen Gedanken nachhängen. Dabei lauschte er auf alle Geräusche in der Wohnung. Schließlich hörte er auch Dalia in ihrem Zimmer, welches früher das Kindermädchenzimmer gewesen war, rumoren. Dann schob sie die hölzerne Schiebetür zur Seite und stand schon im Zimmer der Brüder. „Aufstehen!“, rief sie fröhlich.

Heny schloss die Augen und tat, als schliefe er noch.

„Aufstehen!“, wiederholte sie hartnäckig.

Heny glaubte jetzt wirklich, fest zu schlafen. Es war so schön, die große Schwester hereinzulegen und dabei selbst noch ein paar Minuten das Gefühl zu haben, man schliefe. Nun fasste ihn Dalia an den Füßen und schüttelte sie hin und her.

„Heny, ich weiß, dass du wach bist. Steh auf! Wir machen uns etwas zu essen. Die Mama schläft noch.“

Er öffnete die Augen und blinzelte sie an. Sie stand unmittelbar an seinem Bett.

„Ich komm‘ schon.“ Heny versuchte, sich nochmals zur Seite zu drehen.

Aber schon hatte sie ihm die Decke weggezogen. Mit einem Sprung stand er neben ihr. Dalia schlang ihre Arme um den kleinen Bruder.

„Wollen wir auch Dodo wecken?“, fragte sie.

„Ja, aber der schläft wie ein Murmeltier“, antwortete Heny.

„Komm! Wir sehen erst einmal nach, ob es etwas zu essen gibt“, meinte sie. Sie gingen gemeinsam in die Küche.

„Da sind noch ein paar Semmeln“, freute sie sich. „Magst du ein Glas Milch?“

„Ja, bitte“, sagte Heny.
Während sie aßen, wachte Dodo auf und taumelte schlaftrunken in die Küche. Dalia gab auch ihm sein Frühstück. Sie war es gewohnt, die Mutterrolle zu übernehmen, da die Eltern oft nicht zu Hause waren. Und wenn sie daheim waren, dann blieben sie meistens im Bett. Auch heute lagen sie beide noch in tiefem Schlummer, denn sie waren erst gegen Morgen eingeschlafen.

Nach dem Frühstück verschwand Dalia wieder in ihr Zimmer. Sie nahm ein Buch aus dem Schrank und setzte sich damit gemütlich an den Schreibtisch. Währenddessen brachten die Buben ihre Plüschtiere in die Küche und begannen mit diesen zu spielen. Plötzlich hatte Dodo einen Einfall.
„Die beiden Schlümpfe wollen schwimmen gehen“, sagte er.
„Wo sollen die denn schwimmen?“, fragte Heny geringschätzig.
„Ich weiß nicht“, antwortete Dodo und zuckte mit den Achseln. Doch da hatte Heny eine glänzende Idee.
„Wir lassen sie in der Klomuschel schwimmen.“ Er strahlte seinen kleinen Bruder an.
„Ja, das machen wir“, pflichtete ihm dieser bei. Gesagt – getan.
Sie packten ihre Plüschtiere an den Ohren, die beiden großen Schlümpfe an den Zipfelmützen und zogen sie hinter sich her bis zur Toilette.
Zuerst platzierte Heny seinen Schlumpf in der Muschel. Doch er war viel zu groß. Dodo probierte sein Glück mit dem zweiten Schlumpf. Aber auch dieser wollte nicht so recht hineinpassen. Da versuchte es Heny mit Gewalt. Mit beiden Händen stopfte er den Schlumpf in die Klomuschel. Dann betätigte er die Spülung. Das Wasser rann über den Rand und die beiden Buben standen mit ihren bloßen Füßen im Wasser. Auch die anderen Plüschtiere, die auf dem Toilettenboden verstreut lagen, waren nun nass. Das war eine Freude! Nun konnte der Badespaß beginnen. Heny ließ nochmals Wasser herunterrinnen. Die beiden planschten mit ihren Tieren auf dem verfliesten Boden der Toilette und kreischten dabei vor Vergnügen, während Dalia nichts ahnend in ihrem Zimmer in Seelenruhe ihr Buch las.

Plötzlich stand Samy vor den Kindern. Die beiden Buben erschraken

und wichen vor ihm zurück, doch Samy brüllte: „Dalia! Komm sofort her!“
Sie zuckte zusammen, als sie den Schrei hörte, denn er verhieß nichts Gutes. Das wusste sie. Sie lief ins Vorzimmer und sah durch die offene WC-Tür die Bescherung.
„Du sollst auf deine Brüder aufpassen, habe ich dir gesagt“, schrie Samy sie an. Im nächsten Augenblick traf sie seine Hand mitten ins Gesicht. Dalia taumelte und fiel gegen die Wand. Sie war so erschrocken, dass sie momentan aufs Weinen vergaß. Aber als sie sich aufraffte und in ihr Zimmer zurücklief, stiegen ihr doch Tränen in die Augen.

Es war ein warmer, vorsommerlicher Abend. Daria trug ein aquamarinblaues, bodenlanges Kleid, dessen Besitz ihr durch eine von Samys Glückssträhnen im Kartenspiel zuteilgeworden war. Über ihre Schultern hatte sie eine weiße, gehäkelte Stola geworfen. Da sie das Theater liebte, hatte Samy Karten für das im Untergeschoss des Café Landtmann am Dr. Karl-Lueger-Ring befindliche „Theater Die Tribüne" besorgt. Er war nun nach der Scheidung um ihre Gunst wieder besonders bemüht. Nach der Vorstellung eröffnete er ihr feierlich: „Ich habe auch einen Job gefunden. Wir fahren jetzt ins Studio 75 auf der Nussdorferstraße. Dort werde ich dir meinen Freund vorstellen, für den ich ab sofort arbeiten werde."
„Was für ein Studio ist das?", fragte sie erstaunt.
„Es ist eine Diskothek und befindet sich an der Adresse Nussdorferstraße 75, daher der Name", antwortete er.

Da fiel ihr plötzlich wieder ein, dass sie ziemlich am Anfang ihrer Beziehung, als Samy auch noch in der Gastronomie auf Jobsuche ging, in dieser Gegend gewesen waren. Sie konnte sich noch genau daran erinnern, dass sie im Auto sitzen geblieben, während Samy zu dem Lokal gegangen war, um sich zu bewerben. Doch als er nach kurzer Zeit wieder zurückgekommen war, hatte er sich entrüstet gegeben und gemeint, er könne diese Stelle nicht annehmen. Diese Art von Arbeit sei unzumutbar. Es handle sich um einen Job als sogenannter Türsteher, der unliebsame Gäste hinauswerfen und auf Prostituierte, die von diesem Lokal angestellt würden, aufpassen müsse. Mit diesem Milieu möchte er nichts zu tun haben.
„Was wird deine Aufgabe sein?", wollte sie wissen.
„Ich werde beim Eingang sitzen und Karten verkaufen und dem Chef auch sonst zur Hand gehen, wo immer er mich braucht."
„Dieser Club gehört auch dazu." Sie waren nun bei der Diskothek angekommen und Samy deutete mit dem Zeigefinger auf den Club Emanuela, das Lokal, das sich neben dem Studio 75 befand.
„Diese beiden Lokale hängen auf die eine oder andere Art zusammen. So genau weiß ich das auch noch nicht. Aber manchmal kann ich auch dort eingesetzt werden, hat man mir gesagt."
Da wurde Daria mit einem Schlag klar, dass Samy demselben

Jobangebot, welches er damals vor etwa fünf Jahren aus moralischen Gründen abgelehnt, nun zugestimmt hatte.

Bald nachdem er mit seiner neuen Arbeit begonnen hatte, entdeckte sie in seinem Auto eine Zigarettenpackung, die nicht seine Marke, nämlich Dames, sondern Milde Sorte war.
„Die gehören Lea, der Stripperin", erklärte er.
Da sie nun immer öfter diese fremde Zigarettenmarke im Auto vorfand, suchte sie das Mädchen eines Abends im Studio 75 erbost auf und warnte sie, sie solle ja nicht noch einmal ihre Zigaretten in Samys Auto vergessen. Sie sagte es in einem Tonfall, der unmissverständlich war. Doch Lea tat es wieder. Also beschloss Daria, Lea und Samy heimlich zu beobachten.

Es war Samstagnachmittag. Im Studio 75 liefen die Vorbereitungen auf eine große Striptease-Show mit Preisverleihung. Lea sei die hoffnungsreichste Kandidatin, hieß es. Daria zog sich eine Jeanshose und eine Jacke an, beides Kleidungsstücke, die Samy noch nicht an ihr kannte. Seit ihrer Schulzeit hatte sie eine Echthaarperücke im Schrank aufbewahrt. Ein Erbstück ihrer verstorbenen Großmutter, das nur einmal anlässlich einer Aufführung ihres Schülertheaters Verwendung gefunden hatte. Damals hatte sie die Fanny in Curt Goetz' Einakter „Tobby" gespielt. Diese schwarze, groß gelockte Kurzhaarperücke setzte sie nun auf. Sie war dadurch tatsächlich kaum zu erkennen. Obwohl es nicht regnete, nahm sie einen Regenschirm mit, einen schwarzen, etwa vierzig Zentimeter langen Knirps.

Als sie beim Studio 75 ankam, versteckte sie sich im Hauseingang des benachbarten Altbaus. Sie musste nicht lange warten, denn schon bald kamen Samy und Lea scherzend, küssend und kosend aus der Diskothek heraus. Sein Auto war direkt vor dem Eingang des Lokals geparkt. Nachdem er galant die Tür auf der Beifahrerseite für seine Freundin geöffnet hatte, ging Samy ums Heck des Autos herum zur Fahrerseite. Lea wollte gerade in den Wagen einsteigen, da sprang Daria aus ihrem Versteck hervor, rannte auf den Wagen zu und schlug mit dem Knirps auf sie ein. Sie traf sie mitten ins Gesicht. Lea fiel ohnmächtig in den Sitz zurück. Blut schoss aus ihrer Nase. Samy rannte

zurück auf den Gehsteig, packte Daria an den Schultern, schüttelte sie und schrie:
„Wer bist du?“
Sie biss ihn durch das Gewand hindurch in den linken Oberarm. Danach gab sie sich zu erkennen. Samy stürmte zum Wagen zurück, wo Lea noch immer bewusstlos lag und fuhr mit ihr davon. Darias erster klarer Gedanke war: Sie ist tot und ich bin ihre Mörderin. Erst dann bemerkte sie, dass einige Leute sie beobachtet hatten. Es waren junge, bärtige Männer in Lederanzügen, die zu einer Rockerbande gehörten, deren Motorräder gleich hinter Samys Auto abgestellt waren. Offensichtlich waren sie Stammgäste der beiden Lokale, dem Studio 75 und dem Club Emanuela. Sie luden Daria auf ein Bier ein, sprachen ihr Trost zu und meinten: „Das hast du gut gemacht. Die Schlampe weiß doch, dass Samy eine Familie hat.“

Kurze Zeit später taumelte sie völlig benommen aus dem Lokal heraus, um sich schließlich alleine in der Wohnung ihrer Schwester Marion wiederzufinden. Plötzlich war sie dort und wusste gar nicht, wie sie hingekommen war. Wie mit dem Zeitraffer war dies geschehen. Einige Bruchteile von Sekunden lang überlegte sie, ob sie wohl aus dem Fenster springen solle. Doch in diesem Augenblick kam der heiß ersehnte Anruf Samys.
„Ist sie tot?“, schrie sie in den Hörer, noch bevor er etwas sagen konnte.
„Nein. Sie ist im Spital und hat einen Nasenbeinbruch. Ich habe zu ihr gesagt: Wenn du mich liebst, dann sagst du, du bist gestürzt. Und das hat sie auch gemacht. Es ist also alles in Ordnung.“

Die Mauer, in der sich die Eingangstür zur Engelsplatz-Wohnung befand, war nicht viel breiter als die Tür selbst. Wenn man in der Wohnung vor der Tür stand, war links davon die Kaminwand. Ein kurzes, schräges Mauerstück, das zu der, in der sich die Tür befand, einen stumpfen Winkel bildete. Daneben war die Garderobe angebracht. Einige Bretter, die Daria und Marion damals, als sie eingezogen waren, zusammengenagelt und mit Garderobenhaken versehen hatten. Das schräge, kurze Wandstück jedoch wurde dazu genutzt, Porträtfotos der Kinder aufzuhängen. Diese Bilder ihrer Sprösslinge bekamen die Eltern in einjährigen Abständen von Schulen und Kindergärten geliefert. Klassenfotos. Kindergartengruppenfotos. Kleingruppenfotos. Einzelporträts im Passformat. Im Großformat. Und später sogar als Kalender und Stickers. Solche im Großformat waren es, welche die schräge Wand zierten. Daria hatte auch die restliche Wohnung mit Fotos der Kinder, aber ebenso mit deren eigenen Kunstwerken, welche sie in Schule und Kindergarten zu malen und zeichnen pflegten, geschmückt.

Die Wohnungstür war in das nagelneue Schloss, welches seit ein paar Stunden an der Tür glänzte, gefallen. Darias Vater war sonst in ihrem Leben noch nicht sehr präsent gewesen. Doch als sie ihn heute um seine Hilfe gebeten hatte, hatte er sofort erkannt, dass er nun einschreiten müsse. Er war gekommen, um das Schloss an der Eingangstür auszutauschen und Samy der Wohnung zu verweisen. Soeben hatten er und Hermine, die sich diese Aktion auch nicht entgehen lassen hatte wollen, sich verabschiedet. Nun war Daria das erste Mal in ihrem Leben wirklich allein. Allein mit drei kleinen Kindern. Sie hielt noch die Klinke in der Hand und presste ihre schmerzende Stirn gegen die kalte Tür. Dann wendete sie sich um und stieß aus Versehen mit ihrer Schulter an Henys Bild, das nun rechts neben ihr an der schrägen Wand hing, sodass die Schlaufe an der Rückseite des Rahmens über den ins Mauerwerk geschlagenen Nagel hinwegrutschte und das Foto hinunterfiel. Es war ein Wunder, dass es nicht am Boden zerschellte. Automatisch hob sie das Bild auf und hängte es zurück an seinen Platz. Dodo und Heny lagen ahnungslos im Kinderzimmer auf dem Teppichboden und waren ins Spiel mit ihrem Playmobil vertieft. Sie hatten gar nicht mitbekommen, welch gravierende Veränderungen sich zurzeit in ihrer Familie vollzogen. Als Daria Dalias Zimmer betrat, saß diese auf dem Bett im Türkensitz, ihr Köpfchen mit den dicken, dunkelbraunen, beinahe schwarzen Zöpfen, die ihr beim Frisieren und Flechten stets große Schmerzen zu verursachen pflegten, leicht gesenkt. Der Blick in ihren ausdrucksvollen, braunen Augen signalisierte Daria, dass sie ein großes Dunkel zu verschlingen drohte. Da nahm sie das Kind in ihre Arme und gab ihm ein Versprechen: „Ich verlasse dich nie! Wir zwei bleiben beisammen. Für immer.“

In der Nacht hatte Daria einen Traum: Henys Foto stand auf dem Fernsehapparat. Plötzlich fiel es ohne äußere Ursache zu Boden. Sie wachte weinend auf, mit dem Schrei auf ihren Lippen: „Wo ist mein Kind?“
In diesem Augenblick wurde ihr bewusst, dass dies ein Zeichen war, ein Symbol dafür, dass es ab nun speziell um dieses Kind gehen und in dem Punkt ihr persönlicher Einsatz vonnöten sein würde. Spätestens zu diesem Zeitpunkt stand es für sie fest: Sie würde auch um Henys Obsorge kämpfen.

2. Kapitel

DARIA

Doch es kommt immer anders. Alles wird immer anders, als man denkt. Solange man lebt. Die himmlischen Mächte führen uns ins Leben hinein und lassen den Armen schuldig werden. Dann überlassen sie ihn der Pein, denn alle Schuld rächt sich auf Erden, nicht erst in einem ungewissen Jenseits. Die wahren Werte riss ich entzwei, die zarten Bande der Liebe, und opferte sie den falschen Idealen. Dies ist meine Schuld, meine übergroße Schuld. In meinem Leben habe ich zwar Qual und Pein kennengelernt, doch auch die Gnade wurde mir zuteil. Viel unverdiente Gnade. Ich musste auch erfahren, dass die Zeit keineswegs alle Wunden heilt. Aber sie hilft uns, uns zu verwandeln und anzupassen. Sie lehrt uns eine Dialektik der Metamorphose zwischen dem Lebenswillen und der Verzweiflung.

Auf den folgenden Bildern in meinen alten Alben fehlt nicht nur Samy, sondern auch eine weitere Person. Wir befinden uns in meinem Wohnzimmer. Im Hintergrund sieht man eine Tapete mit goldenen, grünlichen und lila Streifen auf weißem Grund. Rechts die Andeutung eines dunklen Sofas. In der Mitte des Bildes, jedoch an der Wand stehend, ein Tischchen mit weißer Spitzendecke, auf dem ein Bügeleisen senkrecht aufgestellt ist. Links eine leicht geöffnete weiße Tür. Auf dem Boden vor dem Tisch waren wir drei in Position gegangen. Ich mit je einem Kind links und rechts, halb kniend. Mit meinem Sohn und meinem Stiefsohn. Ich trug ein Kleid in einem kräftigen Rot mit schmalem, schwarzem Taillengürtel. Meine Haare waren gewachsen und ihre Spitzen berührten bereits meine Brüste. Die kältere Jahreszeit musste schon begonnen haben, vielleicht war es Spätherbst oder gar Winter, denn wir alle hatten langärmelige Kleidung an. Henys rotgestreifter Pullover schien beinahe farblich mit meinem Gewand abgestimmt zu sein. Dodo trug eine grellgrüne Weste, die man vorne mit einem durchgehenden Zippverschluss verschließen konnte. Eine Weste, die ursprünglich Dalia gehört hatte, wie ich mich nun erinnere, die ihr aber zu dieser Zeit bereits nicht mehr passte. Im Gegensatz zu Dodo machte Heny einen vergnügten Eindruck. Seine Hände hatte er zwischen seinen Schenkeln eingeklemmt. Das Haar fiel ihm in einer leichten Welle bis unters Kinn.

Es war kurz vor Weihnachten. Ein strenger Winter war ins Land gezogen. Doch davon merkte Daria fast nichts, denn ihre neue Freiheit verlieh ihr so viel innere Wärme, dass sie die äußere Kälte damit auszugleichen vermochte und daher kaum verspürte. Sie besaß noch genau 4,50 Schilling in bar und ihr Bankkonto, auf dem sie mit Samy gemeinsam zeichnungsberechtigt war, war bis übers Limit hinaus überzogen. Samy hatte auch Kredite aufgenommen, die sie damals als seine Ehefrau mitunterschreiben hatte müssen beziehungsweise teilweise sogar freiwillig mitunterschrieben hatte. Aber selbst diese angespannte finanzielle Situation verursachte ihr im Moment kein Kopfzerbrechen. Sie war zuversichtlich, dass sich nun alle Probleme lösen lassen würden. Die Zeit wird alle Wunden heilen, sagte sie sich. Seit Samys unfreiwilligem Auszug waren gerade erst einmal sieben Tage verstrichen. Als sie so in Gedanken vertieft sich in der Küche beschäftigte, schrillte plötzlich die Türglocke. Dalia lief neugierig als Erste ins Vorzimmer, schob rasch den Schemel, auf dem normalerweise das Telefon abgestellt war, zur Tür, stieg hinauf und lugte beim Guckloch hinaus.
„Mami, das ist meine Mutter! Soll ich öffnen?“, rief sie aufgeregt. Sie meinte damit ihre leibliche Mutter.
„Ja, natürlich, wenn du sicher bist, dass sie es ist.“ Daria, die beim Kochen war, hatte beide Hände schmutzig.
„Das bin ich.“ Dalia öffnete geschäftig die Tür.

Ihre Mutter Nafiseh hatte Dalia des Öfteren besucht, als Samy noch bei ihnen gelebt hatte. Daria wusch sich die Hände und trocknete sie ab. Die Küchenarbeit konnte ein wenig warten. Sie ging ins Vorzimmer und begrüßte den Gast. Es war nicht so lange her, seit sie einander das letzte Mal gesehen hatten, doch in der Zwischenzeit war viel passiert. Sie umarmte die Freundin, dann nahm sie diese am Arm, führte sie ins Wohnzimmer und sagte: „Nimm einstweilen auf dem Sofa neben Dalias Klavier Platz. Ich mache uns eine Kanne Tee.“

Als Daria mit dem dampfenden Getränk wieder aus der Küche zurückkam, begannen die Frauen die neuesten Ereignisse zu besprechen. Dalia war schon längst wieder zu den Brüdern ins Kinderzimmer

zurückgelaufen, um mit ihnen zu spielen. Für sie war ihre Mutter nur die nette Dame, die ab und zu vorbeikam, eine Tafel Schokolade brachte und wieder ging. Ihre richtige Mami war nun Daria. Das war alles, was sie wusste und woran sie sich erinnern konnte.
Daria lehnte sich in die weiche Polsterung des Sofas zurück.
„Ich nehme an, dass du schon weißt, dass Samy nun endlich ausgezogen ist“, sagte sie.
„Ja, deshalb bin ich auch jetzt gekommen.“
„Es war zum Schluss wirklich nicht mehr erträglich mit ihm.“
„Ich habe mich sowieso von Anfang an gewundert, als ich dich mit ihm zusammen sah. Ich dachte immer: Daria und Samy? Nein!“
„Aber zu mir hast du diesbezüglich nichts gesagt.“
„Ich wollte mich doch nicht in deine Angelegenheiten einmischen.“
„Du hättest mich wenigstens warnen können.“
„Ich glaube nicht, dass du auf mich gehört hättest. Womöglich hättest du gedacht, ich wäre eifersüchtig.“
Daria fielen Silvias Worte wieder ein: „Versprechen alles, halten nix.“ Und was hatte Renette damals zu ihr gesagt? „Samy ist doch kein Mann für dich!“ Sie blickte Nafiseh traurig an und sagte nachdenklich: „Du hast wahrscheinlich Recht. Wahrscheinlich hätte ich nicht auf dich gehört. Dickköpfig wie ich bin, wähle ich immer den steilen, steinigen Weg. Wie schon Konfuzius sagte: Der Mensch hat dreierlei Wege, klug zu werden: Der erste durch nachdenken, das ist der edelste. Der zweite durch nachahmen, das ist der einfachste. Der dritte durch Erfahrung, das ist der bitterste. Leider macht man die Erfahrungen typischerweise erst dann, nachdem man sie gebraucht hätte.“
„Genau. Und die bitteren Erfahrungen, die muss man immer selbst machen, denn aus den Erfahrungen der anderen lernt man nur selten. Oft zieht man leider nicht einmal aus seinen eigenen Fehlern die entsprechenden Konsequenzen.“
„Also das hoffe ich schon, dass ich auf so einen Typen wie Samy nun nie wieder hereinfalle“, sagte Daria entschieden. „Jetzt lass dir aber erzählen: Wir waren doch im Sommer in Jugoslawien auf Urlaub. Auf der Heimreise hatten wir einen kleinen Unfall. ...“
„War es Samys Verschulden?“, fiel ihr Nafiseh ins Wort, „Das würde mich gar nicht wundern, so schnell wie der immer unterwegs ist.“
„Nein. Der Autofahrer, der hinter uns fuhr, war am Steuer

eingeschlafen. Zum Glück gab es nur Sachschäden. Samy teilte mir mit, dass er das Auto zunächst einmal auf eigene Kosten reparieren lassen müsse. Die Versicherung würde den Betrag refundieren."
„Und habt ihr das Geld auch bekommen?", wollte Nafiseh wissen.
„Die Abwicklung des Schadensfalles ziehe sich in die Länge, erklärte mir Samy einige Wochen später. In der Zwischenzeit war es Herbst geworden. Wir konnten die Strom- und Gasrechnung nicht mehr bezahlen. Ich konnte also nicht mehr kochen. Als es für die Kinder in der unbeheizten Wohnung zu kalt wurde, übersiedelte ich mit ihnen zu meiner Mutter."
„Und Samy?"
„Er blieb in der kalten Wohnung. Jeden Tag vertröstete er mich. Sobald er den Betrag von der Versicherung erhalten werde, würde er die Strom- und Gasrechnung begleichen. Ich wartete und wartete." Sie machte eine kurze Pause.
„Als ich eines Morgens in meine Wohnung kam, um ein paar Sachen abzuholen, lag in Dalias Bett eine schlafende, fremde Frau. ..."
„Das ist ja typisch für ihn!", rief Nafiseh aus.
„Ich zog sie wortlos an ihren Haaren aus dem Bett", setzte Daria ihre Schilderung fort und lächelte dabei selbstgefällig. „Sobald sie auf ihren Beinen stand, zerrte ich sie zur Wohnungstür und schleuderte sie auf den Korridor. Ihre Sachen warf ich ihr hinterher."
Nafiseh brach in schallendes Gelächter aus. „Das hast du gut gemacht", sagte sie.
„Ich bin noch nicht am Ende der Geschichte angelangt", setzte Daria fort. „Ein paar Tage später holte ich die Post aus dem Postkasten. Was glaubst du, was ich dabei erfuhr?"
„Keine Ahnung. Vielleicht, dass diese Frau von Samy geschwängert worden war?"
„Nein, das nicht!" Daria lachte. „Aber es war ein Brief von der Autoversicherung dabei." Nun wurde ihr Gesichtsausdruck wieder ernst. „Sie teilten Samy in diesem Schreiben mit, dass sie ihm damals irrtümlich einen zu hohen Betrag ausgezahlt hätten. Er möge sich mit ihnen zwecks Rückzahlung in Verbindung setzen." Sie blickte die Freundin erwartungsvoll an.
„Aber er hatte doch die ganze Zeit zu dir gesagt, er müsse erst auf die Schadenssumme warten, um die Gasrechnung bezahlen zu können!"

„Eben. Er hat mich wieder einmal belogen und betrogen."
„Was hast du dann gemacht?"
„Ich rief meinen Vater an und bat ihn, das Schloss an meiner Wohnungstür auszutauschen. Er beglich für mich auch sofort die offene Strom- und Gasrechnung, sodass alles noch am selben Tag wieder aufgesperrt werden konnte."
Nafiseh schüttelte schweigend den Kopf. Diese Erzählung hatte alte Erinnerungen zurückgerufen.
„Mir ging es früher mit ihm genauso. Die ständigen Sorgen. Kein Geld. Im Gegensatz zu dir hatte ich jedoch keine Familie hier, die mir helfen hätte können." Und nach einer kurzen Pause setzte sie fort: „Aber Gott sei Dank habe ich nun einen guten Job im Restaurant des Parkhotels Schönbrunn. Ich hatte wirklich Glück."
„Glück kann man das nicht nennen. Du bist einfach eine fleißige, tüchtige Frau", lobte Daria die Freundin. „Allein, wie schnell du unsere Sprache erlernt hast! Dafür bewundere ich dich wirklich."
„Danke!"
„Damals, als wir einander kennenlernten, sprachen wir nur Englisch miteinander. Erinnerst du dich noch? Du konntest kaum ein Wort Deutsch."
Nafiseh nickte stumm wie in Erinnerungen versunken. Dann stand sie auf, ging langsam zum Fenster und blickte hinaus. Der Himmel über dem Engelsplatz war nun glasgrün und wolkenlos. Die Sonne flimmerte auf dem Firnschnee. Nafiseh atmete tief durch und nahm alle Kraft zusammen. Sie drehte sich zu der Freundin um und sah ihr ein paar Sekunden lang schweigend ins Gesicht.
„Daria", sagte sie plötzlich in die Stille, die entstanden war. „Ich möchte mit dir über Dalia sprechen. ... Ich will sie nun wieder zu mir nehmen. Sie ist schließlich mein Kind. Bei unserer Scheidung hatte Samy die Bedingung gestellt, dass ich auf meine Tochter verzichten müsse. Obwohl er sich eigentlich nie wirklich um sie gekümmert hatte. Sie war bloß seine Trophäe, die er aus dieser Ehe mitnehmen wollte. Danach habe ich jahrelang um sie gekämpft. Ohne Erfolg. Hier sagte man mir, die Behörden in Ägypten seien zuständig. Und als ich nach Ägypten kam, schickte man mich wieder zurück zu den österreichischen Behörden, die sich erneut weigerten, sich mit meinem Ansuchen um Obsorge zu beschäftigen. Du kannst dir gar nicht vorstellen,

wie verzweifelt ich oft war. All meine Gefühle, all meine Seelenschmerzen habe ich in einem Tagebuch niedergeschrieben. Es ist auf Arabisch verfasst, sonst würde ich es dich lesen lassen."

Daria war momentan wie versteinert von dem Schock. Damit hatte sie nicht gerechnet. Dalia sollte sie verlassen?
Als sie sich wieder ein wenig gefasst hatte, antwortete sie: „Ich kann dich sehr gut verstehen. Auch ich habe wegen der Kinder viele schlaflose Nächte zugebracht. Besonders wegen Heny. Dalia hat außer mir wenigstens noch dich. Aber Heny hat gar niemanden. Seine Mutter wollte ihn ja von Anfang an nicht. Sie ist drogensüchtig und kann sich nicht um ihn kümmern."
Nun kam Nafiseh zurück an den Tisch und setzte sich wieder.
„Daria", sagte sie eindringlich, während sie die Hand der Freundin ergriff. „Wir können einander helfen. Deswegen bin ich gekommen. Ich möchte dir einen Deal anbieten. Hilf mir, bitte, mein Kind wieder zurückzubekommen! Ich bitte dich! Und ich werde dir helfen, Heny zu behalten."
Daria starrte Nafiseh an. Nun war sie sprachlos. Auch daran hatte sie nicht gedacht, dass sie einen Pakt gegen Samy schließen könnten. Doch wie sollten sie das anstellen? In ihrem Kopf hämmerte es. Alle Gedanken kamen ihr gleichzeitig in den Sinn. Sie hatte kein Geld. Nur Schulden. Sie wollte studieren. Sie war nun allein mit drei kleinen Kindern. Heny war ihr mit der Zeit wirklich sehr ans Herz gewachsen. Dalia würde es doch bei ihrer leiblichen Mutter bestimmt sehr guthaben. Bloß ihre eigene Sentimentalität spräche gegen diesen Deal. Doch war dies ein Grund, Dalia ein vielleicht besseres Leben bei ihrer Mutter vorzuenthalten?
„Ja, ich weiß nicht, ...", stammelte sie. „Mir geht das jetzt einfach alles zu schnell. Wie willst du das denn anstellen?"
„Ich habe lange darüber nachgedacht. Wir gehen gemeinsam zum Gericht und sagen füreinander dort aus. Ich lobe dich in den höchsten Tönen und sage, dass du für Heny eine fantastische Stiefmutter bist. Und du sagst, dass ich ein geregeltes Leben führe, ein gutes Einkommen habe und Dalia stets eine gute Mutter war, ... wenn man mir dazu Gelegenheit gegeben hat", ergänzte sie.
„Falls Samy aber auch Anspruch auf die Kinder erheben sollte, was

dann?“, wendete Daria ein. „Er hat schließlich noch für Dalia und Heny das gerichtliche Sorgerecht. Er wird sicher darauf nicht so einfach verzichten.“

„Wenn wir beide einstimmig aussagen, dass Samy tagsüber schläft und während der Nacht in diesen dubiosen Lokalen arbeitet, dann werden ihm die Behörden sicher das Sorgerecht entziehen“, entgegnete Nafiseh.

„Da hast du Recht. Ja, so könnte es klappen. Aber vielleicht musst du dann in nächster Zeit öfter zu uns auf Besuch kommen und auch bei uns übernachten, damit sich Dalia langsam wieder besser an dich gewöhnen kann“, schlug Daria vor.

„Das ist eine gute Idee. Außerdem habe ich im Februar meinen Urlaub in Ägypten bereits geplant. Da würde ich Dalia gerne mitnehmen, damit meine Familie sie auch kennenlernt. Meine Verwandten kennen nicht einmal meine Tochter!“

„Da wird sie sich aber freuen, wenn sie mit dir auf Urlaub fahren darf. Ich kann mir sicher nicht so schnell eine Reise leisten. Ich studiere jetzt Afrikanistik und Ethnologie und arbeite nur Teilzeit an der Wirtschaftsuniversität, wo ich den Fremdenverkehrslehrgang absolviert habe. Viel verdiene ich dabei nicht, wie du dir wahrscheinlich vorstellen kannst.“

„Eben. Deshalb kannst du auch keine drei Kinder ernähren. Da ist es ganz gut, wenn ich einspringe.“

„Nafiseh?“ Sie zögerte. Dann setzte sie fort: „Wenn du erst einmal Dalia bei dir hast, werden wir doch in Kontakt bleiben, damit ich sie auch regelmäßig sehen kann. Oder? Vielleicht können wir ab und zu gemeinsam mit den Kindern etwas unternehmen. Spazieren gehen, Geburtstage und Weihnachten feiern, ...“

„Ja, natürlich! Was hast du denn sonst gedacht? Wir sind doch Freundinnen“, unterbrach sie Nafiseh lachend. „Hast du denn gedacht, ich möchte sie nach Ägypten entführen? Nein, auf keinen Fall. Ich lebe jetzt hier. Hier habe ich meine Arbeit. Da brauchst du dir keine Sorgen zu machen.“

„Dann ist ja alles bestens. Gehen wir doch gleich morgen zu Gericht, bevor uns Samy zuvorkommt!“ Nun war auch Daria davon überzeugt, dass dies der einzig richtige Weg sei.

„So, nun werde ich aber fertigkochen, damit wir zu Abend essen können.“ Daria erhob sich und ging in die Küche, während Nafiseh sich zu Dalia, Dodo und Heny ins Kinderzimmer begab. Bald mischte sich fröhliches Kinderlachen mit dem gemütlichen Klappern aus der Küche, aus der der unverkennbare Duft von Zwiebeln und Knoblauch drang.

Die Abenddämmerung war hereingebrochen. Nach dem Nachtmahl fragte Daria: „Nafiseh, willst du nicht gleich heute bei uns übernachten? Es ist schon spät geworden und es wäre doch bequemer, wenn wir von hier aus in der Früh gemeinsam zum Gericht fahren.“

Ein halbes Jahr war seither vergangen. Dalia war gleich nach ihrem Ägyptenurlaub bei ihrer Mutter geblieben. Wie vereinbart wurde der Kontakt aufrechterhalten. Eines Abends gab es im Afroasiatischen Institut in der Türkenstraße eine Veranstaltung mit Musik und Tanz aus Ägypten. Nafiseh und Daria waren mit allen drei Kindern gekommen. In der Pause sprach sie ein Schwarzafrikaner an und plauderte eine Weile mit ihnen. Er trug einen weißen Arbeitsmantel. Als die Glocke ankündigte, dass die Vorstellung nun fortgesetzt werde, sagte er schnell zu Daria:

„Ich arbeite im Allgemeinen Krankenhaus als Arzt und muss wieder zurück zum Dienst. Kann ich Ihre Telefonnummer haben?"

„Warum denn?" Sie war von dieser unvermittelten Frage überrascht.

„Sie sind mir sympathisch." Er lächelte sie siegesgewiss an.

„33 48 302", murmelte sie.

Er machte sich keinerlei Notizen, verabschiedete sich und ging weg. Doch schon am nächsten Tag erhielt Daria einen Anruf.

„Ich bin Dr. Mike. Sie haben mir gestern im Afro Ihre Nummer gegeben."

Nun war sie sprachlos. Dann stammelte sie erstaunt: „Wie haben Sie ... sich diese ... denn gemerkt?"

„Das war ganz einfach. Ich habe einen Freund. Er ist 33 Jahre alt, 48 geboren und 302 habe ich mir gemerkt."

Mit dieser Antwort hatte er bei ihr gewonnen, und sie stimmte einem Date zu. Das Date begann bei ihm in der Wohnung und endete auch dort. In seinem Bett. Nicht einmal beim ersten Treffen machte er sich die Mühe, sie in ein Lokal auszuführen. Da sie wegen der Kinder abends lieber daheimblieb und auch Mike, der gerade während seiner gynäkologischen Facharztausbildung viele Stunden im Krankenhaus beschäftigt war, einen geruhsamen Abend in einer Wohnung bevorzugte, wurde er schon bald ein ständiger Gast ihrer Familie. Wenn er zum Essen kam, deckte Daria die Tafel besonders festlich. Am Esstisch hatte jeder seinen angestammten Platz. Doch als Mike das Zimmer betrat, sagte er sofort:

„Heny, lass mich hier sitzen! Setz dich woanders hin!" Ungehalten wedelte er mit seiner Hand.

„Warum? Das ist mein Platz", murrte Heny.

„Ach, setz dich doch woanders hin. Da gibt es ja genug Stühle. Mike ist schließlich unser Gast", lenkte Daria ein. Großzügigkeit war eine Tugend, die sie von klein auf gelehrt worden war, daher wollte sie sich nicht an solchen Kleinigkeiten stoßen. Widerwillig nahm Heny einen anderen Stuhl. Diese Szene sollte sich jedes Mal, wenn Mike zum Essen kam, wiederholen.

Eines Tages bückte sich Heny plötzlich in der Küche und hob etwas vom Boden auf. Er führte dieses Etwas zu seinen Lippen und küsste es. Dann zeigte er es Daria und sagte: „Das ist ein Haar von Mike. Es war tatsächlich ein kleines, gekraustes, schwarzes Haar. Daria war erschüttert, denn dadurch wurde ihr bewusst, wie sehr Heny einen Vater brauchte. Einen Vater, den er lieben und verehren konnte. Einen Vater, der auch ihn liebte. Sein eigener Vater hätte ihn eigentlich lieben sollen. Dazu sind Eltern ja schließlich da. Er hätte nicht ständig brutal zu Heny sein sollen. Er hätte sich Zeit für ihn nehmen und ihm sagen sollen, dass er stolz auf ihn sei. Er hätte nicht ständig lügen, sondern seine Versprechen halten sollen. Er hätte ein Mann sein sollen, auf den Heny stolz sein hätte können. Doch sein Vater war ein Versager. Ein Lügner. Ein Spieler. Ein Taugenichts. Jemand, auf den man sich nicht verlassen konnte. Unberechenbar und brutal. Würde Mike diese Lücke füllen können? Es folgte ein langes Schweigen, da Daria dies alles gleichzeitig durch den Kopf ging. Heny senkte nachdenklich den Blick, als hätte er ihre Gedanken erraten und verstanden. Dann verschwand er mit seinem Schatz in Richtung Kinderzimmer, während Daria zu dem Entschluss kam, dass Mike wirklich der richtige Mann für sie und ihre Kinder wäre. Er war das genaue Gegenteil von Samy, hatte eine gute Ausbildung, war fleißig und strebsam. Daria wusste stets, wo er sich befand und wo er erreichbar war. Mike war tatsächlich ein sehr netter, verlässlicher Mensch. Sie entschied also vom Verstand her, dass er der passende Partner für sie und der richtige Stiefvater für ihre Kinder wäre. Waren Wissen und Bildung nicht eine ausreichende Basis für eine Beziehung? Tief in ihrem Herzen hatte sie es besser gewusst. Doch auf ihr Herz wollte sie in dem Moment nicht hören, denn es hatte sie auch bei Samys Wahl im Stich gelassen und in die Irre geführt. Mike hatte auch noch einen anderen Vorteil, der nicht zu unterschätzen war. Nach Beendigung seiner Ausbildung wollte er in seine Heimat zurückkehren. Nach Nigeria. Eines Tages würde Daria mit ihm nach Afrika gehen. Das war es, was auch sie wollte. Es lockte sie wieder einmal die Ferne.

Mike musste nun viele Nachtdienste im Spital versehen. „Weißt du, was du für mich tun kannst?", fragte er sie eines Tages am Telefon.
„Was denn?, fragte sie zurück.
"Du kannst mir Essen von zu Hause ins Spital bringen, wenn die Kinder schlafen." Er hatte es mit einer solchen Selbstverständlichkeit gesagt, als hätte er ihr damit das schönste Angebot der Welt gemacht. Also befüllte sie ihren Speise-Thermos mit den Resten des Nachtmahls und fuhr zu ihm ins Spital.

Bald wurden diese abendlichen Essenslieferungen zu einer lieben Gewohnheit. Daria hatte ein mulmiges Gefühl dabei, die Kinder nun wieder regelmäßig in der Nacht allein daheim zu lassen. Auch lebte Dalia, welche früher die Mutterrolle übernommen hatte, ja nicht mehr bei ihnen. Doch zu ihm ins Spital zu fahren, war die einzige Möglichkeit, die Beziehung aufrechtzuerhalten, da er fast jeden Abend im Dienst war. In seinem Zimmer konnten sie sich wenigstens ungestört unterhalten, während er sein Nachtmahl zu sich nahm und solange er zu keinem Notfall gerufen wurde. Die vier Wände des Dienstzimmers sollten für die nächsten fünf Jahre das Ambiente für ihre Liebesstunden werden, zwischen Nahrungsaufnahme, Geburten und Notfällen.

Es war Samstagnachmittag. Daria und die Kinder waren soeben mit den Einkäufen heimgekommen.
„Mama, zieh die Schürze an und geh kochen!“, sagte Heny.
Das war einer seiner Lieblingssätze. Plötzlich läutete es an der Wohnungstür. Heny lief schnell ins Vorzimmer und schob den Schemel heran, um hinaufzusteigen und durch das Guckloch zu schauen.
„Mama, die Drogensüchtigen!“, rief er entsetzt. „Mach nicht auf!“
Daria trat hinzu, hob Heny vom Schemel und öffnete dennoch die Tür.
„Ihr Sohn braucht uns gar nicht zu verachten“, meinte der junge Mann, der vor der Wohnungstür stand. Die Frau neben ihm pflichtete ihm bei.
„Wir sind mit 14 Jahren drogenabhängig geworden. Das ist einfach passiert. Das kann jedem Jugendlichen passieren“, meinte er.
„Und jetzt sind wir auf Ersatzdrogen. Wir versuchen eh unser Leben wieder in den Griff zu bekommen“, ergänzte sie.
„Entschuldigt, bitte“, beeilte sich Daria zu sagen. Ihr war diese Situation äußerst unangenehm. „Er ist ja noch ein kleines Kind und versteht das nicht. Ihr wisst doch, zu mir könnt ihr jederzeit kommen, wenn ihr etwas braucht.“
„Wir wollten Sie bitten, ob Sie uns wieder einen halben Liter Milch borgen könnten.“ Dabei reichte er ihr die Flasche, die er mitgebracht hatte. „Wir haben die Öffnungszeiten des Supermarktes verschlafen, wegen der blöden Medikamente.“
„Kein Problem. Wollt ihr auch ein paar Semmeln?“
„Ja, bitte. Sehr lieb von Ihnen. Wir bringen am Montag alles wieder zurück.“
„Nein, nein, ihr wisst doch, das braucht ihr nicht. Das schenke ich euch.“ Sie ging in die Küche, holte die Semmeln und füllte die Flasche mit Milch.
„Danke vielmals. Auf Wiedersehen!“, sagten sie, als sie strahlend die Gaben entgegennahmen.
„Auf Wiedersehen!“
Zu Heny gewandt sagte sie: „Das war jetzt sehr peinlich, was du gesagt hast.“
„Aber Mama, ich mag sie einfach nicht. Sie machen mir Angst“, entgegnete er.
Dabei ließ sie es bewenden und widmete sich schnell wieder ihrer

Hausarbeit, damit sie am späteren Nachmittag mit den Kindern etwas unternehmen könne. Meist machten sie am Wochenende Ausflüge, gingen wandern oder schwimmen. Gerne suchten sie auch gemeinsam Museen auf, besuchten Ausstellungen oder den Zoo. Manchmal gingen sie zu Konzerten und anderen Veranstaltungen oder einfach ins Kino. Obwohl sie für die Buben fast nur übertragene Kleidung kaufte, legte Daria doch größten Wert darauf, dass diese dem Anlass stets angemessen war. Wenn sie etwa am Sonntag der Kindermesse im Stephansdom beiwohnten, trugen Dodo und Heny Anzüge mit Krawatten. Alles Kleidung, welche sie bei „Alles für das Kind“ besorgte, dem Secondhand-Geschäft für Kinder, das sich in einer Seitengasse der Jägerstraße befand. An diesem Samstag gingen sie nach dem Essen ins Hallenbad.

Daria spielte gerade mit den Kindern „Mensch ärgere dich nicht“, als das Telefon schrillte. Es war ein Anruf aus Deutschland.

„Hallo! Ich rufe aus München an. Spreche ich mit Frau Daria?“

„Ja. Wer spricht denn dort?“

„Ich heiße Louise Bisenz und bin Walters Großmutter. Ich wollte nur einmal nachfragen, wie es ihm geht.“

„Danke, danke, ... es geht ihm gut ... sogar ausgezeichnet“, stotterte Daria ein wenig verwirrt, denn mit einem solchen Anruf hatte sie nicht gerechnet.

„Wissen Sie, ich wollte Sie auch ...“, Frau Bisenz zögerte und wirkte etwas verlegen. „... Ich möchte Sie bitten“, setzte sie fort, „jetzt, wo Sie das Sorgerecht für Walter haben, kein Geld von meiner Tochter zu verlangen. Sie hat nämlich keines.“

„Das hatte ich auch nicht vor“, antwortete Daria. Daran hatte sie nämlich gar nicht gedacht, dass sie eigentlich auch von der Kindesmutter Unterhaltszahlungen einfordern könnte!

„Vielleicht sollten wir das alles einmal persönlich besprechen. Wäre es Ihnen recht, dass ich Walter in Wien besuchen komme?“, schlug Frau Bisenz vor.

„Warum denn nicht? Sie können gerne zu uns kommen. Wäre Ihnen nächstes Wochenende angenehm?“

„Einverstanden. Ich rufe Sie an, wenn ich die genaue Ankunftszeit meines Zuges weiß. Also bis bald! Tschüss!“

„Auf Wiederhören!“

Nur wenige Tage danach stand eine kleine, zierliche, blonde Frau in einem modischen Jeansanzug und einer lockigen Kurzhaarfrisur auf dem Friedrich-Engels-Platz und suchte die Hausnummer 10. Bald hatte sie sie gefunden. Sie läutete auf dem zweiten Stock bei Tür Nummer 7 an. Daria öffnete und bat sie einzutreten. Während sie Frau Bisenz ins Wohnzimmer führte, drängten sich Dodo und Heny neugierig um sie.

„Hallo, Walter! Hallo, Dodo!“ Sie streckte den Kindern ihre Hand entgegen.

Doch anstatt sie zu begrüßen, warf sich nun Heny verlegen auf den Fußboden. Dodo machte es ihm sogleich nach. Dann rollten die beiden unter den Wohnzimmertisch, wo sie beschlossen, liegen zu bleiben.

„Walter heißt jetzt bei uns Heny“, klärte Daria seine Großmutter auf.
„Ach so? Das wusste ich gar nicht. Dann sage ich natürlich auch Heny zu ihm.“
„Bitte, nehmen Sie doch Platz. Trinken Sie einen Kaffee mit mir?“, fragte Daria.
„Ja, gern“, sagte Frau Bisenz und setzte sich an den Tisch.

Als Daria mit den beiden Tassen wieder zurückkam und sich zu ihr gesellte, fing Frau Bisenz an zu erzählen: „Mein Ex-Mann und ich waren Schauspieler. Wir hatten drei Kinder miteinander, doch plötzlich begann mein Mann eine neue Familie zu gründen, während er noch mit mir verheiratet war. Daraufhin ließ ich mich scheiden. Er blieb in Österreich. Ich bin Deutsche und ließ mich daher mit den Kindern in München nieder.“
„Wie meinen Sie das: Er begann eine neue Familie zu gründen?“, fragte Daria.
„Er hatte eine andere Frau kennengelernt und sie geschwängert.“
„Oh, das tut mir aber leid“, beteuerte Daria.
„Aber das war noch nicht das Schlimmste. Einige Jahre später wurde ich schwer krank und kam ins Spital. Während ich eine langwierige Behandlung über mich ergehen lassen musste, wurden meine beiden Mädchen drogenabhängig.“
„Mein Gott!“, sagte Daria. „Das ist wohl der Grund, warum Ihre Tochter auch nicht für Heny sorgen kann. Nicht wahr?“
„So ist es. Sie kann auch nicht arbeiten. Daher hat sie kein Geld, Alimente für Heny zu zahlen. Ich selbst habe auch nicht so viel, dass ich mich zu irgendetwas verpflichten könnte. Schließlich muss ich doch meine beiden Töchter unterstützen. Nur mein Junge hat es geschafft. Der ist Ingenieur und ganz tüchtig.“
Manchmal sprach Frau Bisenz für Daria in Rätseln.
„Übrigens ich heiße Louise, wenn Sie wollen.“
Daria hatte nicht verstanden, dass dies das Angebot des Du-Wortes war und hatte sie weiterhin gesiezt. Daraufhin nahm Louise an, dass Daria sie eben nicht duzen wolle. Daria blieb dabei, weil sie nachträglich auch nicht mehr zugeben wollte, nicht begriffen zu haben.
Als es Zeit war, sich wieder zu verabschieden, begleiteten die drei ihren Gast zur Tür.

„Oma, heb mich hoch!“, rief Heny plötzlich und kam mit erhobenen Armen angerannt. Louise wich erschrocken vor ihm zurück.
„Ich kann dich leider nicht hochheben. Ich bin operiert worden.“ Zu Daria gewandt sagte sie: „Ich hatte nämlich Brustkrebs.“
Seit diesem Tag kam die Oma aus Deutschland, wie sie die Kinder nun nannten, tatsächlich immer wieder auf Besuch und brachte ab und zu ein bisschen Geld und Geschenke für Dodo und Heny mit. Mit der Zeit gewöhnten sich die zwei an ihre in größeren Abständen stattfindenden Besuche, und ihre Verlegenheitsreaktionen nahmen ab. Die beiden Frauen schrieben einander regelmäßig Briefe und telefonierten miteinander.

Eines Tages, Daria war gerade mit den Kindern heimgekommen, läutete es an der Wohnungstür. Sie öffnete und sah eine junge Frau, die sie vorher noch nie gesehen hatte. Ihre glatten blonden Haare und ihre Gesichtszüge hingegen kamen ihr sofort irgendwie vertraut vor.
„Guten Tag, ich bin Regina, Henys Tante. Kann ich hineinkommen?“
„Ja, komm nur herein. Grüß dich!“, sagte Daria und reichte ihr die Hand. Der Einfachheit halber war sie mit ihr gleich von Anfang an per du. Regina trat ein.
„Heny, Dodo, kommt einmal her!“, rief sie. „Wir haben Besuch.“
Während sich die beiden Buben vor Verlegenheit wieder einmal auf dem Boden wälzten und unter den Tisch kugelten, kochte Daria Kaffee. Sie saßen eine Weile gemütlich beisammen und unterhielten sich über die Kinder und diverse Belanglosigkeiten. Dann verabschiedete sich Henys Tante wieder.
Gleich darauf rief Daria Frau Bisenz in München an.
„Liebe Frau Louise“, sagte sie, „Sie müssen doch nicht Regina zu mir schicken, damit sie kontrolliere, wie es Ihrem Neffen bei mir geht. Ich liebe Heny doch wie mein eigenes Kind. Das sollten Sie jetzt schon wissen. Wozu also diese unangekündigte Kontrolle?“
Louise fiel aus allen Wolken, als sie dies hörte.
„Davon wusste ich doch gar nichts“, versicherte sie. „Ich habe sie nicht zu Ihnen geschickt. Lassen Sie die Kinder ja nicht mit ihr allein irgendwohin gehen! Sie hat nämlich ein Kind verloren und wünscht sich nun so sehr wieder eines. Sie könnte möglicherweise Dodo und Heny mit sich nehmen und sie dann einfach auf einer Parkbank

vergessen.“ Daria war irritiert. So verwirrt schien ihr die junge Dame eigentlich nicht zu sein. Sie wusste diesen Worten daher keinen Sinn zu entnehmen, versprach allerdings, auf die Kinder gut aufzupassen. Louise jedoch setzte sich in den nächsten Zug und kam nach Wien. Sofort fuhr sie zum Engelsplatz, um Daria ihre Andeutungen genauer zu erklären.

„Meine Tochter ist bereits als Jugendliche schwanger geworden“, sagte sie, als sie beide im Wohnzimmer Platz genommen hatten. „Sie nahm damals Drogen.“
„Und was war mit dem Kind?“, wollte Daria wissen.
„Das Kind lebte bei ihr. Es war damals etwa zweieinhalb Jahre alt, als meine Tochter eines Tages verschwunden war. Ich versuchte sie anzurufen. Sie hob das Telefon nicht ab. Schließlich ließ ich die Wohnung von der Polizei aufsperren.“ Louise nahm einen kräftigen Schluck vom Kaffee, als wollte sie dieses Bild, das ihr nun wieder so lebhaft vor Augen trat, damit hinunterspülen. Dann setzte sie fort: „Als wir in die Wohnung gewaltsam eindrangen, fanden wir das tote Kind in der Wohnung. Neben diesem lagen auch Injektionsnadeln, wobei nicht ganz klar war, ob sie nur sich selbst oder auch dem Kind Drogen verabreicht hatte. Später erfuhren wir, dass meine Tochter nach London gefahren war. Sie hatte das Kind einfach in der Wohnung vergessen. Sie kam vors Jugendgericht. Bei der Verhandlung saß sie nur stumm auf der Anklagebank mit einem völlig verständnislosen, leeren Blick. Das Kindchen begriff ja gar nicht, worum es eigentlich ging.“
Diese Erzählung war verwirrend und erschütternd zugleich. Sie ließ viele Fragen offen, die Daria nicht zu stellen wagte. Hatte ihre Tochter bereits als Jugendliche nicht mehr bei ihr gewohnt? Wie lange hatte es gedauert, bis Frau Bisenz ihre Abgängigkeit bemerkt hatte? Zu wie vielen Jahren Gefängnis war sie damals verurteilt worden? Und warum dachte Louise, dass Regina eine solche Tat wiederholen könnte? War sie denn noch immer drogenabhängig? Während der darauffolgenden Nächte litt Daria ständig unter schrecklichen Albträumen. Sie hatte nun tatsächlich furchtbare Angst um Dodo und Heny.

Die ganze Zeit über hatte Samy nichts von sich hören lassen. Er hatte weder versucht, die Kinder zu sich zu nehmen, noch Anspruch auf seine in der Wohnung zurückgelassene Kleidung erhoben. Daher beschloss Daria eines Tages, Samys Gewand zu entsorgen. Sie füllte es in Plastiksäcke und stellte diese im Hof neben die Coloniakübel. Bald darauf sah man bereits eine Nachbarin den cremefarbenen Wollpullover mit dem schönen Zopfmuster tragen, den einst Hermine für ihren Schwiegersohn gestrickt hatte. Wochen und Monate vergingen und schließlich nahm auch Samy wieder Kontakt zu ihnen auf. Er rief Daria an und schlug ihr ein Treffen in einem Kaffeehaus vor. Sie war damit einverstanden.

Am darauffolgenden Tag schon saß sie im Café Grillparzer am Döblinger Gürtel. Sie lehnte sich in den bequemen Stuhl zurück und betrachtete die antike Einrichtung. Hier schien tatsächlich die Zeit stehen geblieben zu sein. Während sie an ihrem Kaffee nippte, warf sie einen Blick aus dem Fenster. Genau in diesem Moment parkte ein cremefarbener, großer, neuer, Mercedes 560 direkt vor dem Lokal ein. Die Vorderräder blieben nach links eingeschlagen. Dem Wagen entstieg Samy. Er trug einen schweren Wolfspelzmantel und einen weißen Schal. Als er an Darias Tisch trat, verneigte er sich kurz vor ihr, ergriff ihre Hand und küsste diese.
„Grüß dich“, sprach er und nahm ihr gegenüber Platz. „Wie geht es dir und den Kindern?“
„Danke, gut. Es geht so“, antwortete sie nicht wenig erstaunt über diese Verwandlung.
„Wie du sehen kannst, geht es mir fantastisch“, strahlte er sie mit diesem typischen Lächeln, das sie nur allzu gut an ihm kannte, an. Er stand nochmals auf, zog seinen Mantel aus und hängte ihn an die Garderobe.
„Gehört diese Limousine dir?“ Sie blickte bewundernd durch das Fenster auf den großen Wagen.
„Das ist eine Spezialanfertigung. Ich habe sie extra aus Deutschland kommen lassen“, antwortete er und setzte sich wieder.
„Arbeitest du noch im Studio 75?“, wollte sie wissen.
„Ich bin nun Geschäftsführer. Aber ich habe jetzt auch mein eigenes

Lokal, gemeinsam mit einem anderen Freund."
„Mit welchem Freund?"
„Dir wird doch sicher der Name Schimanko etwas sagen. Oder?"
„Der Besitzer der Eden-Bar?"
„Genau dieser. Wir haben gemeinsam die Schlossbar eröffnet."
„Finanziell scheint es dir ja nicht gerade schlecht zu gehen. Vielleicht könntest du mir nun auch ein wenig helfen. Mich verfolgt bereits die Bank, bei der wir das Konto überzogen haben. Und der Kredit ist ebenfalls noch offen." In ihr stieg schön langsam ein gewisser Groll hoch. Wenn ich ihm so komme, dachte sie jedoch, wird er sicherlich gleich davonlaufen.
Umso mehr erstaunt war sie daher, als Samy darauf antwortete: „Natürlich kann ich das. Das ist doch kein Problem. Warum hast du mich nicht schon längst einmal diesbezüglich angerufen?"
„Ich wusste doch gar nicht, wo ich dich erreichen kann", gab sie zurück.
„Ach, das war das Hindernis! Aber nun gebe ich dir meine Adresse und meine neue Telefonnummer, damit du mich immer anrufen kannst, wenn du etwas brauchst. Ich wohne jetzt auch in der Vorgartenstraße, ganz in der Nähe deiner Mutter." Er zückte einen Kugelschreiber, schrieb etwas auf eine Serviette und reichte sie ihr.
„Ich würde vorschlagen, dass ich mir von dir jeden Monat einen bestimmten Betrag abhole und damit sofort zu dem Anwalt der Bank fahre, um ihm das Geld gleich persönlich zu überbringen", schlug sie vor.
„Sagen wir lieber gleich: jede Woche", entgegnete Samy, „dann haben wir die Angelegenheit noch schneller erledigt."
Nun war sie völlig verblüfft. Sie willigte sofort ein, bevor er sein Angebot womöglich bereuen würde. Dann unterhielten sie sich noch eine ganze Weile über die Kinder. Er tat sehr interessiert, kündigte aber mit keinem Wort an, dass er Dodo und Heny sehen wolle.
Als sie sich verabschiedeten, gab er ihr noch zehntausend Schilling mit den Worten: „Da nimm, das ist ein Geschenk für die Kinder. Das Geld für die Bank holst du dir am Donnerstag ab."
Sie bedankte sich.
Auf dem Heimweg murmelte sie vor sich hin: „Welch eine Überraschung! Wer hätte das gedacht? Der muss ja jetzt plötzlich im Geld

schwimmen! Wie hat er das bloß angestellt?“

Jeden Donnerstag holte Daria nun wie vereinbart das Geld von Samys Wohnung ab. Dann bestellte er ihr ein Taxi, damit sie mit dem Geldbetrag nicht mit öffentlichen Verkehrsmitteln unterwegs sein musste. An diesen Tagen kümmerte sich Hermine um die Kinder.
Als sie wieder einmal zu Samy kam, um das Geld für die Bank abzuholen, war es bereits Abend und sie würde erst am nächsten Morgen zum Rechtsanwalt damit fahren können. Samy meinte, sie solle doch Platz nehmen und bot ihr ein Glas Cola an. Sie setzten sich zu Tisch und da war es wieder, dieses ungeheuer selbstbewusste Lächeln, mit dem er ihr zu verstehen gab, dass sie heute die Glückliche war, der er seine Zuwendung schenkte. Daria gefror das Blut in den Adern. Sie nahm einen Schluck vom Cola. Samy bot ihr eine Zigarette an, nahm sich ebenfalls eine und gab ihr Feuer. Dabei blickte er ihr tief in die Augen.
„Bist du auch glücklich?“, fragte er, bevor er seine eigene Zigarette anzündete.
„Ich weiß nicht, ob ich glücklich bin.“ Daria zögerte ein wenig, ehe sie fortsetzte: „Ich bin zufrieden.“
„Ich kann auch zufrieden sein“, sagte Samy. „Jetzt habe ich Geld und alles, wovon ich früher nur träumen konnte. Aber glücklich ...“ Samy schüttelte wie in sentimentale Erinnerungen versunken den Kopf. „... glücklich war ich nur mit dir.“
Daria warf ihm einen flüchtigen Blick zu. Dann trank sie ihr Cola aus und wollte gehen. Rasch schenkte ihr Samy nach und prostete ihr mit seinem Glas, das noch fast voll war, zu.
„Auf deine Zukunft!“, sagte er gönnerhaft.
„Und auf deine Zukunft“, antwortete sie etwas gehetzt, setzte das Glas an ihre Lippen und trank es leer.
Plötzlich fühlte sie seine Hände überall auf ihrem Körper. Sie bemerkte, dass sie sich in seinem Bett befand und sich von ihm streicheln ließ. Ein wohliger Schauder lief ihr über den Rücken. Alles ließ sie mit sich geschehen. Völlig willenlos gab sie sich ihm hin. Sie genoss diese Passivität bis zum Höhepunkt. Sie war müde. Unendlich müde. Wie aus weiter Ferne hörte sie plötzlich Samys Stimme: „Komm, steh auf! Ich ruf dir ein Taxi.“

Sie erhob sich und zog sich an. Wie immer gab er ihr das Geld für die Bank, und dann wurde sie per Taxi nach Hause geschickt. Daheim angekommen legte sie sich sofort nieder.

Als sie in der Früh aufwachte, die schlaftrunkenen Augen zaghaft öffnete, und die Gegenstände ihres Zimmers schön langsam wieder Form annahmen, kamen ihr diese nächtlichen Erlebnisse ziemlich seltsam vor. Wie ein ferner Traum. Die Szenen zogen an ihr vorüber wie Gebilde aus einer anderen Welt. Wie hatte es sich zugetragen? Eindeutig fehlten einige Szenen in ihrer Erinnerung. Wieso hatte sie sich nur darauf eingelassen? Hatte ihr Samy womöglich Alkohol ins Cola gemischt? Nein, das konnte es wohl nicht gewesen sein. Denn sie hatte danach gut und ohne die übliche Übelkeit geschlafen, die bei ihr zuverlässig nach übermäßigem Alkoholkonsum eingetreten wäre. War Samy etwa im Besitz von illegalen Drogen, die er mit Erfolg an ihr ausprobiert hatte? Diese Überlegung schien ihr wahrscheinlicher. Was hatte er ihr wohl damit beweisen wollen? Dass er trotz ihrer Trennung nach wie vor Macht über sie hatte? Wenn ich ihn das nächste Mal wiedertreffe, dachte sie, erwähne ich am besten gar nichts davon. Wer weiß, ob ich sonst das restliche Geld von ihm noch eintreiben kann, wenn ich ihn zur Rede stelle.

Als Dodos Geburtstag nahte, rief Samy sie wieder an. „Hallo, wie geht es dir?“, fragte er wie immer gespielt ausgelassen.
„Danke, gut. Was gibt es bei dir Neues?“, antwortete Daria absichtlich lakonisch. Doch Samy ließ sich davon nicht den Wind aus den Segeln nehmen.
„Ich habe mir etwas Besonderes zu Dodos Geburtstag überlegt. Du machst doch sicherlich wieder eine Kinderparty. Nicht wahr?“, fuhr er im selben munteren Tonfall fort.
„Ja, wir werden Dodos und Henys Geburtstag gemeinsam feiern. Irgendwann zwischen den beiden Geburtstagen, also zwischen Oktober und Dezember. Ich lade Dalia, Dodos und Henys Schulkollegen und auch ihre ehemaligen Freunde vom Kindergarten dazu ein.“
„Das trifft sich ja vorzüglich. Ich habe eine Überraschung für die beiden. Ich schicke euch nämlich einen Zauberer.“
„Das ist wirklich toll!“ Nun war sie etwas versöhnlicher gestimmt, denn da hatte sich der Kindesvater wohl doch einmal darüber Gedanken gemacht, was den Kindern Spaß machen könnte. „Das wird sie sicher sehr freuen“, setzte sie fort.
„Ich hoffe es auch“, meinte Samy. „Aber sag mal, seit wann gehen denn die Kinder schon in die Schule?“
„Tja, die Zeit vergeht“, antwortete Daria, ohne seine Frage direkt zu beantworten.
„In welche Klasse gehen sie denn?“, fragte er weiter.
„Bereits in die zweite Klasse.“
„Beide?“
„Ja, Heny ist ja bloß zehn Monate älter als Dodo. Er war aber noch nicht schulreif, obwohl er das Schulalter erreicht hatte. Daher gehen sie nun in dieselbe Klasse. Ich finde das ganz praktisch, weil ich dadurch immer mit beiden gleichzeitig lernen und üben kann. Ich habe sie im neunten Bezirk einschulen lassen, da ich dort arbeite. Außerdem ist das Milieu dort besser als bei uns im zwanzigsten Bezirk.“
„Ja, da hast du Recht“, meinte Samy.
Sie unterhielten sich noch eine Weile. Dann vereinbarten sie den Termin für die Party, die im November stattfinden sollte und besprachen alle Details.

Die Zeit verging wie im Flug und bald war es so weit. Die Geburtstagsparty war in vollem Gang. Eine wilde Horde auf kleinen Kinderfüßchen jagte durch das Wohnzimmer. Harry und Toni, die ehemaligen Kindergartenfreunde, die im Waschküchenhof wohnten, waren besonders ausgelassen. Die beiden waren von ihrer Großmutter gebracht worden. Die Mutter der Buben sah man immer seltener auf der Straße. Sie nahm angeblich Schlafmittel, Rohypnol oder Valium und verließ zurzeit kaum die Wohnung. Doch die Kinder waren lustig und grüßten stets freundlich, daher gab es aus Darias Sicht gegen diese Freundschaft nichts einzuwenden. Gejohle und Gekreische erfüllten die Räume, als der Zauberer kam. Auch Samy war auf einen Sprung vorbeigekommen, um die Kinder zu sehen, bevor er zur Arbeit fuhr. Geheimnisvoll bereitete der Magier seinen Tisch mit den Requisiten vor. Dann mussten sich alle Kinder in einem Halbkreis vor ihm niedersetzen. Teils saßen sie auf den vorhandenen Stühlen, teils auf dem Fußboden, und dann begann er zu zaubern. Viele schöne Sachen zog er aus seinem Hut hervor: lebende weiße Tauben, Mäuse und bunte Tücher. Und danach verschwand alles wieder so spurlos und plötzlich, wie es entstanden war. Als wäre es vom Erdboden verschluckt worden. Die Kinder waren begeistert und staunten mit offenen Mündchen. Heny war besonders von einer kleinen, weißen Maus angetan.

„Die ist so arm, wenn sie in dieser engen Schachtel leben muss“, sagte er.

„Ich schenke dir die Maus zum Geburtstag“, erwiderte der Zauberer feierlich und überreichte sie ihm. Nun hatte Heny also ein Haustier. Die beiden Geburtstagskinder bekamen auch ein Poster geschenkt, das einen im Türkensitz sitzenden Clown mit einem spitzen Hütchen darstellte. Er hatte den Oberkörper leicht vorgeneigt und sich mit den Armen auf seine Beine gestützt. In seinem kindlichen Gesichtchen lagen zwei furchtbar traurig wirkende, von weißen Trapezen umrandete Augen. Er sah Heny sehr ähnlich.

Daria beugte sich zu den Kindern nieder, gab jedem von ihnen noch einen Gutenachtkuss und verabschiedete sich mit den Worten:
„Seid schön brav und schlaft gleich ein! Ich bringe nur Mike sein Essen ins Spital."
„Kommst du auch wirklich bald wieder?", wollte Dodo wissen.
„Ja, natürlich. Ich beeile mich."
„Lass Mike schön grüßen!", rief Heny.
„Okay, werde ich machen. Gute Nacht!"
„Gute Nacht!", sagten beide Buben beinahe gleichzeitig.

Auf der Straße lag ein Hauch von Pulverschnee. Daria fuhr mit der Straßenbahn der Linie 31 bis zum Wallensteinplatz. Die Weihnachtsbeleuchtungen waren noch nicht entfernt worden. Sie fror entsetzlich, während sie auf die Straßenbahn 5 wartete. Seit sie diese seltsame Krankheit hatte, kam es ihr vor, als würde sich die Kälte bis in ihre Knochen hineinschneiden. Dabei hatte sie doch nur eine Hautkrankheit. Es war nun bereits etwa drei Jahre her, da hatte sie es zuerst bemerkt. Eine kleine Hautveränderung auf dem Kopf unter den Haaren. Sie war ins Krankenhaus gefahren. Auf der Hautklinik hatte man eine Biopsie gemacht und vermutet, dass sie Tuberkulose hätte. Das Lungenröntgen, welches daraufhin veranlasst worden war, hatte diese Diagnose jedoch nicht bestätigt. Die Ärzte schienen ratlos zu sein. Macht doch nichts, sagte sich Daria, ist ja nur unter den Haaren, da sieht man es ja nicht. Hauptsache, ich habe es nicht im Gesicht. Doch es hatte gar nicht lange gedauert, bis sich die Hautveränderungen auch im Gesicht zeigten. Die Hautärzte probierten verschiedene Medikamente aus, doch keines davon hatte die gewünschte Wirkung. Die Krankheit schritt voran. Nun hatte sie bereits einen rot-violetten Fleck von etwa 2,5 cm Durchmesser an der linken Wange. Seit geraumer Zeit fiel Daria auf, dass in den öffentlichen Verkehrsmitteln Menschen von ihr wegrückten, da sie vermutlich befürchteten, sich an ihr zu infizieren.

Bei der Spitalgasse stieg sie aus. Sie ging die alte Steinmauer, deren starkes Gemäuer nicht nur die Universitätsklinik, sondern auch dicke, alte Bäume beherbergte, die selbst im heißesten Sommer noch Kühle spendeten, entlang, bis sie zu dem großen Eingang vor dem Hof kam,

in dem sich die Frauenklinik befand. Die Dunkelheit war hereingebrochen. Von Weitem sah sie schon Mike in seinem weißen Mantel vor dem Eingang zur Klinik stehen. Es hatte einen gewissen Reiz, ihn in der Finsternis der Nacht hier im Spital zu besuchen, während er seinen Dienst versah. Er führte sie in aller Heimlichkeit zu seinem Dienstzimmer, stets darauf bedacht, dabei nicht von Kollegen oder Schwestern gesehen zu werden. Nachdem sie im Zimmer standen, und er die Tür hinter ihnen geschlossen hatte, fielen sie sich in die Arme und begrüßten einander. Sie zogen die Schuhe aus, stellten sie zur Tür und Daria legte ihren Mantel ab.
„Wie habt ihr Weihnachten verbracht?“, fragte Mike.
„Gut. Mein Vater, meine Mutter, meine Schwestern samt Anhang, Dalia und Nafiseh sind gekommen. Wir haben gebackene Fische und französischen Kartoffelsalat gegessen. Wie immer haben wir Weihnachtsgeschichten und aus der Bibel vorgelesen, Weihnachtslieder gesungen und uns prächtig unterhalten.“
„Ich hatte drei Geburten“, berichtete Mike und setzte sich an den Tisch, der mitten im Zimmer stand.
„Auch spannend“, meinte sie sarkastisch, während sie neben ihm Platz nahm. „Aber zu Silvester bist du dann dafür bei uns und nicht im Dienst. Nicht wahr?“ Liebevoll berührte sie seine Hand und drückte sie zärtlich.
„Natürlich. Du weißt ja, zu Silvester möchte ich nie Dienst machen. Da will ich zu Hause sein und fernsehen.“
Daria ließ seine Hand los und griff in die Tasche, die sie neben ihren Stuhl auf den Boden gestellt hatte.
„So, da ist dein Essen.“ Sie stellte den Speise-Thermos auf den Tisch.
„Hast du ein Bier?“ Er sah sie erwartungsvoll an.
„Ja, sogar zwei, wie du gewünscht hast.“
„Gut“, antwortete er, nahm die Flasche, die sie ihm reichte, entgegen, führte sie zum Mund und öffnete den Verschluss mit seinen Zähnen.
„Ach, kannst du nicht endlich damit aufhören? Hast du denn keinen Flaschenöffner?“, fragte sie.
„Doch, aber ich brauche ihn nicht.“
„Ich kann dir dabei nicht zusehen. Du wirst dir noch die Zähne ausbrechen.“ Daria schüttelte es innerlich bei diesem Gedanken.
„Afrikaner haben gute Zähne“, entgegnete er und stand auf, um sein

Besteck und einen Teller aus dem Schrank zu holen. „Ich habe das schon immer so gemacht. Seit ich Bier trinke."
„Seit wann trinkst du denn Bier?", wollte sie wissen.
„Seit meiner Studienzeit. Angefangen habe ich mit einer halben Flasche am Abend, damit ich gut schlafen konnte. Bier ist ein Schlafmittel. Hier brauche ich es auch zum Schlafen, wenn ich im Dienst bin."
„Ja, aber in der Zwischenzeit sind es schon zwei ganze Flaschen geworden."
„Das ist gar nichts. Ich habe einen Kollegen, der trinkt jeden Tag mindestens acht Flaschen, sonst kann er gar nicht operieren."
„Der ist also Alkoholiker."
„Streng genommen bin ich auch schon Alkoholiker."
„Nach welcher Definition?"
„Wenn man davon ausgeht, dass ein Mensch, der jeden Tag regelmäßig Alkohol zu sich nimmt, bereits Alkoholiker ist."
„Aha", sagte Daria und nickte mit dem Kopf. „Nun iss aber, damit das Essen nicht kalt wird!"
Während sie ein wenig ausführlicher über die Weihnachtsfeier erzählte, ließ sich Mike sein Nachtmahl schmecken. Als er mit der Mahlzeit zu Ende war, tastete er mit seinem Fuß nach dem ihren. Daria spürte die Berührung unter dem Tisch und lächelte ihm zu. Er schlang seinen Arm um ihre Schultern, zog sie an sich und flüsterte ihr ins Ohr: „Komm, ein bisschen ..."
Sie stand auf und begann ihre Kleidung abzulegen, während er die Tür versperrte. Dann kuschelte sie sich in sein Dienstbett und wartete, bis auch er sich ausgezogen und das Licht ausgemacht hatte. Er schlüpfte zu ihr unter die Decke.
„Jetzt werde ich mit dir schlafen", sagte er, drückte sie an sich und drang im selben Moment auch schon in sie ein. Ihr entfuhr ein Seufzer. Schnell legte er ihr seine Hand vor den Mund.
„Pst, leise", flüsterte er. Doch dies steigerte bloß ihre Lust. „Pst", wiederholte er. Es war ein gewohntes Ritual, mit welchem sie Mike auch zu Hause wegen der Kinder in die Schranken zu weisen suchte.
Seine Bewegungen wurden rhythmischer, er steuerte geradewegs auf den Höhepunkt zu, da schrillte das Telefon. Er fuhr herum und hob den Hörer ab.
„Schwester, was gibt's?"

Daria konnte die Stimme der Nachtschwester hören, ohne die Worte zu verstehen.
„Aha, okay.“ Mike seufzte. „Ich komme.“
Dann konnte man wieder die leise, verzerrte Stimme am anderen Ende der Leitung vernehmen.
„Gut, ... ja, ... bis gleich.“ Er legte auf und zu Daria gewandt sagte er: „Ich muss in die Ambulanz. Eine Schwangere mit starken Blutungen.“
„Schade. Soll ich auf dich warten? Oder wird es länger dauern?“
„Es könnte länger dauern. Du ziehst dich besser an und gehst nach Hause, sonst versäumst du die letzte Straßenbahn.“
Schnell standen beide auf und schlüpften in ihre Kleidung.
„Okay, dann tschüss. Melde dich morgen!“, sagte sie.
„Gute Nacht.“ Er küsste sie auf den Mund und sie verließen gemeinsam das Zimmer.

Als Daria bei ihrem Wohnhaus ankam und den Schlüssel ins Schloss des Haustores steckte, sah sie auf dem Asphalt vor dem Eingang eine weiße Kreidezeichnung. Wahrscheinlich haben Kinder hier eine Puppe auf den Boden gezeichnet, dachte sie und maß dem keine weitere Bedeutung bei. Doch am nächsten Morgen sollte sich das Rätsel um die Kreidezeichnung lüften. Im Aufzug traf Daria nämlich eine Nachbarin, die sie fragte: „Haben Sie schon von dem LSD-Süchtigen gehört, der gestern bei unserem Gangfenster aus dem fünften Stock gesprungen ist?“

Im Herbst 1985 begann Alexander Bisenz, der damals etwa 23 Jahre alt war, mit den Vorbereitungen für seine Show „Ewig junge Helden“. Im selben Jahr starteten auch die Aufnahmen zum gleichnamigen Album. Sein erstes Engagement mit diesem Life-Programm am Theaterforum Wien, das im Winter 1986 stattfinden sollte, wurde um diese Zeit, es war Sommer 1986, in ganz Wien bereits mittels Ankündigungen auf Plakatwänden beworben.

Henys Großmutter war wieder einmal zu Besuch. Daria saß mit ihr am Wohnzimmertisch, während die Kinder bereits mit den Geschenken spielten, die sie aus Deutschland mitgebracht hatte.
„Welche Begabungen erkennen Sie denn in Heny? Ich meine, ist er für irgendetwas besonders talentiert?“, fragte Louise plötzlich.
„Oh, diese Frage habe ich mir noch gar nicht gestellt“, gestand Daria. „Aber jetzt, wo Sie mich danach fragen ... und ich darüber nachdenke ... na ja, er zeichnet und malt recht schön und setzt gerne Puzzles zusammen. Sportlich ist er auch. Er betreibt Judo und gewinnt fast jeden Kampf. Mit Dodo gemeinsam trainiert er beim Judo-Klub DSG Wien. Das Training findet im großen Saal der Pfarre Forsthausgasse, gleich bei uns um die Ecke, statt.“
„Das ist ja toll“, staunte seine Großmutter.
„Er hat sogar schon im Praterstadion einen Kampf ausgefochten. Er war in der Gruppe A bis 31 kg und hat den Goldpokal gewonnen. Da strahlt er jedes Mal, wenn er auf der höchsten Stufe stehen darf.“
„Und Dodo“, erkundigte sich Louise, „ist er auch so talentiert?“
„Er ist ein gescheiter Knabe. Aber der Kampfsport liegt ihm nicht so sehr wie seinem Bruder. Doch da fällt mir eine lustige Geschichte ein: Einmal ist Dodo Dritter geworden, da in seiner Gewichtsklasse insgesamt nur drei Kinder angetreten waren. Als bei der Siegerehrung sein Name aufgerufen wurde, drehte er sich verwundert um, um zu sehen, ob nicht vielleicht ein anderer auch zufällig Dodo hieße, da er selbst ja jeden Kampf verloren hatte.“
Die beiden lachten herzlich. Nachdem sie sich die Lachtränen aus den Augen gewischt hatte, meinte Louise:
„Vielleicht will Heny das einmal beruflich ausüben.“
„Wissen Sie, was er selbst darüber sagt?“, antwortete Daria. „Er

möchte Priester oder Bauer werden."
„Tja, wenn das so ist", schmunzelte Louise und wechselte das Thema. „Haben Sie übrigens die Plakate gesehen: Ewig junge Helden mit Alexander Bisenz, die jetzt überall in Wien hängen?"
„Ja, natürlich."
„Alexander ist Henys Onkel."
„Ach so?" Daria war darüber sehr überrascht. „Ich dachte, es handle sich bloß um eine zufällige Namensgleichheit."
„Seine Karriere hat Alexander bereits mit circa fünfzehn Jahren begonnen", erklärte Louise. „Als Zauberer, Feuerschlucker und Bauchredner. Dann ist sein Vater, der Henys Großvater war, verstorben. Daher auch meine Frage, welche Begabungen Heny hat. Ich wollte wissen, ob er vielleicht auch – wie Alexander - einschlägige Talente meines Ex-Mannes geerbt hat." Sie machte eine Pause. Mit einem traurigen Lächeln setzte sie fort: „Um meine Kinder hat er sich nicht gekümmert. Alexander hat er alles beigebracht." Sie seufzte.

In diesem Augenblick fegten die beiden Buben ins Zimmer und Dodo fragte: „Können wir auch etwas zu trinken haben?"
Während Daria in die Küche ging, um Getränke zu holen, entspann sich zwischen der Großmutter und den Buben ein Gespräch.
„Heny, was ist denn dein Lieblingsfilm?", fragte sie ihn gerade, als Daria mit einer Flasche Fanta und den Gläsern wieder ins Zimmer trat.
„'Die unendliche Geschichte' mochte er am liebsten", sagte Dodo wie aus der Pistole geschossen.
„Den Film kenne ich gar nicht", sagte Henys Großmutter.
„Das ist eine Geschichte, die trotz aller Märchenhaftigkeit und Fantasie eine Zivilisationskritik darstellt, hinter der die Vision einer anderen, besseren Welt steht", mischte sich Daria in das Gespräch ein.
„Ich glaube", überlegte nun Louise, „ich kenne einen Roman von Michael Ende ... Ist das vielleicht die Geschichte des kleinen Bastian, der regelmäßig von seinen Klassenkameraden schikaniert wird? Auf der Flucht vor ihnen rettet er sich eines Tages in ein Antiquariat. Ein alter Buchhändler, der ihm dort begegnet, warnt ihn vor einem geheimnisvollen Buch ..."
„Ja, genau", unterbrach sie Heny und sagte lüstern: „Bastian stiehlt dieses Buch, als der Buchhändler wegsieht. Dann liest er es heimlich

auf dem Dachboden seiner Schule.“ Heny kicherte lüstern.
„Das gefällt Heny natürlich: stehlen, heimlich etwas tun, was man nicht darf!“ Daria lachte und strich dem Buben dabei über sein kinnlanges Haar, das ihm in einer leichten Welle ins Gesicht fiel.
„Und was geschah dann?“, fragte Louise. „Ich kann mich an die Geschichte nicht mehr genau erinnern.“
„Ich schon! ...“, sagte Dodo.
„Nein, lass mich erzählen“, fiel ihm Heny ins Wort. „Die Erzählung handelt von Atréju, der versucht, das Leben der Kindlichen Kaiserin und ihrem Reich Phantásien zu retten. Das geheimnisvolle Nichts lässt Phantásien und alle, die dort leben, langsam verschwinden.“
„Bastian taucht immer mehr in die Geschichte ein und wird schließlich Teil der Handlung“, ergänzte Daria.
„Atréju muss auf seiner Reise durch Phantásien viele Abenteuer bestehen“, erklärte nun wieder Heny. Dabei zappelte er aufgeregt auf seinem Stuhl.
„Jedenfalls ist dies eine Welt der Rennschnecken, Felsenbeißer und Glücksdrachen, also lauter Fantasiewesen, die vom Untergang bedroht sind. Bastian lässt sich immer weiter in diese neue Welt ziehen. Schon scheint alles verloren, der Untergang Phantásiens besiegelt ...“, setzte Daria fort. Ihr schien der Film auch gefallen zu haben. Doch Heny unterbrach sie und versuchte spielerisch, ihr mit seiner Hand den Mund zuzuhalten.
„Ich will erzählen! Ich will erzählen!“, rief er.
Als sie gezwungenermaßen verstummte, setzte er fort: „Dann begreift Bastian plötzlich, dass Atréju das Reich nicht retten kann, sondern nur er selbst. Die Kindliche Kaiserin ist krank und braucht einen neuen Namen. Endlich gibt ihr Bastian den Namen ‚Mondenkind‘. Das war im letzten Augenblick. Denn Phantásien war schon in ihren Händen zu einem Korn zusammengeschmolzen. Bastian darf nun sagen, wie die neue Welt aussehen soll. Und dann entsteht Phantásien neu.“
„Das ist aber wirklich eine schöne Geschichte“, pflichtete ihm Louise bei. „Und wer möchtest du sein? Atréju oder Bastian?“
„Atréju“, antwortete Heny, nahm Dodo an der Hand und sagte: „Komm, gehen wir wieder in unser Zimmer spielen!“
„Wissen Sie, Frau Louise, ich glaube“, meinte Daria, „Atréju besitzt genau jenen Mut, jene Tapferkeit und jene Entschlossenheit, die Heny

bewundert.“
„Er selbst will auch immer stark und mutig sein. Das ist mir an ihm schon aufgefallen“, antwortete Frau Bisenz.
„Er ist es auch. Für mich ist er ein kleiner Held“, setzte Daria fort. „Oft schon hat er Dodo vor Strafe geschützt, indem er die eine oder andere Schuld auf sich nahm. Wenn sie zum Beispiel gemeinsam etwas angestellt hatten oder auch bloß Dodo alleine, behauptete Heny oft, dass er es war. Ohne mit der Wimper zu zucken ließ er sich gar so manches Mal dafür von Samy schlagen. Nachher sagte er immer, er vertrage Schläge eben einfach besser als sein kleiner Bruder. Das wirkt zwar masochistisch, doch – ich denke – Heny geht es dabei eher darum, Mut und Stärke zu beweisen.“
Die beiden unterhielten sich noch eine ganze Weile, doch schließlich mussten sie sich voneinander verabschieden, da Louise auch noch Silvia besuchen wollte.

Die kurzen Hosen, die Dodo und Heny nun trugen, sahen unverfänglicher aus als die langen. Man konnte nämlich nicht mehr aufgrund der weißen Linien nachvollziehen, wie oft sie wegen des Wachstums ihrer Träger herausgelassen werden hatten müssen, denn Daria hatte die Hosenbeine einfach abgeschnitten und somit auch die weißen Linien sowie die durchgewetzten Stellen an den Knien. Danach hatte sie die Schnittkanten mit der Nähmaschine versäubert, nach innen umgeschlagen und abgesteppt. Heny trug eine Hose aus grüner Baumwolle, dunkle Socken und ein helles T-Shirt mit der Aufschrift: „Walter – I'm a little horror". Er hatte es von Kurt anlässlich seiner Taufe, die für beide Buben erst kurz vor ihrer Erstkommunion stattgefunden hatte, geschenkt bekommen. Dies war ein etwas außergewöhnliches Geschenk anlässlich einer Taufe. Dodos Hose war mittelblau, seine Socken weiß. Sein ebenfalls weißes T-Shirt zierte eine Giraffe. Darüber stand das Wort „Africa" und unter der Giraffe das Wort „Safari". Heny hatte eine kleine Felltrommel, ein Souvenir, wie man es hier überall in den Straßen und Geschäften angeboten bekam, an dem eigens dafür vorgesehenen und an der Trommel angebrachten Spagat über seine linke Schulter gehängt. Beide Buben trugen weiße Hüte mit schmalen Krempen als Schutz gegen die intensive Sonneneinstrahlung.
„Stellt euch einmal auf diesen Erdhügel dort drüben, damit ich ein Foto von euch machen kann", rief Daria den Buben zu.
Im Hintergrund des graslosen Hügels sah man Gewächse, die in etwa mindestens drei Mal so hoch waren wie die Kinder, vermutlich Dattelpalmen.
Wo immer Heny und Dodo sich fotografieren ließen, umarmten sie einander oder standen eng beisammen. Heny, obwohl er älter war, war nun etwa einen halben Kopf kleiner als Dodo. Daria und ihre Schwester Marion, die auf diese Reise mitgekommen war, setzten sich mit den Kindern in den Gastgarten des New Africa Hotels. Sie waren erst vor ein paar Stunden in Dar-es-Salaam angekommen und hatten einen fast vierundzwanzig Stunden dauernden Flug um die halbe Welt mit der Aeroflot, welche die günstigste Fluglinie war, hinter sich gebracht.

Zufällig lernten sie in dem Restaurant Tandika kennen, der an der Universität von Dar-es-Salaam beschäftigt war und Deutsch sprach.

„Braucht ihr ein Quartier?", fragte er sie. „Ich wüsste ein leerstehendes Haus, das ich euch vermitteln könnte."
„Wo wäre das denn?", erkundigte sich Daria interessiert.
„In einer Gegend, die sich Masaki nennt. Von dort habt ihr nicht weit zum Oysterbay, einer Nobelgegend, in der die Reichen wohnen. Dorthin könnt ihr dann immer schwimmen gehen." Sie akzeptierten das Angebot.

Ein paar Stunden später hatten sie dieses Haus bezogen. Nachdem sie sich einmal so richtig ausgeschlafen hatten, schlenderten sie am nächsten Morgen zum Oysterbay, wo sie den ganzen Tag verbrachten. Im Laufe des Nachmittags begannen indische Familien den Ort zu bevölkern. Sie promenierten den Strand entlang. Die Männer und Knaben in Anzügen und die Frauen in ihren kostbaren, bunten Saris. Die Mädchen meist in weißen, duftigen Kleidchen, mit Rüschen, Maschen und gebauschten Röckchen. Doch scheuten sie sich nicht, wenn es zu heiß wurde, mitsamt ihren wunderschönen Gewändern ins Wasser zu steigen.

In ihrem Ferienhaus lebte ein Diener, „Mzee" genannt, was so viel wie „alter Mann" bedeutet und auf Suaheli eine respektvolle Bezeichnung für einen älteren Herrn ist. Jeden Tag begleitete er sie nun zum Strand und ließ es sich nicht nehmen, die Badesachen für sie zu tragen. Heny tat der alte Mann leid und er hatte eine Idee.
„Warum laden wir den ‚Mzee' nicht ins Strandrestaurant ein?", fragte Heny.
„Das ist eine gute Idee", antwortete Daria und forderte den alten Herrn auf, mit ihnen ins Restaurant zu kommen. Doch er weigerte sich, auch nur einen Fuß auf die Schwelle des Lokals zu setzen und blieb lieber im Schatten eines Baumes hocken, ihre Badesachen bewachend. Die Hautfarbe konnte das Problem wohl nicht gewesen sein, denn Marion und Daria waren die einzigen Weißen dort. Die anderen Gäste waren Schwarze oder Inder. Möglicherweise war es Menschen aus bestimmten sozialen Schichten nicht erlaubt, diese Lokale zu betreten, vermuteten sie.

Danach gingen sie hinunter zum Hafen, wo sich Kinder als

Gelegenheitsarbeiter verdingten. Sie halfen beim Putzen der Fische, die auf hölzernen Klapptischen in der prallen Sonne zum Verkauf feilgeboten wurden, oder verkauften Kaugummis und Naschereien, die sie auf Blechtellern durch die Straßen trugen. Es herrschte reges Treiben. Überfüllte Boote wurden an Land gezogen. Dodo und Heny umarmten ein Kind, das einen Blechteller hielt.
Manchmal fuhren sie auch ins Zentrum. In den schmutzigen Straßen Dar-es-Salaams lungerten überall Bettler herum, in zerrissenen, schäbigen Gewändern.
„Wie arm der ist!“, rief Heny plötzlich aus. „Der bekommt zwar Geld von den Leuten, er kann es aber gar nicht fassen. Ihm sind nämlich die Finger abgefallen.“
Und schon rannte er los, um dem Bettler die Münze, die ihm davongerollt war, in die verstümmelte Hand zu drücken. Ab diesem Zeitpunkt musste Daria Heny ständig Münzen geben, damit er sie den Leprakranken, die vermummt und verhüllt in ihren Lumpen im Dreck der Gassen lagen, überreichen konnte. Bald erkannten sie Heny schon von Weitem und rafften sich auf, wenn er sich ihnen näherte. Streckten ihre Arme nach ihm aus und ließen sich von ihm die Münzen in ihre deformierten Hände geben. Dies waren die Augenblicke, die Henys Augen zum Leuchten brachten. Er liebte die Menschen, besonders die armen.

Nach ein paar Tagen wurde beschlossen, mit der Bahn nach Moshi im Norden Tansanias weiterzufahren, um dort eine Safari zu machen. Etwa zwanzig Stunden dauerte die Fahrt, die sie auf einer schmalen Holzbank eng aneinandergepresst sitzend verbrachten, denn sie hatten 3. Klasse Tickets gebucht, um am Puls des Volkes zu sein. Im Zugabteil gab es keine Beleuchtung. Die meisten Fenster ließen sich nicht schließen. In der Dunkelheit der Nacht begann plötzlich einer eine Melodie zu singen. Spontan fielen die anderen Fahrgäste mit ein. Nach diesem „Call and Response“ wurden choralartige Gesänge angestimmt. Die Kinder waren ausnehmend brav und duldsam. Diese Zugfahrt war für alle extrem anstrengend, aber auch ein unvergessliches Erlebnis. Endlich kamen sie in Moshi an. Per Bus hätte es nach Arusha weitergehen sollen, doch dieser kam nicht. Schließlich hielten sie gemeinsam mit Liesl und Heinz aus München, die sie in Moshi kennengelernt hatten, ein Taxi an. Vom Swimmingpool des YMCA aus hatte man einen wunderschönen Blick zum schneebedeckten Kilimandscharo, der sich in der Ferne am Himmel abzeichnete, dem Kibo, wie ihn die Einheimischen nennen.

Schon am nächsten Tag konnte das Abenteuer beginnen. Daria hatte jedem der
beiden Buben einen kakifarbenen Safarianzug gekauft. Heny trug einen Hut mit einer schmalen Krempe und Dodo eine ebenfalls farblich passende Schirmkappe. Mit Liesl und Heinz gemeinsam mieteten sie einen Geländewagen mit Chauffeur, der sie zum Ngorongorokrater, zum Lake Manyara und in die Serengeti führen sollte. Schon unterwegs konnten sie viele Vögel, Zebras, Gazellen, Nashörner, Löwen, Antilopen, Warzenschweine, Flusspferde, Hyänen und Elefanten beobachten. Natürlich begegneten sie auch den bis zum heutigen Tag mit ihren Rinderherden nomadisierenden Massai. Sie stiegen aus ihrem Safarifahrzeug aus und machten einen kleinen Spaziergang in der Nähe einer Massai-Siedlung. Da waren Dodo und Heny plötzlich verschwunden.
„Wo sind denn meine Kinder?“, fragte Daria, als sie ihr Fehlen bemerkte.
„Die beiden sind mit den Massai zu ihren Herden gegangen“, teilte ihr der Chauffeur völlig ruhig mit.
Sie erschrak fürchterlich. In dieser Gegend gab es viele wilde Tiere. Sogar Löwen! Wo waren die Kinder hingegangen? Wie weit würden sie sich von ihrer Mutter entfernen? Wann würden sie die Massai wieder zurückbringen? Und würden sie überhaupt heute noch zurückkommen?
„Die Massai haben Waffen. Hamna shida! (Kein Problem!)“, meinte der Fahrer, als er ihren entsetzten Blick sah. Daria blieb also nichts anderes übrig, als geduldig zu warten. Nun war bereits eine Viertelstunde vergangen. Noch immer hatten sie keine Nachricht von den Kindern. Daria und Marion beschlossen daher, die Zeit des Wartens zu nützen und eine Toilette aufzusuchen. Etwas abseits, inmitten der wunderschönen Steppenlandschaft waren für die Touristen zu diesem Zweck zwei kleine Zellen aus Blech aufgestellt worden. Kaum waren die beiden in den Blechzellen verschwunden, hörte man auch schon einen schrillen Aufschrei. Im nächsten Augenblick sah man Daria

durch die Steppe laufen, verfolgt von einem Schwarm riesengroßer Bienen. Einige davon hatten sie gestochen, als sie die Blechkammer betreten hatte. Alle gleichzeitig. Dann kehrten die Bienen plötzlich um, und sie kam kreidebleich zurück zu dem wartenden Geländewagen. Auf der Stelle legte sie sich ins Gras, um dort auf ihren sicheren Tod zu warten. Die Einstiche brannten entsetzlich. Sie war überzeugt davon, dass es nur Hornissen gewesen sein konnten, die sie so schmerzhaft gestochen hatten. Fünf bis sechs waren es bestimmt gewesen. Wenn nicht mehr. Und sie hatte gehört, dass fünf Hornissenstiche ausreichten, um einen erwachsenen Menschen zu töten.
„Deswegen stirbt man doch nicht gleich“, meinte der Chauffeur. „Das sind nur wilde Bienen. Der Schmerz vergeht nach ein paar Minuten.“
So war es auch. Sobald Schmerz und Schock sich ein wenig gelegt hatten, dachte sie wieder an ihre Kinder. Wo würden diese jetzt sein?

Endlich konnte man die beiden in der Ferne erkennen. In Begleitung von mit langen, spitzen Speeren bewaffneten Morani, wie sich die jungen Massaikrieger nennen, kamen sie zurück. Sie hatten viel zu erzählen. Von den Rindern und den Waffen, die sie gesehen hatten. Besonders faszinierend waren für die Kinder die Massaihütten, die Enkaji, die aus getrocknetem Kuhdung bestehen. Kralartige, wabenförmige Lehm-Dung-Häuser ohne Grasdach, die kaum höher waren als die Kinder selbst.
„Mama, mach ein Foto von uns vor der Enkaji“, rief Heny aufgeregt. Dann zog er seinen Bruder nahe an sich heran und hielt seine Schultern umfangen. Heny liebte Afrika. Er liebte die Afrikaner, die Tiere, die Pflanzen, die Natur, die sengende Sonne und das Meer. Auch Dodo liebte Afrika, doch Heny liebte es noch viel mehr. Auf dem Markt kaufte Daria einen Massai-Speer als Souvenir, der nach ihrer Rückkehr die Wand ihres Wohnzimmers schmücken würde. Damals konnte noch niemand ahnen, was Heny später einmal mit diesem Speer anstellen würde.

Am Abend, als sie bei ihrem Quartier, der Ngorongoro-Krater-Lodge, angekommen waren, fuhr ihr Chauffeur nochmals ohne seine Gäste in den Krater zurück. Er kam in ziemlich angeheitertem Zustand wieder. Am nächsten Tag ging es weiter ins Gebiet des alkalischen Manyara

Sees, der Millionen von Flamingos und etwa 400 verschiedene Vogelarten beherbergt.
„Sag, wo ist eigentlich der Behälter mit unserem Ersatzbenzin hingekommen?“, fragte Marion ihre Schwester.
„Womöglich hat es der Chauffeur gestern im Krater verkauft“, vermutete Daria. „Er ist ja nochmals weggefahren. Vorher war es doch noch da.“
„Bei der momentanen Benzinknappheit muss er wahrscheinlich ganz schön viel Geld damit verdient haben, mit unserem Benzin“, lachte Liesl und dachte wohl, damit einen guten Scherz gemacht zu haben.
„Nein“, meldete sich nun Heinz zu Wort, „ich glaube, er hat es einfach in den Tank nachgefüllt. Wir sind ja doch schon eine ganze Weile unterwegs.“ Mit dieser Erklärung gaben sich alle zufrieden.
Der Geländewagen bahnte sich seinen Weg durch Gazellenherden, vorbei an majestätisch schreitenden Giraffen, eleganten Straußen und am Wegrand lungernden Affen.
„Mama, schau, da ist ein Löwe auf dem Baum!“, rief plötzlich Heny, der wieder einmal ein Kuriosum als Erster entdeckt hatte.
„Der Park ist berühmt für seine auf Bäume kletternden Löwen“, erklärte nun zufällig auch ihr Chauffeur, der Heny wohl kaum verstanden haben konnte.
„Was heißt eigentlich Lake Manyara?“, fragte Dodo. Daria übersetzte die Frage dem Fahrer.
„Manyara ist ein Massaiwort für Euphorbiawälder und Lake Manyara bezeichnet das Gebiet entlang des Großen Grabenbruchs“, antwortete dieser, was sie nun ihrerseits wieder auf Deutsch übersetzen musste.
Der See selbst war übersät von rosaroten Flamingos und Kormoranen, deren Leiber sich in der glatten Wasseroberfläche spiegelten. Sie waren alle gerade vollkommen fasziniert von diesem Schauspiel der Natur, als plötzlich ihr Wagen einen Ruck machte, stehen blieb, dann nochmals kurz anfuhr, abermals ruckte und schließlich zum völligen Stillstand kam. Der Chauffeur wandte ihnen seinen Kopf zu und erklärte in Seelenruhe: „Das Benzin ist aus. Jetzt müssen wir den Wagen schieben.“
Während er selbst, der ja das Lenkrad betätigen musste, und die Kinder im Jeep sitzen blieben, stiegen die anderen Erwachsenen aus, um den Wagen auf den gewundenen Straßen durch den Nationalpark zu

schieben. Durch Wolfsmilchbaum- und Akazienwälder, wo Horden von Pavianen sich gemächlich am Wegrand niedergelassen hatten und Elefantenherden bedrohlich nahe hinter ihnen einher trotteten. Die schaurigen, kakofonen Schreie der Nashornvögel, die in den hohen Baumkronen saßen, begleiteten sie noch bis zum Ausgangstor. Dort hielten sie einen zufällig vorbeifahrenden Reisebus an und baten die Reisegruppe, sie nach Arusha mitzunehmen. Die Serengeti konnten sie allerdings nun nicht mehr sehen. Ihren Chauffeur ließen sie mit seinem leeren, fahruntüchtigen Geländewagen beim Lake Manyara zurück.

Bald schon musste Marion wieder nach Wien zurückfliegen, da ihr Urlaub zu Ende war, während Daria mit Dodo und Heny noch in Ostafrika bleiben konnte.

„Aber jetzt sind unsere Ferien auch zu Ende", sagte sie zu den Kindern, für die sie vor ihrer Abreise beim Stadtschulrat einen Antrag auf Entlassung in den heimischen Unterricht gestellt hatte. „Eure Lehrerin hat mir den Lehrstoff mitgegeben und ich werde euch die nächsten paar Wochen selbst unterrichten."

„Fein! Das ist super!", riefen die beiden.

„Wir werden uns den Unterricht ganz gemütlich gestalten", sagte Daria.

„Dürfen wir beim Swimmingpool lernen?", fragte Heny.

„Natürlich dürft ihr das. Wir setzen uns einfach an einen Tisch unter einen großen Sonnenschirm. Und wenn wir eine Pause machen, dann hüpfen wir schnell einmal in den Pool."

„Juchuuu!", tönte es aus beiden Mündern gleichzeitig.

„Und die Tatsache, dass ihr beide dieselbe Klasse besucht, macht alles noch einfacher."

„Wieso?", fragte Dodo.

„Na, ganz klar. Dann muss sie nur einmal predigen", antwortete Heny prompt.

Es war auf der Insel Sansibar, wo er seine Liebe zu Ameisen entdeckte. Stundenlang hätte er sich mit ihnen beschäftigen können. Es war für Heny faszinierend, aus nächster Nähe zuzusehen, wie ein Heer schwarzer Ameisen gegen ein Heer roter Ameisen auf der

Zimmerwand des billigen Hotels, in dem sie Quartier bezogen hatten, Krieg führte. In Sansibar Stonetown, der kleinen, antiken Hauptstadt der Insel, besuchte Daria einen mehrtägigen Suaheli-Kurs. Jeden Morgen gab sie den beiden Buben Aufgaben und überließ sie dann für einige Stunden ihrem Schicksal. Dodo und Heny machten stets brav ihre Arbeiten und danach unterhielten sie sich meist mit dem Hausburschen oder gingen mit ihm auf den Markt einkaufen. Dabei spielte die Sprachbarriere keine Rolle. Zur Not konnte man sich ja mit Händen und Füßen verständigen, dazu ein paar „asante" und „hujambo", ein paar Brocken Suaheli hatten sie also auch bald aufgeschnappt. Wenn Daria nach Hause kam, korrigierte sie die schriftlichen Übungen und besprach mit den Buben die Fehler, die sie gemacht hatten.

Eines Abends gingen sie mit einem Lektor, den Daria am Taasisi, dem Sprachinstitut von Sansibar, kennengelernt hatte, zu einem Taarab-Konzert. Der Taarab ist ein für Sansibar typischer Musikstil, bei dem sich arabische, afrikanische und indische Klänge mischen.
„Bekomme ich nachher ein gegrilltes Tintenfischbein?", fragte Heny.
„Natürlich. Wir gehen dann zu einem Grillstand und dort bekommst du deinen Tintenfisch", antwortete Daria, indem sie ihm einen liebevollen Klaps auf sein Hinterteil gab.
Ihrem Freund erklärte sie: „Das ist nämlich seine Lieblingsspeise."
Das Konzert hatte angefangen. Die Menge begann sich mehr und mehr dem Rhythmus hinzugeben. Plötzlich sah man Henys Kopf zwischen den für die Veranstaltung aufgestellten Bänken untertauchen.
„Heny, was machst du denn da auf dem Boden?", fragte Daria entsetzt, als sie ihn auf dem Bauch liegen sah.
„So kann ich die Ameisen besser beobachten", war seine Antwort.
„Das wird einmal ein Myrmekologe oder Entomologe", sagte der Lektor lachend. Das waren nun schon ganz schön viele potentielle Berufe für einen so kleinen Mann.

Daria war mit Dodo und Heny wieder nach Wien zurückgekehrt. Die beiden Buben saßen im Durchgangszimmer, das zu diesem Zeitpunkt bereits ihr Kinderzimmer war, auf dem Fußboden und spielten mit Legosteinen. Doch ihre Ohren waren wachsam. Die Kinderzimmertür war einen Spalt offen. Daher verstanden sie jedes Wort, das ihre Mutter sagte, als sie im Vorzimmer stand und mit Hermine telefonierte.
„Ach, wären wir doch bloß in Ostafrika geblieben! Dort war unsere Welt im völligen Gleichgewicht“, seufzte sie. Dann erzählte sie, dass das Jugendamt gegen Samy ein Strafverfahren wegen der ausständigen Unterhaltszahlungen angestrebt hatte.
„Nafiseh und ich waren als Zeugen geladen“, sagte Daria. „Da Samy aber einen Star-Anwalt hatte, verlor das Jugendamt den Prozess gegen ihn. Kannst du dir das vorstellen, dass jemand gegen das Jugendamt gewinnt? Die Zeugen wurden daraufhin wegen Verleumdung geklagt. Somit droht mir nun schon das zweite Mal in meinem Leben wegen Samy eine Verleumdungsklage“, empörte sie sich, „und diesmal komme ich wirklich völlig unverschuldet dazu. Nafiseh und ich haben nur die reine Wahrheit gesagt.“
Sie sprachen noch eine Weile weiter und als sie schließlich den Hörer auflegte, läutete das Telefon nochmals. Diesmal war es Samy.
„Hallo! Wie geht es dir?“, fragte er überschwänglich. Ohne eine Antwort abzuwarten, setzte er fort: „Was machen denn meine beiden süßen Buben?“
„Die spielen gerade“, antwortete Daria einsilbig.
„Kann ich Heny sprechen?“, fragte Samy.
Sie legte den Hörer zur Seite, ging zu der offenen Kinderzimmertür, warf einen Blick hinein und sagte: „Heny, dein Vater möchte dich sprechen.“
„Aber ich will nicht mit ihm sprechen.“ Heny wandte sich sofort wieder seinem Spiel zu.
Also ging sie zum Telefon zurück, um Samy die Nachricht zu überbringen. Daraufhin wollte der Abgewiesene sein Glück beim zweiten Sohn versuchen.
„Dann gib mir doch Dodo!“
Wieder ging sie zur Kinderzimmertür.
„Dodo, bitte, komm du zum Telefon!“

Dieser machte Anstalten, sein Spielzeug aus der Hand zu legen, da fasste ihn auch schon Heny energisch am Arm und sprach:
„Nein, tu das nicht!“
Dodo blieb gehorsam auf dem Fußboden sitzen und rührte sich nun auch nicht mehr von der Stelle.
Sie ging wieder ins Vorzimmer, nahm den Hörer ans Ohr und sagte: „Dodo will auch nicht.“
„Na gut“, meinte Samy. „Da kann man halt nichts machen.“
Gleich darauf hörte sie nur mehr das Besetztzeichen. Samy hatte den Hörer auf die Gabel geknallt.
Seit diesem Ereignis sollten sie jahrelang nichts mehr von Samy hören.

Der Waschküchenhof der Wohnhausanlage am Friedrich-Engels-Platz war ein großer, weiter Platz, umrahmt von mehrstöckigen Häusern mit grün gestrichenen, schmiedeeisernen Balkonen. Eine parkartige Anlage mit einem beachtlichen Altbaumbestand, Parkbänken und einem Fußballplatz. Es war das Revier der Engelsplatzpartie. Da gab es die Älteren und die Jüngeren. Etwa fünfzehn bis zwanzig Burschen. Die Älteren waren meist die Brüder der Jüngeren. Heny, Dodo und Harry gehörten zu den Jüngeren. Die Leute vom Engelsplatz, das war eine Familie. Es waren lauter Jugendliche aus gestörten Elternhäusern. Die Gruppe gab ihnen Sicherheit und das Zugehörigkeitsgefühl, das sie in ihren eigenen Familien oftmals vermissten. Bei Polizeieinsätzen musste das grüne, schwere Schmiedeeisentor der Einfahrt jedes Mal aufgesperrt und weit geöffnet werden, damit der Einsatzwagen zu den einzelnen Stiegen zufahren konnte. Sobald die Polizisten ihre Mission erfüllt hatten, wurde das Tor wieder verschlossen. Polizeieinsätze standen auf dem Engelsplatz auf der Tagesordnung. Waffen und Drogen waren gang und gäbe. Zu den beliebtesten Sportarten der Engelsplatzpartie zählten Schlägereien mit anderen Gruppen, wie etwa der vom Floridsdorfer Spitz, Raufereien vor der Jugendherberge, das Aufbrechen von Zeitungskassen an Sonntagen, Auto- und Kellereinbrüche.

Es war Sonntag. Ein strahlender Frühlingstag. Daria betrat den Waschküchenhof und rief: „Heny! Dodo! Essen kommen!“
Da kam Dodo auf seinem roten Fahrrad angefahren.
„Heny ist auf den Baum geklettert“, schrie er schon von Weitem. „Komm mit mir! Ich zeige ihn dir. Er kann nämlich nicht mehr herunter.“
„Was? „Auf welchen?“, fragte sie entsetzt.
„Er ist ganz hoch oben in der Baumkrone“, gab Dodo zurück, während er vor seiner Mutter langsam mäandernd herfuhr.
Als sie bei dem Baum ankamen, saß Heny tatsächlich in der Krone. Doch er lachte noch.
„Also, wenn du hinaufgekommen bist, dann wirst du auch wieder herunterkommen können. Dreh dich mit dem Gesicht zum Stamm und dann setze vorsichtig einen Fuß nach dem anderen auf jeweils den

nächsten Ast!“, gab sie ihm ihre Anweisungen.
Heny versuchte es, und es gelang. Wenigstens eine Zeit lang. Doch dann wurde er ungeduldig und wollte schneller hinunterkommen. Dabei rutschte sein Fuß von einem Ast ab, und er landete in Sekundenschnelle auf dem Boden. Als er sich auf dem Rasen auf den Rücken rollte, sah man bereits Blut durch sein T-Shirt sickern.
„Um Himmels willen. Du hast dir den Bauch aufgeschlitzt“, schrie Daria. Auch Dodo, der neben ihr stand, wurde ganz kreidebleich. Heny stand auf und hob sein T-Shirt hoch.
„Nein, das ist nur die Haut“, sagte er.
Dann lief er weg, um sein blaues Fahrrad zu holen. Daheim wuschen sich die Kinder die Hände. Heny zog sein blutiges T-Shirt aus und nahm ein frisches aus dem Schrank. Während Daria dabei war, die lange Wunde, die sich von der Brust bis zum Unterbauch zog, zu desinfizieren, kam Mike aus dem Schlafzimmer. Jedes Wochenende, das er nicht im Dienst war, verbrachte er nun bei Daria und den Kindern.
„Na, das ist ja eine schöne Bescherung“, murmelte er.
Etwas lauter fügte er hinzu: „Hast du wenigstens schon gekocht?“
„Ja, ich komme gleich mit dem Essen“, antwortete sie und spürte eine gewisse Nervosität in ihr aufsteigen. War dies wirklich alles, woran er angesichts dieser Verletzung denken konnte?
„Heny, du kannst den Rest jetzt alleine machen. Hier ist die Tube mit der Salbe. Mike ist schon ungehalten, weil ich so lange brauche.“
Schnell brachte sie den Topf mit der noch heißen Speise ins Wohnzimmer. Mike saß auf dem Sofa und sah ihr zu, wie sie die Tafel deckte. Nun kamen auch Dodo und Heny ins Zimmer und setzten sich zu Tisch. Da stand Mike auf, ging auf Heny zu, wedelte wie gewohnt mit seiner Hand und sagte: „Geh weg da!“
Heny sah Daria an, doch diese war mit dem Verteilen des Bestecks beschäftigt und schien nichts bemerkt zu haben. Er maulte zwar, stand aber auf und setzte sich wieder einmal auf einen anderen Platz.
„Du kannst gut kochen“, lobte Mike schmatzend, nachdem er die ersten paar Bissen gemacht hatte.
„Freut mich, dass es dir schmeckt“, antwortete sie fröhlich.
Nach einigen Minuten hatte Mike seinen Teller geleert.
„Gib mir noch!“, forderte er sie auf.
Sie gab ihm noch eine Portion von dem Eintopf auf den Teller und

wollte sich selbst auch nachnehmen. Im selben Augenblick rügte er sie: „Schau deinen Bauch an!“
„Und was sehe ich dort?“, fragte sie arglos.
„Musst du so viel essen? Du bist schon dick genug.“
Nun war sie ein wenig verletzt. Wahrscheinlich hatte er aber Recht. Sie stellte ihren Teller auf den Tisch zurück und ließ den Servierlöffel wieder in den Topf fallen. Vielleicht sollte sie wirklich auf ihre Figur besser achten. Doch Mike war mit seiner Kritik noch nicht am Ende, denn plötzlich warf er einen Blick auf ihre nackten Unterarme und schüttelte den Kopf.
„Eine normale Frau cremt sich mit Körpermilch ein. Schau wie trocken die Haut auf deinen Armen ist!“

Samy hatte sie stets so akzeptiert, wie sie war. Er hatte ihr Aussehen immer über den grünen Klee gelobt und sie damit in den siebenten Himmel gehoben. Mike hingegen hatte an ihr ständig etwas auszusetzen. Daria war der Appetit nun sowieso restlos vergangen. Auch die beiden Buben waren mit dem Essen fertig und verließen das Zimmer.
„Ich muss jetzt ins Afro lernen gehen. Am Abend komme ich wieder“, kündigte Mike an.
Er hatte die Angewohnheit, im Studiersaal des Afroasiatischen Instituts, kurz Afro genannt, seine medizinischen Fachbücher zu lesen, wie er es von seiner Studienzeit her gewohnt war. Die Freizeitgestaltung ihrer ganzen Familie war durch ihre Beziehung zu ihm nun stark eingeschränkt. Er kam, wann immer er Zeit hatte, ohne darauf Rücksicht zu nehmen, ob die anderen Beteiligten für ihn Zeit hatten, und er ging wieder, wann immer er wollte. Dies bedeutete aber, dass sie jederzeit für ihn bereit sein musste. Außerdem erwartete er, dass sie zwei Mal am Tag warmes Essen kochte, zu Mittag und am Abend. Es gab also kaum mehr Raum für die Planung ihrer eigenen Aktivitäten. Der Waschküchenhof war daher für die Kinder die einzige Möglichkeit geworden, genügend Bewegung an der frischen Luft zu konsumieren.

Mike konnte die tieferen Schichten der Seele eines anderen kaum erkennen. Ihm genügte es, stets an der Oberfläche zu bleiben. Trotz seiner akademischen Bildung waren mit ihm tiefe Gespräche nicht möglich. Manchmal sprach er in Andeutungen, ohne seine Gedankengänge

auszuführen. Das hatte Daria von Anfang an gestört. Doch welche Erwartungen dürfe sie denn schon an einen Partner haben? Musste sie sich nicht damit begnügen, was das Schicksal für sie bereithielt, als geschiedene Mutter mit zwei Kindern, die in einer Gemeindewohnung lebte und auch beruflich nichts erreicht hatte? Nun war sie auch noch chronisch krank.
Mike stand auf, verließ das Wohnzimmer und wollte die Toilette benützen, doch sie war besetzt.
„Ich bin gleich fertig!", konnte man Henys Stimme hören.
„Wozu isst du eigentlich, wenn du danach immer gleich alles herausscheißt? Da bräuchtest du erst gar nicht zu essen", murrte Mike.

Einige Minuten später verließ er die Wohnung. Der Himmel war wolkenlos. Windstille und Sonne versprachen eine angenehme Frühjahrswärme. Er hatte das Buch „Gynecology and Obstetrics" unter seinen linken Arm geklemmt. Daria stand am Fenster. Er drehte sich um und blickte hinauf. Sie winkten einander zum Abschied. Als er die Haltestelle auf dem Friedrich-Engels-Platz erreicht hatte, betrat er die Telefonzelle und wählte eine Nummer.
„Hallo! So, nun bin ich bei der Straßenbahn", sagte er, als Daria abhob.
„Ich weiß", antwortete sie. „Ich kann dich sogar vom Fenster aus noch sehen."
Dann war Stille auf der anderen Seite der Leitung. Da er offensichtlich nichts mehr zu sagen wusste, beendete sie das Gespräch mit den Worten: „Also, dann bis heute Abend!"
„Servus, servus, servus!" Er hatte die Angewohnheit, die Abschiedsformel immer gleich mehrmals zu wiederholen.

Während die Buben wieder in den Hof gingen, nahm auch Daria ihre Bücher zur Hand. Schließlich wollte sie ja in der Mindeststudiendauer ihr Doktorat machen, damit sie Mike eine ebenbürtige Partnerin sei. Obwohl er sich immer über ihr Studium lustig machte und es nicht wirklich ernst nahm.
„Afrikanistik", sagte er oft geringschätzig, „was ist das?"

1986 ereignete sich im sowjetischen Atomkraftwerk Tschernobyl eine schlimme Atomkatastrophe. Radioaktive Strahlung konnte ungehindert entweichen. Zehn Tage nach der Katastrophe war bereits rund 500-mal mehr radioaktive Strahlung nach Außen gelangt, als nach dem Abwurf der Atombombe von Hiroshima. Viele Menschen starben. Rauchwolken mit diesem gefährlichen Material zogen vom Katastrophenort über weite Teile Europas und schließlich über die gesamte nördliche Halbkugel. Wechselnde Luftströmungen trieben sie in verschiedene Richtungen, wo sie bei Regen ihre strahlende Fracht über dem jeweiligen Gebiet abluden. Österreich gehörte zu den am stärksten betroffenen Ländern. Auch die Spätfolgen und die mögliche Schädigung der noch Ungeborenen wurde in den Massenmedien heftig diskutiert. Zu dieser Zeit war Daria schwanger und daher sehr besorgt.

„Frau Louise", sagte sie zu Frau Bisenz, als sich diese wieder einmal aus Deutschland telefonisch bei ihr meldete, „ich hätte mir wahrlich keine schlechtere Zeit aussuchen können, um schwanger zu werden. Alles war so schön geplant. Und dann das!" Daria stand in der Mitte der Küche mit dem Telefonapparat in der Hand.
„Halten Sie sich nur strikt an die Anweisungen. Sie sagen es sowieso im Fernsehen und im Radio, welche Lebensmittel man meiden sollte."
„Ja, aber was ist mit der Luft und dem Wasser? Ich bin so verunsichert." Daria ging mit dem Telefon in der Küche nervös auf und ab.
„Das glaube ich Ihnen. Ich bin es auch. Man weiß auch noch viel zu wenig über die Auswirkungen und vor allem über die Langzeitwirkung dieser Radioaktivität."
„Und Bayern ist ja genauso stark betroffen wie Österreich. Nicht wahr?"
„Das stimmt." Es entstand eine kleine Pause. „Aber nun ganz etwas anderes ...", setzte Louise fort und stockte gleich wieder. Sie zögerte ein wenig, doch dann rückte sie mit ihrer Frage, die ihr am Herzen lag, heraus: „Heny wird doch weiterhin Ihr Kind bleiben? Oder? Ich meine, weil Sie nun wieder ein eigenes Kind bekommen."
„Aber, Frau Louise", sagte Daria, „natürlich bleibt Heny mein Kind. Wo denken Sie hin?"

„Ach, da bin ich aber froh. Ich habe mir schon solche Sorgen um ihn gemacht.“

Für ein paar Sekunden trat Stille ein.

„Übrigens“, sagte Louise, „ich habe Sie bis jetzt noch gar nicht gefragt, ob Regina jemals wieder zu Ihnen gekommen ist?“

Daria lachte bei der Erinnerung kurz auf und antwortete: „Oh, das ist schon lange her. Sie ist tatsächlich wiedergekommen. Ziemlich bald nach unserem damaligen Gespräch. Bei uns daheim war an diesem Tag das totale Chaos ausgebrochen. Die Kinder hatten Kopfläuse von der Schule heimgebracht, und ich war gerade dabei, uns alle mittels Schampons und Essigwasser zu entlausen. Da stand sie plötzlich wieder vor unserer Tür. Sie kam mir gerade recht. Ich nahm sie an der Hand, führte sie zur Badewanne und erklärte ihr, dass ich nun auch sie entlausen müsse, da sie ja mit uns zusammen gewesen sei.“

„Und was sagte sie dazu?“

„Sie kam gar nicht dazu, etwas zu sagen.“ Daria lachte. „Ich ergriff ihren Kopf, hielt ihn über die Badewanne und goss Essigwasser über ihre Haare. Danach kämmte ich sie kräftig mit dem Nissenkamm.“

Louise lachte nun ebenfalls. Dann sagte sie ungläubig: „Und sie hat sich nicht dagegen gesträubt?“

„Überhaupt nicht. Sie hat sich alles von mir gefallen lassen. Nachdem ich ihre Haare getrocknet hatte, verließ sie uns gleich wieder. Seither ist sie nicht mehr gekommen.“

„Frau Daria, da staune ich aber. So kenne ich ja meine Tochter gar nicht“, wunderte sich Louise.

Schließlich verabschiedeten sie sich und versprachen, einander bald wieder zu schreiben

.

Es war schon einige Jahre her, dass Daria Dodo geboren hatte. Sie konnte sich nicht mehr an Einzelheiten erinnern, aber alle Anzeichen sprachen dafür, dass bei ihr die Wehen eingesetzt hatten. Die Schmerzen im Rücken. Das Ziehen im Unterbauch. Der errechnete Geburtstermin sollte erst ein paar Tage später sein, doch das Kind könnte ja auch ein wenig früher zur Welt kommen, dachte sie.

Mike wohnte nach wie vor nicht bei ihnen, sondern hatte seine eigene Wohnung. Von einer Heirat war auch keine Rede. Ganz im Gegenteil. Er hatte seine Facharztausbildung beendet und plante seine Rückkehr nach Nigeria. Daria solle mit den Kindern in Österreich bleiben. Später, wenn er sich in Nigeria etabliert habe, solle sie mit ihrem gemeinsamen Kind nachkommen, hatte Mike gemeint. Das war sein Plan. Doch für Heny und Dodo gab es wohl keinen Plan in seinem Kopf.

Die Schmerzen im Bauch wurden stärker und regelmäßiger, doch die Abstände waren noch ziemlich groß. Daria griff zum Telefonhörer und wählte Mikes Nummer.
„Hallo!", meldete er sich nach dreimaligem Läuten.
„Hallo, Mike. Ich glaube unser Baby kommt zur Welt. Ich habe bereits Wehen", teilte sie ihm ohne Umschweife mit.
„Aha, ich komme", antwortete er.
„Also, dann bis gleich!", sagte sie. Während sie den Hörer auf die Gabel legte, hörte sie noch vom anderen Ende der Leitung sein übliches „Servus, servus, servus!"
Eine halbe Stunde später stand er im Vorzimmer.
„Da", sagte er, „nimm das!" Er hielt ihr eine Medikamentenpackung entgegen. „Dreimal täglich eine Tablette."
„Warum?", fragte sie verwundert. "Was ist das überhaupt?"
„Das sind Wehenhemmer", antwortete er.
„Ja, aber warum soll ich denn Wehenhemmer nehmen? In ein paar Tagen ist der errechnete Geburtstermin."
„Das Kind darf noch nicht kommen. Es muss am 3. Jänner geboren werden."
„Wieso denn das?", wunderte sich Daria.
„Weil das der Sterbetag meines Vaters ist."

„Und deswegen muss ich meine Wehen unterdrücken?"
„Mach einfach, was ich dir sage! Und komm mit mir ins Schlafzimmer! Ich will dich untersuchen." Forsch schritt er durchs Kinderzimmer, wo Dodo und Heny, die der Konversation aufmerksam gefolgt waren, mit ihren Spielsachen auf dem Teppichboden saßen. Mike ging weiter ins Schlafzimmer, ohne die Kinder zu beachten. Daria folgte ihm.
„So", sagte er, „zieh die Unterhose aus und leg dich auf den Rücken." Sie tat, was er angeordnet hatte.
„Soll ich die Beine aufstellen?", fragte sie.
Im selben Augenblick fasste sie sich an den Bauch. „Au!", schrie sie auf. Doch gleich darauf verschlug es ihr die Stimme. Sie krümmte sich mit schmerzverzerrtem Gesicht und vergaß dabei zu atmen. Sobald die Wehe nachgelassen hatte, schnappte sie nach Luft.
„Spreiz die Beine", kommandierte Mike ungehalten, „damit ich dich untersuchen kann!"

Dodo und Heny jedoch waren in der Zwischenzeit leise nachgeschlichen. Sie waren sehr aufgeregt. Ihr kleiner Bruder sollte ja geboren werden. Dass es ein Brüderchen war, wussten sie bereits durch den Fruchtwassertest, den ihre Mutter durchführen hatte lassen.
Plötzlich wirbelte Mike herum, rannte in Richtung Kinderzimmer und brüllte die beiden an: „Verschwindet! Verschwindet!"
Die Kinder stoben erschrocken auseinander. Im nächsten Augenblick vernahm Daria dumpfe Schläge und ein lautes Geschrei. Dann hörte man ein bitterliches Weinen, das sich langsam entfernte. Mike kam zurück und setzte ohne erkennbaren Gefühlsausdruck die Untersuchung fort.
„Was war da draußen los?", wollte Daria wissen.
„Du nimmst die Tabletten!", sagte er grob, ohne auf ihre Frage einzugehen und verließ das Zimmer. Sie stand auf, zog sich wieder an und als sie ins Wohnzimmer kam, hockten die beiden Buben auf dem Fußboden und schluchzten.
„Wir waren nur neugierig", bekannte Dodo.
„Mike hat mich geschlagen", wimmerte Heny.
„Und gleich nachdem er dich untersucht hatte, verließ er wortlos die Wohnung", teilte ihr Dodo mit.

Nun standen auch Daria die Tränen in den Augen. Soll ich noch ein vaterloses Kind großziehen?, dachte sie. Bei dem Gedanken drehte sich ihr das Herz im Leibe um. Nein, das wollte sie nicht. Lieber einlenken. Lieber ihn wieder versöhnen. Einerseits verstand sie ihn wohl. Natürlich wollte Mike nicht, dass die Buben sie nackt sahen, wenn er sie untersuchte. Natürlich war es ungezogen von den beiden, einfach heimlich nachzuschleichen und ungesehen zu spähen. Andererseits waren sie eben Kinder. Und Kinder waren nun einmal so. Sie nahm den Telefonhörer und wählte Mikes Nummer. Es läutete. Ihr schnürte es die Kehle zu. Vielleicht war es noch zu früh. Er konnte wahrscheinlich noch gar nicht daheim sein. Eine Viertelstunde später probierte sie nochmals, ihn zu erreichen. Diesmal nahm er das Gespräch an.
„Was gibt's?“, fragte er unfreundlich.
„Ich wollte dich fragen, warum du gleich wieder weggelaufen bist.“
Ohne ihre Frage zu beantworten, sagte er mit erhobener Stimme:
„Höre mir gut zu, was ich dir jetzt sage: Heny muss weg! Sonst komme ich nie mehr Nie mehr!“ Nach diesen Worten legte er den Hörer auf.

3. Kapitel

Landschaften mit malerischen Burgen und Schlössern, verträumten Weilern und naturbelassenen Wäldern. Ein breiter, geschwungener Fluss. Auf Steinterrassen angelegte Weingärten. Felsige Verengungen, dann wieder leicht ansteigende Talweitungen. Enge, romantische Gassen. Kirchtürme. Eine Burgruine. Auwälder. Schroffe Felswände. Ein Mosaik aus Wein- und Obstgärten. Eine saftig grüne Wiese, auf der zwei hellbraune Pferde mit weißen Mähnen und weißen Schweifen grasen. Ein hölzernes Gebäude, davor ein Traktor. In der Ferne ein Kinderspielplatz. Auf dem nächsten Bild sieht man die beiden Gäule wieder. Dodo und Heny sitzen hoch zu Ross. Beide tragen schwarze Lederjacken, Blue Jeans und Regenstiefel. In einigem Abstand stehen Hermine und Daria. Daria trägt ihr Baby auf dem Rücken in einer Babytrage. Auf den Fotos sieht alles so idyllisch aus. Doch leider sollte dieses Jahr auch ein unglückseliger Wendepunkt im Leben der Familie werden. Welcher Teufel hatte Daria damals geritten? Warum nur hatte sie niemand stoppen wollen? Nicht Kurt. Nicht ihre Mutter. Und schon gar nicht Mike.

Es war ein kühler, verregneter Sommer. Daria war mit Hermine und den Kindern in die Wachau auf Reitferien gefahren. Dodo und Heny hatten im vergangenen Schuljahr reiten gelernt und wollten nun ihre Künste auch in der freien Natur erproben. Ihr Jüngster war gerade einmal siebeneinhalb Monate alt und begann bereits, sich im Gitterbettchen hochzuziehen, als ob er stehen wollte. Bei jedem missglückten Versuch landete er auf seinen Knien. Dodo und Heny hatten eine wahre Freude an Okey, ihrem kleinen Bruder. Mike hatte sie nicht verlassen, doch er war zurzeit in Zagreb, um dort einen Ultraschallkurs zu absolvieren. Es war vereinbart, dass er sich ein paar Tage freinehmen und sie in der Wachau besuchen kommen werde. Als er ankam, regnete es gerade wieder einmal. Daher saßen alle in der Gaststube. Die beiden großen Buben, die gerade das dritte Volksschuljahr beendet hatten, hatten ihre Hefte vor sich aufgeschlagen und nützten die Zeit, um für die Schule zu üben.

„Ah!“, rief Mike aus, als er sie alle um den Tisch versammelt fand. „Servus! Servus! Servus! Na, wie geht’s?“ Er reichte Hermine die

Hand. Er nannte sie weder Mutter, noch sprach er sie mit ihrem Namen an. Er vermied es einfach, sie überhaupt anzusprechen, und wenn es sich nicht vermeiden ließ, dann sagte er einfach „du" zu ihr.
„Gut, danke", antwortete Hermine. „Wie geht es dir?"
„Viel Arbeit!" Das war seine übliche Antwort.
„Na, was macht er?" Damit wandte er sich sofort seinem Sohn zu. Obwohl dieser gerade im Kinderwagen eingeschlafen war, hob er ihn hoch und begann ihn zu küssen, worauf Okey natürlich prompt zu weinen anfing. Früher hatte Mike bei der Begrüßung auch Dodo so innig geküsst, doch diese Zeiten waren nun vorbei. Heny hatte er ja stets ignoriert.

Den Nachmittag verbrachten sie vorwiegend im Haus. Sie hatten einander viel zu erzählen. Und als sie schließlich nach dem Nachtmahl auf ihre Zimmer gingen, nahm Daria ihre Mutter zur Seite:
„Kannst du heute Dodo und Heny zu dir ins Zimmer nehmen?" Sie wusste, was sie Mike schuldig war, wenn er schon den weiten Weg zu ihr gekommen war.
„Natürlich. Sie können gern bei mir schlafen, solange Mike hier ist." Daria bedankte sich bei ihrer Mutter.
Am nächsten Morgen, als sich alle wieder am Frühstückstisch trafen, sagte Mike zu ihr:
„Weißt du, was du tun solltest?" Es war eine rhetorische Frage. „Du solltest gynäkologische Zytodiagnostik lernen. Das können wir in Nigeria gut gebrauchen. Ich werde in der Ordination die Abstriche abnehmen und du wirst sie unter dem Mikroskop untersuchen. So kann man den Krebs bei Frauen frühzeitig erkennen."
„Habt ihr denn keine Labors, die das machen?", fragte sie verwundert.
„Nein, so etwas gibt es bei uns nicht. Die Leute bei uns wissen das auch gar nicht. Sie verstehen nichts davon. Man muss die Frauen erst einmal richtig aufklären. Dann werden sie es mit der Zeit begreifen, dass so eine Kontrolle notwendig ist."
„Ja, ... und wie und wo soll ich das jetzt lernen?", wunderte sich Daria.
„Du kannst zu mir nach Zagreb kommen", antwortete Mike. Es schien, als hätte er bei sich bereits alles beschlossen und organisiert. „Ich kann mit den Leuten im Spital sprechen. Sie sind sehr nett dort."
„Okey soll ich wohl mitnehmen. Oder?" Sie warf auch einen

flüchtigen Blick auf Dodo und Heny, die in ihre Aufgaben vertieft waren und von dem Gespräch offensichtlich gar nichts mitbekommen hatten.
„Ja, natürlich“, sagte Mike. Beinahe zornig setzte er fort: „Was denkst du sonst? Ich werde ein Kindermädchen für Okey finden.“
„Und wann soll ich damit beginnen?“, fragte Daria.
„Nächsten Monat. Im September“, war seine Antwort. Sie blickte Hilfe suchend ihre Mutter an.
„Kannst du dich um Dodo und Heny kümmern, wenn ich weg bin?“
Hermine hatte die ganze Zeit über schweigend zugehört, doch nun reagierte sie sofort:
„Unter der Woche muss ich doch arbeiten. Wie stellst du dir das vor?“
Da fiel Daria wieder ein, was die beiden Buben vor dem Ende des Schuljahres gesagt hatten.
„Wenn ihr nach Afrika geht, werden wir in Österreich in einem Internat bleiben“, hatten Dodo und Heny ihr eines Tages eröffnet. „Unsere Religionslehrerin hat uns erzählt, dass es so gute Internate gibt. Vom Kollegium Kalksburg etwa hat sie uns geradezu vorgeschwärmt.“
Besonders Heny hatte gesagt, er würde gerne dort zur Schule gehen, da er Priester werden wolle.
Zunächst war sie sehr erstaunt darüber gewesen, dass die Kinder nicht mit ihr nach Afrika mitgehen wollten. Doch nach einigen reiflichen Überlegungen hatte sie sich gesagt, dass es wohl für ihre schulische Laufbahn besser wäre, wenn sie in Österreich blieben.
„Wenn ich sie in ein Internat gebe, könntest du sie mit Kurt gemeinsam am Samstag immer abholen und übers Wochenende betreuen?“, fragte sie.
„Naja“, meinte Hermine und zögerte ein wenig, „das könnten wir wahrscheinlich schon machen.“

Nun war Daria Feuer und Flamme. Sie musste in aller Eile noch während der Schulferien die beiden Kinder umschulen, und zwar in eine Volksschule, die ein Internat angeschlossen hatte. Sofort rief sie beim Stadtschulrat an. Doch da ihre Mutter scheinbar davon nicht zu hundert Prozent begeistert war, nun für etliche Wochen oder gar Monate sich um die Kinder kümmern zu müssen, ließ sie sich sicherheitshalber nur Internate nennen, die auch übers Wochenende eine Betreuung anboten. Bereits nach zwei Tagen hatte sie ein solches Internat gefunden. Es befand sich in einer noblen Wohngegend, in der Jagdschlossgasse und wurde von Klosterschwestern geleitet. Ziemlich teuer war es. Deshalb dachte sie auch, für die beiden Buben eine ganz exquisite Wahl getroffen zu haben. Die Unterhaltsvorschüsse, die sie vom Oberlandesgericht erhielt, da Samy ja freiwillig keine Alimente für seine Kinder zahlte, würden zwar zur Gänze für das Schulgeld aufgehen, doch sie sah darin kein Problem. Denn für ihren eigenen und Okeys Lebensunterhalt in Zagreb würde ja Mike sorgen.

Am nächsten Morgen musste er wieder aufbrechen, um nach Jugoslawien zurückzukehren. Auch ihr Urlaub ging nun bald zu Ende. Eines Tages kam Kurt, um sie mit dem Auto abzuholen.
„Das waren unsere schönsten Ferien!“, strahlte Heny.
Auf der Heimfahrt wurden noch einige Kulturschätze der Region besucht, doch sobald sie daheim waren, holte sie der Ernst des Lebens wieder ein. Die Vorbereitungen für die Übersiedlung der beiden Buben ins Internat mussten getroffen werden. Das Nymphensittich-Pärchen, um welches sich Manuela während ihres Urlaubs gekümmert hatte, musste nun zu Hermine in die Wohnung gebracht werden. Daria packte auch ihre Koffer, da sie gleich nach Schulbeginn losfahren wollte.

Nun waren sie bereits ein paar Wochen in Zagreb. Mike besuchte den Ultraschallkurs, und Daria lernte in einem anderen Spital gynäkologische Abstriche unter dem Mikroskop zu untersuchen. Okeys Kindermädchen war eine Frau, die selbst schon etwas größere eigene Kinder hatte. Als Daria eines Tages wieder mit ihrer Mutter telefonierte, teilte ihr diese mit:

„Die Schule, in die du die Kinder gebracht hast, ist ja entsetzlich. Dort sind lauter milieugeschädigte Kinder. Du bist wahrscheinlich die einzige Mutter, die das Schulgeld in voller Höhe bezahlt. Die anderen Schüler sind sicher alle Sozialfälle."

„Um Gottes willen!", sagte Daria erschüttert. „Und ich habe gedacht, es wäre eine ganz exquisite Schule. Was kann ich denn jetzt machen?"

„Gar nichts kannst du jetzt machen", beeilte sich Hermine klarzustellen, denn sie fürchtete, dass Daria die Kinder sofort aus dem Internat nehmen wolle, um sie ihr zu überlassen. „Dodo und Heny müssen dortbleiben, bis du zurückkommst. Dann kannst du sie ja wieder umschulen."

„Das werde ich auch bestimmt tun. Sie sollen dann in ihre ehemalige Schule zurückkehren", sagte Daria abschließend.

„Übrigens", setzte Hermine fort, „der eine Vogel ist gestorben."

„Was?", schrie Daria, die ihre Vögel sehr liebte, entsetzt auf. Auch den Kindern, besonders Okey, hatten sie stets viel Freude bereitet. Bloß Mike hatte sich ständig über die Sittiche beschwert. Sie würden zu viel Mist machen. Außerdem sei es unhygienisch für das Baby gemeinsam mit ihnen in einer Wohnung leben zu müssen, hatte er behauptet.

„Kurt hat ihnen Würfelzucker zum Kosten gegeben", begann nun Hermine zu erzählen. „Der eine war ganz gierig danach. Aber dann wurde ihm schlecht und er musste erbrechen. Wir sind mit ihm zum Tierarzt gegangen und haben noch 120,-- Schilling dafür bezahlen müssen. Diesen Betrag kannst du mir ja dann zurückgeben, wenn du wieder da bist. Aber als wir heimkamen und den Vogel in den Käfig setzten, fiel er plötzlich von der Stange und war tot. Natürlich riefen wir sofort wieder den Tierarzt an. Dieser erklärte uns aber, dass er bei der Untersuchung bei dem Sittich ein Nierenversagen vermutet hätte, und dagegen wäre auch er machtlos."

„Das kann ich mir vorstellen, wenn Kurt ihn mit Zucker gefüttert

hat!“, rief Daria empört in den Hörer.
„Nein, der Arzt meinte, er wäre schon vorher krank gewesen. Dem anderen Vogel hat der Zucker ja auch nicht geschadet.“
Daria war zornig und traurig zugleich. Ganz bestimmt!, dachte sie. Doch was sollte sie tun? Nun musste sie schon wenigstens diese paar Wochen noch hierbleiben und den Kurs, der bereits bezahlt war, absolvieren. Also beherrschte sie sich und verabschiedete sich schnell von ihrer Mutter, um nicht noch wütender zu werden. Was nützte ihre Wut, sie war ihrer Mutter ausgeliefert, weil sie ihre Hilfe brauchte. Ein Bittsteller darf keine Forderungen haben und keine Kritik üben an seinen Gönnern, dachte sie.

Einige Tage später sollten Daria und Mike eine empörende Entdeckung machen. Dass sie die Kinderfrau immer wieder bestahl, hatten sie bereits bemerkt. Zunächst hatte sie von ihnen nur flüssiges Waschmittel für ihren eigenen Haushalt abgezweigt und die fehlende Flüssigkeit durch Leitungswasser ersetzt. Doch plötzlich, eines Tages, fehlte Goldschmuck. Dies nahm Daria schließlich zum Anlass, die Frau auf der Stelle zu entlassen. Nun wechselten sich Daria und Mike bei der Betreuung des Kleinen ab. Zum Glück dauerte ihr Aufenthalt in Zagreb nur noch drei Wochen. Danach kehrten sie alle gemeinsam nach Wien zurück.

Das war eine Freude für Dodo und Heny, die ihre Mama und auch ihren kleinen Bruder schon vermisst hatten! Nach einer stürmischen Begrüßung tollten sie mit Okey herum und jagten durchs Wohnzimmer. Heny ließ sich neben Okey auf den Fußboden fallen und riss den auf wackeligen Beinen Stehenden zu sich hinunter, um mit ihm dort weiterzubalgen. Der Kleine kreischte vor Vergnügen.
„Einmal wird Heny in seiner Wildheit den Kleinen verletzen. Du weißt schon, das ist dann deine Schuld“, warf Mike Daria an den Kopf. Mit einem wütenden Gesichtsausdruck verließ er das Wohnzimmer, um sich wieder einmal verärgert im Schlafzimmer zu verschanzen.
Heny setzte sich abrupt auf und Daria zugewandt stieß er zornig hervor:
„Du glaubst wohl auch, ich wäre seelisch so labil, dass ich Okey ein Leid zufügen könnte. Wo denkst du hin? Ich würde doch meinem

kleinen, süßen Bruder nicht wehtun!“
Sie war von Henys Aggression ihr gegenüber ein wenig irritiert. Mike hatte sich in letzter Zeit angewöhnt, ständig über die beiden Großen herzuziehen. Besonders an Heny ließ er kein gutes Haar. Daria jedoch, die sich auf keine Auseinandersetzung einlassen wollte, hatte erst gar nicht versucht, die Kinder zu verteidigen. Ob sie wohl dadurch das Vertrauen ihrer Söhne eingebüßt hatte?
„Wollt ihr nicht ein bisschen in den Hof spielen gehen?“, schlug sie vor, um sich nicht näher mit dieser Disharmonie auseinandersetzen zu müssen.
„Okay, gehen wir!“ Dodo stand auf und gab Heny ein Zeichen mit der Hand. Nachdem die beiden die Wohnung verlassen hatten, ging sie mit Okey ins Schlafzimmer, um seinen Vater zu versöhnen.

Heute war für Dodo und Heny der letzte Schultag im Internat. Morgen schon würden die Weihnachtsferien beginnen und danach würden sie in eine neue Schule kommen. Leider waren die Plätze an ihrer ehemaligen Schule zu Beginn des Schuljahres an andere Kinder vergeben worden. Als Daria das Klassenzimmer betrat, um die beiden Buben abzuholen und sich bei der Lehrerin zu verabschieden, hörte sie ein Kind ausrufen: „Haaa! De hat a Veilchen!" Sofort drehten sich alle zu ihr um und begannen schallend zu lachen.

Zwar war Daria mit der Gossensprache nicht vertraut, doch konnte sie unschwer ahnen, worauf sich dieser Ausruf bezogen haben konnte. Ihre Krankheitssymptome im Gesicht waren vorangeschritten. Ihre linke Wange war nun zu einem großen Teil bereits von einem rötlich-violetten Fleck bedeckt. Ihre Nase war ein wenig angeschwollen und seit der Zeit in Zagreb hatte sie auch immer wiederkehrende Augenentzündungen. Kurz vor ihrer Abreise nach Jugoslawien war eine Lungenbeteiligung diagnostiziert worden. Nun stand auch endlich die Diagnose fest. Sie hatte Sarkoidose und Systemischen Lupus Erythematodes. Die Ärzte waren ratlos, denn alle Therapieversuche waren bisher fehlgeschlagen. Ohne adäquate Therapie fühlte sie sich permanent müde, lustlos, abgeschlagen, verschwollen und natürlich hässlich. Daher wusste sie besonders zu dieser Zeit die Geborgenheit und das Gefühl von Sicherheit, welche ihr die Beziehung zu Mike vermittelten, zu schätzen.

Gleich nach der Verabschiedung stürmten Dodo und Heny aus dem Gebäude hinaus. Vor dem Eingang wartete Kurt. Er hatte Daria mit dem Wagen hergebracht, damit sie die Sachen leichter transportieren konnten. Er öffnete beide Arme weit und Heny rannte auf ihn zu. Die beiden schienen wie für einander geschaffen. Daria betrachtete die Szene wehmütig. Warum nur konnte Mike sich mit den Kindern nicht so gut verstehen wie Kurt?
„Wo ist Omi?", fragte Dodo.
„Und wo ist mein kleiner Bruder?", wollte Heny wissen.
„Die sind beide bei uns zu Hause", sagte Kurt. „Omi kocht für euch etwas Gutes."

„Juchuuu!“, tönte es einstimmig von der Rückbank.
Der Koffer und das Bettzeug wurden nun in den Kofferraum gestopft, die Schultaschen mussten mit in den Fond des Autos.

Daheim angekommen wurden auch Hermine und Okey stürmisch begrüßt. Mike war nicht gekommen. Er ging nie gerne auf Besuch, doch hatte er nichts dagegen, wenn Darias Familie bei ihnen zu Besuch war. Ja, er war es sogar oft selbst, der eine Einladung aussprach und mitunter auch für die Gäste kochte. Manchmal waren es bis zu siebzehn Leute, die sie bewirteten. Bei solchen Gelegenheiten durften Wein, Bier und Sekt nie fehlen. Sogar die Kinder bekamen davon etwas ab. Auch Kurt sprach gern dem Alkohol zu und verabsäumte es nicht, Heny und Dodo ebenfalls ein Gläschen Wein zum Essen einzuschenken.

Nach der Mahlzeit nützte Daria noch die Gelegenheit, ihre Freundin Inge zu besuchen. Inge wohnte nun alleine in der Wohnung der Eltern, die vor ein paar Monaten aufs Land gezogen waren. Daria läutete an Inges Tür. Bald darauf hörte sie Schritte, die Tür öffnete sich. Sie streckte ihrer Freundin die Hand entgegen und sagte: „Servus, Inge!“
„Servus, Daria!“, antwortete diese. Dann wandte sie sich um, ohne die ihr dargebotene Hand zu ergreifen, und sprach: „Komm, bitte, weiter! Nimm im Wohnzimmer Platz!“
Sie trat ein, ging ins Wohnzimmer und setzte sich auf das Sofa.
„Ich mache gerade Kaffee“, hörte sie Inge aus der Küche rufen. „Trinkst du auch einen?“
„Ja, bitte!“, rief sie zurück.
Während Inge noch in der Küche beschäftigt war, überlegte Daria, warum ihr die Freundin wohl nicht die Hand gereicht haben mochte. Früher hatten sie einander normalerweise bei der Begrüßung umarmt. Die Antwort, die sie sich selbst gab, lautete: Angst vor Ansteckung.

Inge kam nun auch ins Wohnzimmer. Dabei balancierte sie zwei Tassen, Milchkanne und Zuckerstreuer auf einem Tablett. Nachdem sie alles auf dem Couchtisch abgestellt hatte, ließ sie sich Daria gegenüber in den Ohrensessel fallen.
„Heute bin ich schon erschöpft. Ich habe die ganze Wohnung geputzt“,

stöhnte sie.
„Ich bin in letzter Zeit ständig erschöpft. Manchmal überfällt mich ein Erschöpfungszustand ganz plötzlich. Da habe ich das Gefühl, dass ich mich auf der Stelle hinlegen muss, damit mir das Herz nicht stehen bleibt“, antwortete Daria.
„Das kommt sicher von deiner Krankheit“, meinte Inge. „Sag einmal, was hast du eigentlich?“
„Die Ärzte meinen, es sei eine systemische Autoimmunerkrankung. Sie haben mir das so erklärt: Körperzellen reagieren plötzlich auf körpereigene Zellen als wären sie Fremdkörper. Viele meiner Stoffwechselvorgänge sind gestört, Körperflüssigkeiten, Inkrete, Hormone in einem sehr labilen Zustand, und dies verursacht nicht nur körperliche, sondern auch starke psychische Symptome. Die Hautveränderungen, die man hier sieht“, Daria deutete auf ihre Wange, „sind Entzündungen, die von dieser Fremdkörperreaktion ausgelöst werden.“
„Und wie heißt diese Krankheit?“
„Lange Zeit tappten die Ärzte völlig im Dunkeln, doch seit letztem Jahr können sie meinem Zustand einen Namen geben: Sarkoidose und Systemischer Lupus Erythematodes.“
„Sarkoidose ist doch die Krankheit, die Thomas Bernhard hat. Ich habe seine Autobiografien gelesen. In denen beschreibt er auch seine Krankheit. Er wäre mit 18 Jahren schon beinahe daran gestorben.“
„Zu mir hat ein Arzt gesagt: Sie werden nicht *daran* sterben, aber sicher *damit.*“ Sie lächelte über das Wortspiel.
„Das heißt, Sarkoidose ist zwar nicht unbedingt tödlich, aber chronisch und unheilbar. Nicht wahr?“
„So habe ich das auch verstanden.“
„Thomas Bernhard kam auf die Lungenheilanstalt. Ist Sarkoidose nicht ansteckend?“
„Nein, nicht dass ich wüsste. Aber im Allgemeinen Krankenhaus haben die Ärzte meine Lungenbeteiligung mit offener Tuberkulose verwechselt. Daraufhin wurde meine ganze Familie zum Gesundheitsamt bestellt. Auf engstem Raum mussten wir gemeinsam mit Tbc-infizierten Obdachlosen warten, bis wir zur Untersuchung aufgerufen wurden. Zum Glück erkannte wenigstens der diensthabende Amtsarzt, dass sich meine Lungenveränderungen mit meiner Hautsarkoidose durchaus vereinbaren ließen. Zu dem Zeitpunkt hatten sie diese ja

bereits aufgrund der Haut-Biopsien diagnostiziert.“
„... was bei Thomas Bernhard eben leider nicht der Fall war. Den nahmen sie auf der Tbc-Station auf und testeten ihn solange, bis auch er positiv war“, setzte Inge fort.
„Das blieb mir durch den gescheiten Amtsarzt erspart. Andernfalls wäre ich sicher auch auf eine Tuberkulosestation gekommen. Die Beamten hatten von vornherein klargemacht, dass alles, was mit mir von dem Zeitpunkt einer gesicherten positiven Tbc-Diagnose an geschehen würde, nicht mehr unter meinem Einflussbereich stünde.“
„Aber welche Therapie erhältst du jetzt?“ Inge nippte an ihrer Tasse.
„Zunächst meinten die Ärzte, es sei rein kosmetisch und keine Therapie erforderlich. Als aber die Hautveränderungen voranschritten, das Lungenröntgen Abweichungen von der Norm zeigte und auch das EKG nicht stimmte, begannen sie plötzlich ein Medikament nach dem anderen an mir auszuprobieren. Ich weiß gar nicht, was sie mir alles geben, denn viele Präparate bekommt man nur direkt vom Spital, da sie noch gar nicht auf dem Markt zugelassen sind.“
„Und haben die Medikamente schon gewirkt?“
„Bis jetzt überhaupt nicht.“
„So ein Mist!“, sagte Inge.
„Ja, das kannst du laut sagen. Auf der Straße gaffen mich die Leute an. Das sind noch die höflicheren unter ihnen. Andere schreien sogar entsetzt auf, wenn sie mich sehen. Einmal verfolgte mich eine Gruppe Jugendlicher bis in ein Lebensmittelgeschäft. Als sie dann vor mir standen und mich in die Enge treiben konnten, lachten sie mir schamlos in mein entstelltes Gesicht.“
„Meine Güte!“ Inge schüttelte ihren Kopf. „Trotzdem tust du dir das mit den vielen Kindern an. Du solltest einmal an dich selbst denken. Du bist doch auch ein Mensch! Schreib dir das einmal hinter die Ohren!“
Daria lachte. „Nun, so schlimm ist es auch wieder nicht. Dodo und Heny sind ja schon groß. Die beiden belasten mich kaum mehr. Okey, der hat’s in sich. Der kann ganz schön anstrengend sein.“
„Aber nun machst du wohl Schluss. Nicht wahr? Ich meine, mit dem Kinderkriegen.“
„Keineswegs! Wir haben noch ein paar geplant. Mike hätte am liebsten eine ganze Fußballmannschaft, hat er einmal gesagt. Aber er würde

sich auch mit vier Kindern begnügen."
„Um Gottes willen!" Inge sprang auf und begann, das Kaffeegeschirr abzuräumen.
Daria folgte ihr bis zur Küchentür. Da sah sie, wie die Freundin die Tasse, die sie, Daria, benutzt hatte, zur Seite stellte. Das restliche Geschirr gab sie in den Geschirrspüler. Daria drehte sich schnell um und tat, als hätte sie nichts bemerkt.
„Sag, hast du diese Autobiografien Thomas Bernhards noch?", fragte sie.
Inge fuhr herum. Als sie sah, dass Daria in Richtung Wohnzimmer, auf das Bücherregal blickte, war sie beruhigt. Die Freundin hatte also nicht bemerkt, dass ihre Tasse einer Sonderbehandlung unterzogen werden sollte, dachte Inge. Schnell kam sie aus der Küche und zog die Tür hinter sich zu.
„Ja, diese Bücher gehören mir. Sie sind nicht entlehnt." Inge trat vor das Regal und zog mit zielsicherer Hand nacheinander fünf Bücher heraus.
„Darf ich sie mir ausborgen?", fragte Daria.
„Ja, natürlich. Deshalb habe ich sie dir herausgesucht."
Daria bedankte sich, und sie verabschiedeten sich voneinander. Diesmal hielt Daria die Bücher mit beiden Händen fest und hatte daher keine freie Hand, um sie ihrer Freundin zu reichen
.

Die Weihnachtsferien verliefen wie gewohnt mit Familienzusammenkünften und Feiern. Dodo und Heny fühlten sich nun wieder, nach ihrem kurzfristigen Exil in der Jagdschlossgasse, im Kreise ihrer Lieben rundum geborgen. Auch Okeys Geburtstag wurde pompös gefeiert. Kurt hatte eine Flasche roten Krim-Sekts aus Ungarn mitgebracht. Mike wollte auch Okey einen Schluck davon geben. Gierig und durstig ergriff der Kleine jedoch plötzlich das Glas mit beiden Händen und trank auf einen Zug gleich die Hälfte des Inhalts aus. Kurz darauf musste er sich übergeben. Nun war ein großer, roter Fleck auf dem Teppichboden. Die restlichen Ferientage verliefen zum Glück ohne größere Zwischenfälle. Doch, wie üblich, verabsäumte es Mike keinen einzigen Tag, sich bei Daria über Dodo und Heny zu beklagen, besonders über Heny.

Als die zwei Buben am ersten Schultag ihre neue Klasse betraten, wollten sie sich gemeinsam an einen leeren Tisch setzen.
„Nein, das geht nicht“, sagte die Lehrerin, „hier sitzt Harald. Dodo, du kannst dich neben Harald setzen. Walter, du setz dich, bitte, neben Richard!“ Sie wies mit ihrem Zeigefinger zu einem Tisch in der vorletzten Reihe, an dem noch ein Platz frei war. Dodo wartete neugierig auf seinen Sitznachbarn. Doch er kam nicht. In der Pause begann er Haralds Bankfach zu inspizieren. Stinkende Wurstsemmeln. Abgebrochene Bleistifte. Ein kaputter Dosenspitzer, aus dem bunter Spitzer-Abfall hervorquoll. Wer war wohl dieser schlampige Schüler, der neben ihm sitzen sollte?

Als die beiden am nächsten Tag in die Klasse kamen, war er da. Auf dem Stuhl neben Dodo saß breit grinsend Harry vom Waschküchenhof. Das war eine Wiedersehensfreude! Durch den Internatsaufenthalt und dadurch, dass sie die Wochenenden immer bei Omi verbracht hatten, hatten sie den Kontakt zu ihren ehemaligen Freunden von der Engelsplatzpartie verloren. Doch nun waren sie wieder angekommen. Zu ihren Wurzeln zurückgekehrt.
„Kommt ihr jetzt wieder in den Hof?“, fragte sie Harry in der Pause.
„Ja, sicher“, antworteten Dodo und Heny einstimmig.
„Wir haben jetzt urcoole Spiele“, sagte Harry.

„Was für Spiele?“, wollte Dodo wissen.
„Pst! Das dürfen die Erwachsenen nicht hören. Das kann ich euch nur verraten, wenn ihr zu uns in den Hof kommt.“

Dodo und Heny waren nun sehr neugierig und konnten das Ende des Schultages kaum erwarten. Gleich nachdem sie die Aufgaben erledigt hatten, liefen sie in den Waschküchenhof. Es waren schon einige versammelt, einige Ältere und ein paar Jüngere. Harry, Marko, Rudi, Ricardo, Norbert, Würfel, Toni, Schari und Polto. Nach einer stürmischen Begrüßung wurden die beiden Abtrünnigen wieder in die Gruppe aufgenommen.
„Jetzt schieß schon los!“ Dodo stieß Harry mit dem Ellenbogen sanft in die Seite. „Was für ein Spiel habt ihr?“
„Das ist ein Geheimnis“, antwortete der Freund bedeutungsvoll mit seiner stets etwas heiser klingenden Stimme. „Wir können es erst am Sonntag spielen.“
„Aber was ist es?“ Dodo ließ nicht locker.
„Wir können uns damit sogar unser Taschengeld verbessern. Dieses Spiel bringt Geld ein“, erklärte Harry großspurig.
„Aber wie geht es?“, fragte nun Heny, der ebenfalls bereits ungeduldig wurde.
„Wir brauchen dazu Werkzeug“, war die Antwort.
„Und hast du welches?“, wollte Heny wissen.
„Ich könnte Toni fragen“, antwortete Harry.
„Willst du etwas basteln und dann verkaufen?“ Heny runzelte die Stirn und zog die Nase krumm.
„Spinnst du?“, gab Harry zurück. Er vollführte mit seiner Hand eine geringschätzige, wegwerfende Geste in der Luft.
„Also, jetzt sag uns endlich, was es ist!“, schrie ihn nun Dodo, der sich nicht mehr länger auf die Folter spannen lassen wollte, an.
„Okay!“ Harry sprach das Wort langgezogen, um zum Ausdruck zu bringen, dass er sich gnädiger Weise herablassen würde, ihm dieses Geheimnis zu verraten. Dann schlang er beide Arme um Dodos und Henys Schultern und führte sie in angeberischer Weise ein wenig von der Gruppe weg. Dabei sprach er leise und eindringlich auf die beiden ein.
„Ja“, sagte Heny plötzlich etwas lauter, „ich kann ein Messer

besorgen."
„Ich bring den Hammer." Harry reichte beiden die Hand zum Einschlag.
„Ihr kommt doch nächsten Samstag zu unserer Faschingsfeier. Du und Toni. Nicht wahr?", vergewisserte sich Dodo.
„Natürlich kommen wir. Günther kommt auch."
„Fein. Dann bis morgen!"
„Tschüss Dodo! Tschüss Heny!", riefen alle durcheinander.

Zu der Faschingsfeier hatten Dodo und Heny auch ein paar andere Freunde vom Waschküchenhof geladen. Da gab es einen Piraten und eine Hexe, eine Prinzessin und einen Schmetterling. Und schon wieder schrillte die Türglocke. Auch ehemalige Schulkollegen aus dem neunten Bezirk waren in prächtigen Kostümen gekommen. Doch sie hatten eine schlechte Nachricht zu überbringen. Schon im Vorzimmer begannen sie ohne zu grüßen zu erzählen.
„Unsere Direktorin ist heute von ihrem Ex-Mann in der Kanzlei der Schule erschossen worden", stieß Fredi hervor.
„Danach hat er sich selbst erschossen. Und die Katze, die er mitgebracht hat, auch", sprudelte Karin aufgeregt hervor.
„Auf dem Gang war überall Blut", sagte Pauli. Dabei schüttelte er sich.
Daria, Dodo und Heny waren völlig schockiert.
„Nein!", schrie Heny. „Die war so lieb, unsere Frau Direktor!"
Nun trat auch Frau Riedl, Paulis und Karins Mutter, ein und reichte Daria die Hand.
„Grüß Sie Gott! Also das ist wirklich schrecklich, was da an unserer Schule passiert ist. Angeblich hat ihre gemeinsame Tochter noch bei der Polizei angerufen und sie darauf aufmerksam gemacht, dass der Vater die Mutter ermorden wolle. Doch wie üblich haben sie nicht reagiert."
„Muss denn erst ein Mord geschehen, bevor sie einen Finger rühren?", entrüstete sich Daria.
Die Direktorin hatten sie alle sehr gern gemocht. Sie war damals sogar gemeinsam mit der Klassenlehrerin zu Dodos und Henys Taufe in den Stephansdom gekommen. Vielleicht, dachte Daria, war es eine glückliche Fügung, dass meine Kinder nicht mehr in diese Schule

zurückkehren durften. Wenigstens wurde ihnen dieser entsetzliche Anblick erspart. Doch alle Vorzeichen sprachen bereits jetzt dafür, dass dieses Jahr auch für Heny und Dodo ein schicksalsträchtiges werden sollte.
„Bitte kommt alle weiter“, sagte Daria zu den Kindern schließlich. Und zu Frau Riedl gewandt: „Sie bleiben doch auch da?“
„Ja, wenn ich nicht störe, bleibe ich gern ein bisschen“, antwortete sie.
„Oh, Sie stören absolut nicht. Bitte, nehmen Sie doch im Wohnzimmer einstweilen Platz! Ich bringe uns gleich Kaffee und Kuchen. Ich muss nur noch schnell die Jause für die Kinder herrichten.“
Anfangs war zwar die Stimmung nun etwas getrübt, doch zum Glück vergessen Kinder über ihrem Spiel auch sehr rasch wieder alle Sorgen.

Als Daria ins Wohnzimmer zurückkam, saß Frau Riedl am Piano und spielte leise ein Menuett aus Dalias ehemaliger Klavierschule. Daria blickte betreten.
„Das hat Dalia einst gespielt“, sagte sie traurig.
„Wer ist Dalia?“, fragte Frau Riedl.
„Meine Stieftochter. Nun lebt sie bei ihrer leiblichen Mutter. Ihr Klavier und ihre Noten sind hiergeblieben. Ich hoffe, sie vermisst sie nicht.“
„Ach, wissen Sie, wir Eltern sind da viel ehrgeiziger, was die Talente unserer Kinder betrifft. Zu ehrgeizig oft. Die Kinder selbst machen sich selten etwas daraus. Wenn sie später einmal am Klavierspiel Interesse haben sollte, kann sie es ja noch immer lernen. Ich selbst habe auch erst mit fünfundzwanzig Jahren damit begonnen.“
„Und wieso sind Sie dann plötzlich auf den Geschmack gekommen?“, wollte Daria wissen.
„Da habe ich gerade meinen Mann kennen gelernt. Er ist Musiker.“
Sie stand auf, klappte den Deckel über die Tasten des Pianos und ging zum Couchtisch, wo Daria in der Zwischenzeit die Tassen und den Kuchen abgestellt hatte. Sie nahmen Platz. Es entstand ein kurzes Schweigen. Währenddessen drang das Lachen der Kinder zu ihnen herüber.
Plötzlich hörte man Okey weinen. Im nächsten Moment wurde die Tür aufgestoßen, und Heny schleppte das Kind, das sich in seinen Armen wand, vor Daria.

„Er will nicht mehr spielen“, sagte Heny. „Er ist müde.“ Sie nahm den Kleinen in Empfang, entschuldigte sich bei ihrem Gast und brachte ihn in sein Bett im Schlafzimmer. Dort lag er nun in seinem Clownkostüm. Schon nach ein paar Minuten war er vom Spiel erschöpft eingeschlafen. Daria kam ins Wohnzimmer zurück.
„Wo ist eigentlich Ihr Mann?“, fragte Frau Riedl.
„Er ist in seine Heimat, nach Nigeria, zurückgekehrt. Ich werde nächstes Schuljahr mit Okey nachkommen, wenn Dodo und Heny ins Internat gehen.“
„Sie geben die Kinder in ein Internat?“ Frau Riedl schien ein wenig irritiert zu sein.
„Es ist ja nur während der Woche. Am Wochenende werden sie bei meiner Mutter sein. Auch am Anfang dieses Schuljahres waren sie in einem Internat. Das hat eigentlich wunderbar geklappt. Bloß, ...“, Daria zögerte, „das Internat war kein besonders gutes. Nächstes Mal werde ich vorsichtiger sein und die Schule besser prüfen.“
„Ich würde meine Kinder nicht ins Internat geben“, meinte Frau Riedl.
„Das ist typisch österreichisch.“ Daria lächelte aus Verlegenheit überlegen. „Wissen Sie, in anderen Ländern ist man da ganz anderer Meinung. Mein Mann zum Beispiel war auch seit seinem zehnten Lebensjahr an einer Internatsschule. Damals war Nigeria noch eine britische Kolonie. In England ist es auch heute noch üblich, die Kinder ins Internat zu geben. Speziell dann, wenn man auf ihre Ausbildung einen besonderen Wert legt“, erklärte Daria wichtigtuerisch mit den Worten, die sie von Mike gelernt hatte.
„Ja, wenn Sie meinen. Ich wollte mich natürlich nicht in Ihre Angelegenheiten einmischen. Verzeihen Sie, bitte!“, sagte Frau Riedl.
„Keine Ursache. Sie dürfen doch wohl Ihre Meinung sagen“, erklärte Daria großzügig. „Darf ich Ihnen noch einen Kuchen geben und Kaffee nachschenken?“ Sie wollte diese Diskussion so rasch wie möglich beenden.
Nachdem sie jeder von ihnen einen zweiten Kuchen auf den Teller gelegt und Kaffee nachgegossen hatte, aßen sie für kurze Zeit schweigend. Kaum hatte Frau Riedl den letzten Bissen verzehrt, fing sie an, über die Karriere ihres Mannes zu sprechen. Doch schon bald floss die Unterhaltung zäh. Daria hatte auf diesem Gebiet nichts aufzuweisen. Ohne Zusammenhang mit Frau Riedls soeben geführtem Monolog,

stand sie schließlich auf und sagte:
„Nun ist es Zeit, dass ich für die Kinder das Nachtmahl herrichte."
„Ich möchte Ihnen dabei gerne helfen", bot sich Frau Riedl an.
Sie gingen beide in die Küche und gemeinsam bereiteten sie das Essen zu. Noch während der Mahlzeit kamen die ersten Eltern, um ihre Kinder wieder abzuholen. Sie warteten im Wohnzimmer bei einer Tasse Kaffee oder einem kalten Getränk, bis ihre Sprösslinge das Abendessen beendet hatten. Dann verabschiedete sich eine Familie nach der anderen. Als Harry und Toni von ihrer Großmutter abgeholt wurden, sagte Harry zu Heny: „Bis morgen! Und vergiss nicht das Me..."
Doch Daria hatte es schon gehört. „Was ist Me...?", fragte sie prompt.
„Nichts! Nichts!", rief Heny. „Es ist ein Geheimnis."
„Ach so, ein Geheimnis." Sie lächelte verständnisvoll, umfasste Henys Schultern und drückte ihn an sich, während sie ihm mit ihrer anderen Hand über den Kopf strich.
Nun waren alle gegangen. Die Wohnung sah aus wie nach einer Schlacht. Morgen war Sonntag. Bestimmt würden die Kinder in den Hof spielen gehen. Dann würde sie mit Okey allein sein und hoffentlich Gelegenheit haben, alles zu putzen.

Über Wien spannte sich ein tiefblauer Himmel. Die Luft war warm, wie man es sich im Juli erwartete. In den Gärten standen die Rosen in voller Blüte. Das Grün in den Parkanlagen war frisch und kräftig. In den städtischen Bädern drängten sich die Menschen, lagen in der bräunenden Sonne oder tummelten sich im kühlenden Nass. Die schmalen Gassen des Zentrums waren wieder von überquellendem Leben erfüllt. Einheimische wie Touristen verströmten eine heitere Atmosphäre. Daria war ins Allgemeine Krankenhaus unterwegs. Wegen ihrer Autoimmunerkrankung, die nun stärker auf die Lunge übergegriffen hatte, war ihr eine Steroidstoßtherapie verordnet worden. Seit sie die Medikamente einnahm, war sie nicht mehr sie selbst. Diese Persönlichkeitsveränderungen wurden ihr zwar zeitweise bewusst, doch konnte sie sich nicht genau erklären, was mit ihr eigentlich nicht in Ordnung war. Ihre Kinder betrachtete sie nun mit geistesabwesendem Gleichmut. Wie aus weiter Ferne. Je mehr sie sich jedoch von ihnen löste, desto mehr zog sie sich in sich selbst zurück. So schuf sie sich ein Dasein, in dem sich alles nur noch um die körperlichen und psychischen Symptome ihrer Krankheit sowie die Wirkungen und Nebenwirkungen der Medikamente drehte.

Nun sah sie die drei Buben plötzlich mit ganz anderen Augen. Für sie waren sie nur noch eine lästige, zu erledigende Aufgabe, die sie im Stande war, bloß halbwegs zu erfüllen. Okey hatte sie in aller Eile in einen Privatkindergarten, der Kinder bereits ab dem ersten Lebensjahr aufnahm, einschreiben lassen. Dodo und Heny waren sich in letzter Zeit wieder großteils selbst überlassen. Oft musste Daria sie auch bitten, Okey vom Kindergarten abzuholen, wenn sie selbst sich dazu nicht in der Lage sah. Manchmal erfasste sie in der Früh, wenn sie aufwachte, ein Schüttelfrost. Ihr Kopf schmerzte. Ihr ganzer Leib krampfte sich zusammen. Eine Übelkeit befiel sie, die nicht vom Magen kam. Manchmal blieb sie stundenlang im Bett liegen, ohne zu bemerken, wie die Zeit verging. Bald hatte sie herausgefunden, dass sich eine Besserung ihres Zustands durch die Einnahme des Medikaments herbeiführen ließ. Es sind wahrscheinlich die Symptome dieser Autoimmunerkrankung, dachte Daria. Daher muss ich einfach das Medikament weiterhin nehmen. Ich muss die Dosis erhöhen, dachte sie, und

nicht ausschleichen lassen, wie es die Ärzte angeordnet haben. Die Ärzte verstehen doch wirklich gar nichts! Die Wirkung der Tabletten gab ihr Recht. Gleich nach der Einnahme fühlte sie sich jedes Mal fantastisch. Dann war sie wieder fröhlich und gelöst.
„Du lachst so hysterisch“, bemerkte auch Hermine von Zeit zu Zeit.

Doch sobald Daria vorschriftsgemäß begann, die Dosis zu reduzieren, traten die Beschwerden erneut auf. Sie war in einen Teufelskreis geraten. Nun musste sie verschiedene Ärzte aufsuchen, die natürlich voneinander nichts wissen durften, um sich von jedem von ihnen das Medikament verschreiben zu lassen, damit sie stets genügend davon zu Hause in Reserve hatte. Die regelmäßigen Kontrollen wurden im Spital durchgeführt. Die Spitalsärzte jedoch schöpften keinerlei Verdacht, obwohl Darias Äußerungen, ihr Verhalten und ihr Gesamteindruck mehr als auffällig und suspekt sein mochten.
„Ja, ja“, zeigte sich der Lungenfacharzt amüsiert, „manche fahren so richtig ab auf dieses Medikament.“
Die typische Rolle der Mutter wollte Daria nun nicht mehr gelingen. Sie konnte diesen Anforderungen unmöglich gerecht werden, obwohl sie sich zu gewissen Zeiten in diese Rolle auch wieder etwas besser fügen konnte als zu anderen Zeiten. Denn ihr Element war nun die Luft. Wie der Wind war Daria. Unstet wie die Zugvögel. Wie den Wind und die Zugvögel, deren Element auch die Luft ist, zog es sie in die Ferne. Noch bemühte sie sich, die Kinder - so gut es ging - in ihr chaotisches Leben zu integrieren, anstatt sich ihren Bedürfnissen anzupassen, was höchstwahrscheinlich ihr - und daraus resultierend wiederum auch den Kindern - ebenfalls abträglich gewesen wäre. Das redete sie sich selbst wenigstens ein. Daria war nun nur noch von einer fixen Idee geradezu besessen. Sie wollte so schnell wie möglich nach Nigeria fliegen. Dass sie Okey mitnehmen würde, war ihr klar. Doch Dodo und Heny würden in Wien bleiben müssen. Sie kamen Daria auch schon so erwachsen vor, mit ihren zehn beziehungsweise beinahe elf Jahren. Zwei junge Männer waren sie bereits. Natürlich würden die beiden auch schon ohne ihre Mutter auskommen. Sie waren für nächstes Schuljahr im Internat am Himmelhof angemeldet.

Letzte Woche war Hermine auf Kur gefahren. Das tat sie in

regelmäßigen Abständen. Doch sobald sie wieder daheim war, wollte Daria mit ihr bezüglich der Kinder sprechen. Nun war ihre Mutter ja in Pension. Sicher würden sie und Kurt sich wenigstens übers Wochenende um ihre Enkelkinder kümmern können.

Nachdem Daria von ihrer Kontrolluntersuchung wieder heimgekommen, aber noch immer in Gedanken vertieft war, läutete plötzlich das Telefon. Sie hob ab. „Hallo!"
„Hallo, Daria. Inge spricht." In ihrer Stimme schwang eine gewisse Erregung mit.
„Oh, du bist es! Wie geht es dir? Was gibt es Neues?", fragte Daria.
„Stell dir vor! Bei uns ist die Hölle los. Herr Schüller, der Nachbar ober mir, tobt wie ein Wilder. Er zerstört die ganze Wohnungseinrichtung. Sogar die Badewanne hat er zerbrochen und das Fensterbrett aus der Mauer gerissen."
„Ist er denn übergeschnappt?", fragte Daria verwundert.
„Vielleicht. Vor Wut und vor Schmerz. Eure Mutter ist ja auf Kur. Und Kurt ist mit Herrn Schüllers Frau nach Ungarn auf Urlaub gefahren."
„Was? Kurt?" Daria nahm den Telefonapparat und ging damit ins Wohnzimmer. Sie setze sich.
„Ja, Kurt", bestätigte Inge.
„Aber womöglich ist das gar nicht wahr. Vielleicht ist dieser Mann einfach so eifersüchtig, dass er sich die ganze Geschichte bloß einbildet", vermutete Daria.
„Nein, das stimmt sicher. Kurt ist weg. Und Frau Schüller ist weg. Sie hat auch ihr Kind mitgenommen. In der Zwischenzeit habe ich erfahren, dass ihr Mann die beiden in Ungarn gesucht hat. Er hat sie sogar schließlich in einem Lokal in Héviz angetroffen."
„Wie wusste er denn, dass sie in Ungarn sind?", fragte Daria.
„Seine Frau muss ihm gegenüber wahrscheinlich bereits Andeutungen gemacht haben", mutmaßte Inge. „Also, wenn ich eure Mutter wäre, würde ich den Kerl auf der Stelle hinauswerfen."
„Ich muss sie sofort davon verständigen. Das ist ja wirklich schrecklich", sagte Daria. „Bitte, halte mich auf dem Laufenden und besten Dank für deinen Anruf."
„Ja, natürlich. Werde ich machen. Tschüss! Bis bald!"
„Bis bald!" Sie legte den Hörer auf.

Sofort wählte sie die Nummer der Kuranstalt und ließ ihren Anruf auf das Zimmer ihrer Mutter durchstellen.
„Servus, Mutti“, sagte sie, als sich Hermine meldete. „Ich muss dir leider eine schlechte Nachricht überbringen.“
„Sprich, was ist denn passiert?“ Hermine dachte an alle möglichen Unglücksfälle gleichzeitig: Haushaltsunfälle. Autounfälle. Wohnungsbrände. Wasserschäden. Doch inmitten all dieser wirren Gedanken hörte sie ihre Tochter auf der anderen Seite der Leitung sagen:
„Kurt ist mit eurer Nachbarin auf Urlaub gefahren.“
„Wie, bitte?“
„Ja, du hast richtig gehört. Du weißt doch, wen ich meine? Die Nachbarin von gegenüber, die in letzter Zeit so oft bei euch auf Besuch war.“
„Kurt ist mit ihr auf Urlaub gefahren?“ Hermine glaubte, ihren Ohren nicht trauen zu dürfen.
„Ja, genau. Er ist mit ihr und ihrem Kind einfach verschwunden. Ihr Mann hat sie verfolgt und die beiden in einem Lokal in Héviz ausfindig gemacht.“
„Sie sind miteinander nach Ungarn gefahren, während ich auf Kur bin?“ In ihrem Schock fiel ihr nichts anderes ein, als die Worte zu wiederholen. „Das kann ich mir nicht vorstellen.“
„Mutti, es ist aber so! Jetzt ist Herr Schüller zurückgekommen und zerstört aus Wut seine ganze Wohnung. Inge hat mich soeben angerufen und mir alles erzählt.“
Einige Bruchteile von Sekunden lang war es in der Leitung völlig still. Dann fragte Hermine resigniert: „Daria, was würdest du an meiner Stelle tun?“
„Wenn du mich fragst: Ich würde sofort das Schloss an der Wohnungstür austauschen lassen, bevor Kurt wieder heimkommt und tut, als wäre nichts gewesen.“
„Du meinst wirklich, ich sollte mit ihm Schluss machen?“
„Ich würde ihn hinauswerfen. Er hat in letzter Zeit sowieso sehr komische Bemerkungen gemacht. Dass er nur noch darauf gewartet hat, bis du in Pension gehst und die Abfertigung bekommst.“
„Natürlich!“, fiel ihr Hermine ins Wort. Nun dämmerte es ihr. „Mit der Abfertigung haben wir ja das Auto gekauft. Ich kann doch nicht Auto fahren. Der Wagen ist daher auf seinen Namen registriert.“

„Siehst du? Nun hast du ihm mit deiner Abfertigung das neue Auto gekauft und er fährt damit mit seiner Freundin auf Urlaub."
„Und alle Nachbarn wissen wahrscheinlich bereits, was passiert ist. Oder?", fragte Hermine kleinlaut, da ihr nun ihre eigene Naivität mit einem Schlag bewusst wurde.
„Natürlich wissen jetzt alle davon, wenn ihr Mann das halbe Haus demoliert."
„Ich unterbreche meinen Aufenthalt hier und komme nach Hause, um einer Firma den Auftrag zu geben, das Schloss auszutauschen. Danach werde ich meine Kur fortsetzen."
„Das würde ich an deiner Stelle auch tun", bestärkte Daria ihre Mutter in diesem Beschluss.
„Ich muss jetzt gehen und die Unterbrechung meiner Kur melden. Also, bis später!" Hermine klang nun gefasst und entschlossen.
„Bis später!" Daria legte den Hörer auf die Gabel.

Wie würde es wohl Heny aufnehmen, dass Kurt plötzlich verschwunden war?, dachte sie. Schließlich war er für ihn doch eine sehr wichtige Bezugsperson. Heny jedoch stellte keine Fragen. Kinder leiden oft still und leise.

Zufällig, wie das Schicksal manchmal so spielt, traf Daria just zur Zeit der größten Einsamkeit Samy eines Tages wieder. Als sie ihm nun in dem kleinen Café so gegenübersaß, dachte sie, dass im Leben alles seinen tieferen Sinn und Grund hatte. Manchmal muss man sich von guten Dingen trennen, damit bessere folgen können. Die Liebe ihrer Mutter hatte sie seit ihrem letzten Telefonat verwirkt und verloren. Dies war eine traurige und für Daria nicht ganz nachvollziehbare Geschichte. Mike war nun schon viele Monate in seiner Heimat. Entgegen ihrer Abmachung wollte er nun offensichtlich nicht, dass sie mit dem Baby nachkäme, obwohl sie selbst alles bereits so schön vorbereitet hatte. Doch nun hatte sie dafür Samy wiedergefunden. Menschen verändern sich mit der Zeit und vielleicht lernen sie doch aus ihren Fehlern. Ja, die Hoffnung stirbt zuletzt!

„Damals war ich verspielt und wusste nicht, worauf es im Leben ankommt." Samy seufzte und lehnte sich in seinem Stuhl zurück. „Ich bin jetzt wiederverheiratet. Vor ein paar Wochen haben wir eine süße Tochter bekommen. Sabina, meine Frau, ist wirklich eine Traumfrau. Und unsere kleine Donna ist das schönste Baby, das man sich nur vorstellen kann. Eines Tages wirst du die beiden kennenlernen." Aufmerksam beobachtete er jede Regung in ihrem Gesicht. Mit Genugtuung stellte er fest, dass er mit seinen Worten die gewünschte Wirkung erzielt hatte. Nun konnte er den nächsten Schritt setzen. Fast wie nebenbei fragte er: „Wie geht es dir übrigens mit Mike?"

„Er ist in seine Heimat zurückgekehrt", antwortete sie traurig. Samy schien nicht darauf eingehen zu wollen und fragte mit gespielter Gelassenheit: „Wie geht es denn Dodo und Heny?"

„Ganz gut. Sie kommen nächstes Schuljahr ins Gymnasium." Sie fühlte, dass nun die Zeit der Wahrheit gekommen war. Nun musste sie mit ihrer Frage herausrücken.

„Samy, ich möchte so schnell wie möglich mit Okey zu seinem Vater nach Nigeria fliegen. Wenn ich weg bin, werden die beiden Großen in einem Internat wohnen. Zunächst nahm ich an, dass sich meine Mutter am Wochenende um sie kümmern werde. Doch nun ist plötzlich alles anders. Ich bin mit meiner Mutter völlig zerstritten. Wir sprechen derzeit kein Wort miteinander. Dabei hatte ich alles so genau geplant. Ich

bin völlig verzweifelt, weil ich nun hier keinen Menschen habe, auf den ich mich verlassen könnte. Niemanden, der sich in meiner Abwesenheit um die Belange der Kinder kümmern würde."
„Ja, wieso denn das?", fragte Samy erstaunt. Und nun war seine Gemütsregung nicht gespielt, sondern ganz echt.
„Also, das ist eine ganz verfahrene Geschichte", begann sie zu berichten. „Während meine Mutter auf Kur war, fuhr Kurt mit der Nachbarin auf Kurzurlaub. Daraufhin trennte sich meine Mutter von ihm. Doch jetzt macht sie mir deswegen Vorwürfe. Ich hätte ihr zur Trennung geraten. Sie sei aber absolut nicht glücklich mit dieser Entscheidung, kann sie aber auch nicht mehr rückgängig machen."
„Und warum soll dies deine Schuld sein?", fragte Samy verwundert.
„Weil ich die Überbringerin dieser Hiobsbotschaft war und ihr auch gleich am Telefon riet, Kurt nicht mehr in ihre Wohnung zu lassen. Ich tat einfach, wozu ich mich verpflichtet fühlte. Und nun bin ich in ihren Augen die Böse."
„Das ist ja wirklich eine sehr blöde Geschichte." Samy blickte nachdenklich zu Boden.
„Sag! Kannst du mir vielleicht einen Gefallen tun?", fragte sie.
„Wie könnte ich dir eine Bitte abschlagen? Ich weiß doch, wie viel du für mich und meine Kinder getan hast." Seine Augen ruhten mit Güte auf seinem Gegenüber. Er schien ihr gereift zu sein, und sie fasste erneut Vertrauen zu ihm.
„Könntest du Dodo und Heny jedes Wochenende vom Internat abholen? Es ist zwar auch am Wochenende geöffnet, sie könnten also rein theoretisch auch dortbleiben, aber es wäre mir lieber, wenn du mit den beiden etwas unternehmen würdest, damit ihnen nicht zu langweilig wird."
Samy lächelte verklärt und verharrte in seiner entspannten, zurückgelehnten Position, während er weitersprach:
„Aber natürlich. Mit Freuden. Welches Internat ist es denn?"
„Die Höhere Internatsschule des Bundes am Himmelhof."
„Da müssen wir einmal gemeinsam hingehen, damit mich die Lehrer und Erzieher auch kennenlernen", schlug Samy vor.
„Du hast Recht. Das müssen wir machen", bestätigte sie. „Wohnst du eigentlich noch in der Vorgartenstraße, in der Nähe meiner Mutter?"
„Ja, aber nicht mehr lange. Wir bekommen bald eine größere Wohnung

im 19. Bezirk."
„Oh, ganz nobel!" Daria zog entzückt die Augenbrauen hoch.

Sie unterhielten sich noch eine Weile über die Kinder. Als sie sich schließlich voneinander verabschiedeten, griff Samy in seine Hosentasche und zog ein Bündel Tausendschilling-Scheine daraus hervor. Er hatte sich noch immer nicht abgewöhnt, das Geld lose in der Hosentasche zu tragen, anstatt es in eine Geldbörse zu tun. Wie damals reichte er ihr zehntausend Schilling und sagte: „Nimm! Das ist ein Geschenk für die Kinder." Sie bedankte sich herzlich, und ihre Wege trennten sich.

Nun hatte Samy also wieder eine Familie. Sicher würden Dodo und Heny dort besser aufgehoben sein als bei ihrer Mutter, die zurzeit absolut nicht ansprechbar war. In ihrem Herzen war sie zuversichtlich, dass sich nun doch noch alles zum Besseren wenden würde. Sie konnte also getrost ihre Reise nach Nigeria antreten. Schließlich hatten die Buben ja auch einen Vater!

„Habt ihr die Dinger?“ Der Ruf kam aus dem Gebüsch.
„Ja! Wir haben sie. Wo seid ihr?“
„Polizei! Polizei!“, hörte man in der Ferne die Stimme eines alten Mannes von der Straße her aufgebracht rufen.
„So kommt schon!“ Plötzlich langte ein kräftiger Arm nach Dodos Bein. Beinahe wäre er gestolpert, doch dann wurde er in das Versteck gezogen. Heny folgte dem Bruder. Hinter dem Gebüsch war ein kleiner freier Platz. Einige Mitglieder der Engelsplatzbande waren dort schon versammelt und saßen dicht aneinandergedrängt im Halbkreis auf dem grasbewachsenen Boden. In der Mitte hatten sie die abmontierten Zeitungskassen aufgetürmt. Heny und Dodo warfen ihre ebenfalls auf den Haufen und setzten sich. Ein Zeichen von Harrys Hand ließ alle wie angewurzelt verharren. Keiner sprach ein Wort. Gute drei Minuten lang. Dann kam schön langsam wieder ein wenig Unruhe in die Gruppe. Herumrutschen. Flüstern. Ja, die Gefahr schien vorüber.
„Ihr müsst immer warten, bis niemand in der Nähe ist“, wisperte Harry Heny ins Ohr, „sonst erwischen sie euch noch, und dann finden sie unser Versteck.“
„Kennt euch der Alte?“, wollte Rudi wissen.
„Ich glaube nicht“, antwortete Dodo, „wir waren ja jetzt so lange weg.“
„Das ist der Vorteil“, meinte Toni. „Der Alte glaubt sicher, ihr seid fremd in der Gegend.“ Und zu Harry gewandt sagte er: „So, nun her mit dem Hammer!“
Harry griff unter seine Beine und zog das Werkzeug hervor. Er reichte den Hammer seinem großen Bruder.
„He, die ist aber schwer!“, sagte Heny und hob die erste Kasse hoch, um sie auf den großen Stein zu legen, der an einer Stelle aus der Erde herausragte.
„Finger weg!“, kommandierte Toni und im selben Augenblick sauste der Hammer nieder, genau auf die Zeitungskasse, die mit einem lauten Geräusch in Brüche ging. Die Münzen kollerten daraus hervor. Harry stürzte sich auf das Geld und begann es einzusammeln.
„Zählen werden wir alles später!“, schlug Toni vor. „Heny, leg mir eine Kassa nach der anderen auf den Stein!“ Nachdem sie alle geöffnet hatten, wurde das Geld gezählt und verteilt.

„Warum bekommen nicht alle gleich viel?“, fragte Heny.
„Weil nicht alle dieselben Ausgaben haben“, erklärte Toni.
„Was meinst du damit?“, mischte sich nun auch Dodo in das Gespräch ein.
„Das werdet ihr bald sehen. Ich werde es euch zeigen“, sagte Harry bedeutungsvoll. „Aber nur unter dem Siegel der strengsten Verschwiegenheit. Abgemacht?“
„Abgemacht!“, stimmten Dodo und Heny einstimmig zu.
„Dodo! Heny! Essen kommen!“, erklang plötzlich die Stimme ihrer Mutter im Hof.
„Also tschüss, wir müssen wohl gehen“, sagte Heny, steckte seine Münzen in die Hosentasche und nahm Dodo am Arm. „Komm, sonst regt sich Mike wieder auf.“
„Ach, ist der auch wieder da?“, fragte Harry.
„Ja, leider“, antwortete Heny mit einem Seufzer und verdrehte dabei die Augen. „Komm!“, wiederholte er. Er zog Dodo nochmals kurz am Arm, und die beiden setzten sich in Bewegung.
„Dann bis später. Und erzählt ja nichts eurer Mutter!“, warnte Harry.
„Nein, natürlich nicht. Wir sind doch nicht blöd“, rief Dodo zurück.

Oben in der Wohnung war der Mittagstisch schon gedeckt. Okey saß in seinem Kindersitz, daneben Mike mit einem Bambusstecken in der Hand. Seit er von Nigeria zurückgekehrt war, war dieser Stecken sein ständiger Begleiter. Stets bereit, auf Finger und Arme niederzusausen, wenn man in Mikes Augen einen Fehler begangen hatte. Und in Mikes Augen waren gar viele Dinge Fehler. Zum Beispiel, wenn einem das Essen gerade einmal nicht schmeckte. Einmal schlug Mike Heny so heftig, dass sein ganzer Unterarm blau und verschwollen war, weil er einen älteren Herrn auf der Straße geneckt hatte. Ein anderes Mal wollte Mike eigentlich Dodo verprügeln, doch Heny hielt seinen Arm dazwischen, um den Bruder zu schützen. Da war sein Arm schon wieder blau.

Dodo und Heny wuschen sich Hände und Gesicht. Sie setzten sich zu Tisch. Mike erhob drohend den Stecken.
„Geht waschen!“, schrie er. „Seht, wie ihr ausschaut! Wie Sandler!“
„Wir waren gerade waschen“, gab Heny zurück.

„Geht waschen, sage ich!", wiederholte Mike, erhob sich drohend von seinem Sitz und rieb mit dem Bambusstecken auf.
„Na, dann geht halt nochmals waschen", sagte Daria, die keine Probleme haben wollte.

Nachdem die beiden in der Küche verschwunden waren, sagte Mike: „Dass du es nur weißt. Das werden lauter Verbrecher. Dass mein Sohn da hineingezogen wird, das will ich nicht. Das will ich nicht."
„Warum sollten sie denn Verbrecher werden?", fragte sie.
Mike erhob die Hand, als ob er ihre Worte damit abwehren wollte und wandte den Kopf von ihr ab, während er weitersprach: „Ich habe damit nichts zu tun. Das ist alles deine Schuld. Alles deine Schuld. Alles deine Schuld."

Wäre er in seiner Heimat geblieben, nicht einmal im Traum hätte er eine geschiedene Frau geheiratet. Schon gar nicht eine mit Kindern. Noch dazu solche Kinder wie Heny! Nicht einmal an einem Tisch sitzen würde er mit solchen Leuten. Doch dies war das Schicksal eines Fremden, eines Zuwanderers, das er nun ertragen musste. Nie hätte er daran gedacht, eines Tages reumütig nach Österreich zurückkehren zu müssen. Er hatte sich in seinen kühnen Hoffnungen ein so hohes Gebäude errichtet, dass es fast unerträglich war, es nun bis auf die Grundmauern zerstört zu sehen. In seinen Träumen hatte er sich schon als berühmten Arzt gesehen. In Nigeria. Von jedermann geschätzt, geachtet und hoch dotiert. Er stöhnte auf und legte sich die Hand auf die Stirn. Damals, als er den Ausbildungsplatz zum Gynäkologen an der Frauenklinik in Wien bekommen hatte, hatte er angeben müssen, damit einverstanden zu sein, dass diese Ausbildung in Österreich selbst nicht anerkannt werden würde. Natürlich hatte er damals ruhigen Gewissens zustimmen können. Er hatte nichts anderes gewollt, als möglichst schnell wieder in seine Heimat zurückzukehren, um dort als Facharzt tätig zu sein. Doch nun musste er bitten und betteln, dass die Ausbildung, die er in Wien absolviert hatte, und die in nichts der seiner österreichischen Kollegen nachstand, hier in Österreich doch anerkannt würde.

In der Zwischenzeit waren die beiden Buben wieder aus der Küche zurückgekommen, hatten sich zu Tisch gesetzt, und die Mahlzeit konnte beginnen. Daria beobachtete Heny verstohlen aus dem Augenwinkel. In letzter Zeit hatte sich sein Gesicht für sie verändert. Es hatte etwas Aufmüpfiges an sich. Manchmal war er so voller Zorn, als würde ein Feuer in seiner Seele brennen. Einst war er ihr so nahe gewesen. Wie war es nur dazu gekommen, dass er ihr nun so fremd geworden war? Selbst Inge hatte zu ihr gesagt: „Wieso hast du dir das mit diesem fremden Kind eigentlich angetan? Als ich ihn gesehen habe, war mir alles klar. Diesem Burschen darf man nicht trauen. In seinen Augen ist etwas Finsteres. Eines Tages wirst du es noch bereuen, dass du dich darauf eingelassen hast." Ihr Herz raste. Heute konnte sie über das alles nicht mehr nachdenken. Um ihres eigenen Seelenfriedens willen.

Nach dem Essen stieß Mike sie leicht mit dem Ellenbogen an und sagte zu ihr: „Komm ein bisschen. Ich bin müde." Er erhob sich, ging in Richtung Tür, aber nicht ohne vorher noch Heny im Vorbeigehen, beinahe unbemerkt, ins Ohr zu kneifen.
„Au", schrie dieser empört auf, „was habe ich jetzt schon wieder getan?"
„Bitte, sei still. So weh kann das auch wieder nicht tun!", meinte Daria. Rasch hob sie Okey auf ihren Arm.
„Ihr geht wahrscheinlich wieder hinunter in den Hof, nehme ich an. Oder?", fragte sie die beiden Großen und beeilte sich, Mike zu folgen.
„Ja, natürlich. Was sollten wir denn sonst machen?", gab Dodo schnippisch zurück.
„Vielleicht euch beim Ficken zuhören?", ergänzte Heny leise, sodass Daria es nicht mehr hören konnte. Als sie ins Schlafzimmer kam, lag Mike schon im Bett und wartete auf sie. Leg den Kleinen in sein Bett!", kam die Anweisung. „Und dann komm her!"

Als Dodo und Heny den Waschküchenhof betraten, saßen Harry und Toni bereits auf der Bank vor den Coloniakübeln und warteten auf sie. „Na, hat aber lang gedauert!“, bemerkte Harry.
„Wir haben uns auch fünfmal waschen müssen“, raunzte Dodo. Toni sah ihn erstaunt an, und Harry sagte: „Wir müssen uns nie waschen.“ Die beiden standen auf und begannen sich gemeinsam mit den Neuankömmlingen in Bewegung zu setzen.
„Aber unsere Alte kocht auch nichts“, meinte Toni. „Wir bekommen immer nur Extrawurstsemmeln.“
„Wo sind eigentlich die anderen?“, wollte Heny wissen.
„Die steigen gerade in einen Keller ein“, antwortete Toni prompt. „Vielleicht brechen sie auch ein Auto auf. Nächstes Mal gehen wir auch mit.“ Dodo und Heny blickten ihn mit weit aufgerissenen Augen und offenen Mündern an. Doch keiner der beiden wollte sich eine Blöße geben. Daher stellten sie besser keine Fragen. Wenig später hatten sie den Fußballplatz erreicht.
„Wollen wir Ball spielen?“, schlug Harry vor.
„Ja! Kannst du deinen Ball holen?“, fragte Heny.
„Gut, mach ich.“ Harry sprang auf und lief zum Haustor seiner Stiege. Dodo lief ihm nach. Harry beeilte sich und versuchte, Dodo abzuhängen, doch dieser war schneller und holte ihn wieder ein, gerade in dem Moment, in dem Harry die Wohnungstür nur einen kleinen Spalt öffnete. Gerade weit genug, um hindurch zu schlüpfen. Dieser kleine Augenblick genügte. Dodo sah, dass es in dieser Erdgeschosswohnung aussah wie auf einer Müllhalde. Ganz zu schweigen von dem Geruch, der dem engen Türspalt entwichen war. Im nächsten Augenblick stand Harry mit dem Fußball wieder vor ihm. Schnell liefen sie zurück zu den beiden anderen. Der Eingang zum Fußballplatz war von Gestrüpp verdeckt. Als sie sich ihren Weg durch die Sträucher bahnten, hielt Harry plötzlich inne. Er hielt seinen Atem an, ergriff Henys Arm und deutete den anderen, still zu sein, indem er den Zeigefinger zu seinem Mund hob. Auf dem Boden kauerte Ricardo, den Hemdsärmel hochgeschoben, ein Stück Einziehgummi hatte er zum Blutstauen verwendet. In seiner Vene steckte eine Injektionsnadel. Aus der Einstichstelle rann ein dünner Streifen Blutes. Ricardo öffnete den Einziehgummi und zog die Nadel aus der Vene. Kurze Zeit schaffte er es noch, auf

die Einstichstelle zu drücken, doch dann sank er zur Seite und schien zu schlafen.
„Pfui, ist das ekelig", ließ sich Heny als Erster vernehmen.
„Das ist ein Fixer", sagte Toni.
„Der schaut eh schon voll fertig aus", meinte Harry.
Nur Dodo sagte nichts. Ihm war schlecht.
„Nun habt ihr gesehen, was ich meinte, als ich sagte, dass einige von uns größere Ausgaben haben als andere", sagte Toni. „Die Fixer brauchen Stoff. Jeden Tag. Das kostet Geld."

Sie betraten den umzäunten Fußballplatz und spielten dort eine Weile ohne wirklichen Enthusiasmus. Dann setzten sie sich auf den Boden und begannen sich zu unterhalten.
„Wieso sind eigentlich deine Eltern wieder aus Nigeria zurückgekommen?", wollte Toni wissen. Er riss einen Zweig ab, der durchs Gitter gedrungen war und begann, ihn langsam zu entlauben.
„Ich glaube, es hat nicht so recht geklappt dort. Unsere Mutter war auch ziemlich krank, als sie zurückkam", antwortete Heny.
„Sie kam sogar zweimal zurück", ergänzte Dodo. „Ich kann mich noch genau erinnern, dass sie zuerst ohne unseren kleinen Bruder kam. Da war sie ziemlich verwirrt und erzählte allen, dass Mike den Kleinen gekidnappt habe. Mein Onkel hatte schon eine Chartermaschine ausfindig gemacht, mit der er unseren Bruder entführen und zurückholen wollte, da sagte Mama plötzlich, dass es gar nicht stimme. Sie sei nur so verzweifelt, weil sie Okey bei Mike zurückgelassen habe und wolle ihn so rasch wie möglich wieder nach Wien holen."
„Dann rief sie unseren Vater an und bat ihn, ihr ein paar Tausender für das Ticket zu geben, da sie kein Geld mehr hatte", erzählte nun Heny weiter.
„Und euer Vater gab ihr Geld?", staunte Harry.
„Ja. Er kam sofort und überreichte ihr zehntausend Schilling. Soviel kostet nämlich das Ticket mit der Aeroflot. Ein paar Tage später rief sie uns schon im Internat an und teilte uns mit, dass sie wieder wegflöge. Dodo weinte", sagte Heny.
„Stimmt gar nicht!", wehrte sich dieser.
„Stimmt doch! Ich kann mich noch genau erinnern", entrüstete sich Heny. „Aber dann kamen sie beide so lange nicht zurück. Unsere

Mutter wurde dort nämlich noch mehr krank und konnte nicht fliegen. Doch kaum ging es ihr besser, setzte sie sich mit Okey ins nächste Flugzeug. Endlich landeten sie wieder in Wien. Aber ein paar Wochen danach war auch Mike wieder da. So eine Scheiße!“
„Eure Mama ist eh ziemlich cool, finde ich“, sagte Harry.
„Sie war es einmal. Aber jetzt hält sie nur mehr zu diesem Neger.“ Henys Stimme schwankte ein wenig. Seine Augen waren zu zornigen kleinen Schlitzen verengt. Die Bitterkeit stieg in ihm hoch. Alle schwiegen. Schließlich brachen Dodo und Heny auf, da sie sich wieder auf den Weg ins Internat machen mussten.
„Müsst ihr denn jetzt noch immer im Internat sein, obwohl eure Mutter wieder in Wien ist?“, fragte Harry.
„Ja, aber wahrscheinlich nicht mehr lange. Wir müssen nur dieses Schuljahr noch dort erledigen“, erklärte Dodo. Dann verabschiedeten sie sich voneinander, und ihre Wege trennten sich.

Am Mittwoch rief Samy Daria an. „Hallo! Wie geht es euch denn allen?“, fragte er.
„Es geht so, danke! Und euch?“, antwortete sie automatisch.
„Ausgezeichnet!“, sagte er. „Ich wollte fragen, ob du etwas dagegen hättest, wenn ich die Kinder das kommende Wochenende wieder einmal zu mir hole. Dalia wird übrigens auch bei uns sein.“
„Nein, absolut nicht. Du kannst sie gerne vom Internat abholen“, freute sich Daria, denn dies verhieß ihr ein Wochenende mit weniger Stress. Ein Wochenende mit Mike und Okey.
„Weißt du, ich dachte mir, dass ihr ja auch ab und zu gerne unter euch sein wollt, Mike und du. Nicht wahr?“, setzte Samy fort. Er gab sein verschwörerisches Lachen von sich. „Ich weiß ja, wie das ist. Auf mich kannst du dich immer verlassen. Ich bin ja schließlich dein Samy. Und werde es immer bleiben.“

Konnte es sein, dass sich am Ende doch noch alles einrenkte? Daria wollte es so gerne glauben. Zwar schoben sich immer wieder diese furchtbaren Erinnerungen an seinen ausschweifenden Lebenswandel in ihr Bewusstsein und sein bedauerliches Verhalten während ihrer Ehe, die es ihr schwer machten, ihm wieder zu vertrauen, aber doch musste auch etwas Gutes in ihm sein. Seit ihrer Trennung war er stets offenherzig und großzügig zu ihr und den Kindern gewesen. Hätte er Daria denn sonst das Geld für ihre Reise nach Nigeria sofort, ohne lange zu überlegen, gegeben, als sie Okey zurückholen wollte? Nun war Samy ja auch älter geworden und sicher vernünftiger. Er hatte sich wiederverheiratet. Ein neues Kind bekommen. Eine Familie gegründet. Sicher übte seine jetzige Frau auch einen positiven Einfluss auf ihn aus. Sie wäre ja eine Traumfrau, hatte er gesagt. Nun, er wird es wohl wissen.
„Das ist sehr lieb von dir“, sagte sie. „Danke sehr. Ich nehme das Angebot gerne an. Dodo und Heny werden sich bestimmt auch freuen.“
Es wurden noch einige Höflichkeiten ausgetauscht, dann verabschiedeten sie sich voneinander.

Als das Wochenende nahte, hatten die beiden Buben bereits telefonisch davon erfahren, dass sie vom Vater abgeholt würden. Der

Samstag kam, doch ihr Vater nicht. Alle Schüler, die übers Wochenende das Internat verlassen durften, waren schon längst abgeholt worden. Plötzlich rief der Portier ihre Namen aus und bat sie, sich mit ihren Sachen beim Haupteingang einzufinden. Als sie zur Portierloge kamen, erwartete sie dort ein Taxifahrer. Samy hatte ihn geschickt, um sie abzuholen. Bei der Wohnungstür empfing sie Sabina, die sie im Flüsterton begrüßte. Sie bezahlte den Fahrer, und dann schleuste sie die Kinder durch einen finsteren Gang in das Innere der verdunkelten Wohnung. Im Wohnzimmer konnten sie im Schein des Fernsehers Dalia ausmachen.
„Hallo, Dalia!“, rief Dodo erfreut.
„Pst!“, machte diese. Dann wisperte sie: „Papa schläft. Setzt euch zu mir. Wir dürfen fernsehen, bis er aufwacht.“

Nach ein paar Stunden kam Sabina auf leisen Sohlen ins Zimmer getrippelt und sprach: „So, nun könnt ihr kommen.“
Die Kinder folgten ihr in ein anderes Zimmer, das größer zu sein schien als das Wohnzimmer. Die Tür stand offen. Daneben lag eine Matratze, die wohl von innen gegen die Tür gelehnt und somit dazu benutzt worden war, den von außen kommenden Lärm abzuhalten. Ihr Vater saß in aufgetürmten Kissen im Bett und grinste sie an: „Na, wie geht’s euch dreien!“
„Gut! Wir haben in der Zwischenzeit ferngesehen“, antwortete Dodo.
„Wollt ihr nicht euren Vater fragen, wie es ihm geht?“, ließ sich plötzlich Sabina vernehmen. „Ihr habt daheim offensichtlich kein gutes Benehmen gelernt.“
„Wie geht es dir?“, fragte Heny etwas verlegen.
„Gut, danke“, antwortete Samy.
„Wir haben Hunger. Dürfen wir etwas essen?“, wagte Dalia zögernd zu fragen.
„Ha! Ha! Ha!“ Samy schüttelte sich vor Lachen. „Immer hast du Hunger. Du und Dodo, ihr zwei ‚Bladen‘. Ihr Fetten denkt doch immer nur ans Essen.“ Zu Sabina gewandt sagte er: „Gib mir das Telefon. Ich werde ein Taxi zum Restaurant schicken.“
Er rief in einem Restaurant an und gab seine Bestellung auf. Dann wählte er eine andere Nummer und bestellte den Wagen, der die Speisen von dort abholen sollte.

„So, spätestens in einer halben Stunde haben wir etwas ganz Köstliches zu essen“, sagte er danach zu den Kindern.
Das Taxi kam und schon bald türmten sich die tollsten Gerichte vor ihnen auf dem Tisch. Die Kinder waren ziemlich hungrig und langten ordentlich zu. Nach der Mahlzeit lehnte sich Samy, der im Bett sitzend gegessen hatte, gemütlich in seine Kissen zurück und eröffnete die Konversation mit den beiden Buben.
„Was gibt es bei euch daheim Neues? Wie geht es euch mit dem Neger?“
„Schrecklich“, antwortete Heny sofort. „Er meckert die ganze Zeit herum.“
„Als ob so ein Untermensch etwas zu meckern hätte!“, empörte sich Samy. „Hitler hatte wirklich Recht. Es gibt Herrenmenschen, zu denen gehören wir, und es gibt Untermenschen, zu denen gehören die Tschuschen und die Neger.“
„Aber wir sind doch auch Ägypter“, wendete Dodo ein.
„Ja, aber Ägypter sind ein Herrenvolk. Und schon gar wir. Wir stammen von einem Königshaus ab“, antwortete Samy.
„Wirklich?“ Henys Neugierde war geweckt.
„Ja, wirklich“, bestätigte Samy. Dann verdüsterte sich sein Blick. „Wegen diesem Neger hat eure Mutter unsere Familie zerstört.“
„Wieso denn?“, wollte Dodo nun wissen.
„Als sie den Neger kennenlernte, hat sie mich verlassen.“
„Ach, so war das? Ich dachte immer, sie hätte ihn erst viel später kennengelernt“, antwortete Dodo etwas irritiert.
„Nein! Woher denn! Vielleicht hat sie das euch gesagt, aber das stimmt nicht. Da hat sie wieder einmal gelogen.“
Nach einer kurzen Pause setzte er fort: „Übrigens, wenn die beiden im Schlafzimmer sind, hört ihr da manchmal irgendwelche Geräusche? Hmmm? Denkt einmal scharf nach, ob ihr da schon einmal etwas gehört habt.“ Samy lauerte auf eine Antwort.
„Nein, ich glaube nichts Außergewöhnliches ...“, meinte Dodo.
„Oh ja, doch, manchmal schreien sie so“, fiel ihm Heny ins Wort.
„Oder sie schnarchen vielleicht so laut?“, überlegte Dodo.
„Oder stöhnen sie vielleicht?“, fragte Samy suggestiv.
„Ja, das kann natürlich auch sein“, ereiferte sich Heny.
„Oh, mein Gott!“, empörte sich Sabina. „Das machen sie so

offensichtlich vor den Kindern? Da stellt man doch eine Matratze vor die Tür, welche die Geräusche schluckt. So wie wir das machen."
„Ja, freilich. Daria ist eine Hure. Sie lässt sich von dem Neger bumsen und lässt die Kinder dabei zuhören", antwortete Samy.
In diesem Augenblick begann Donna in ihrem Zimmer zu weinen und Sabina verließ den Raum, um nach der Kleinen zu sehen.
„Wenn ihr es dort bei denen nicht mehr aushalten könnt, dann könnt ihr ja jederzeit zu mir kommen. Ich bin euer Vater. Ich bin immer für euch da. Das sollt ihr wissen." Samy lächelte sein selbstgefälliges Lächeln. „So, nun muss ich aber aufstehen und zur Arbeit gehen. Ich muss ja für euch arbeiten." Er lachte. „Damit ihr einmal alle meine Lokale übernehmen und das ganze Geld erben könnt. Oh, apropos Geld! Beinahe hätte ich vergessen! Da habt ihr euer Taschengeld." Er langte in die Tasche seiner Hose, die auf dem Stuhl hing, und gab jedem von ihnen zweihundert Schilling.
„Wow! So viel?", staunte Heny. „Daheim bekommen wir nie Taschengeld."
„Danke!", jubelte Dalia.
„Na, Gott sei Dank! Wenigstens Dalia weiß, wie man sagt, wenn man etwas bekommt! Habt ihr zwei Buben von Daria denn nicht gelernt, euch zu bedanken?", fragte Samy. „So, nun gehe ich mich duschen." Mit diesen Worten verließ er das Zimmer.

Dodo und Heny gingen etwas beschämt zurück ins Wohnzimmer, wo sie mit der Konsole spielen wollten. Dalia jedoch schlich ins Vorzimmer und versuchte, ihren Vater im Badezimmer heimlich durch das Schlüsselloch zu beobachten. Tatsächlich war das Schlüsselloch so angebracht, dass man einen guten Blick auf den Bereich rund ums Waschbecken hatte. Duschen, nennt er das!, dachte Dalia, so ein Heuchler! Und meiner Mutter erzählt er immer, dass ich ein Schwein sei und mich nicht dusche! Vor dem Waschbecken stand Samy splitternackt mit einem Waschlappen in der Hand und betrieb Katzenwäsche. Sie hatte genug gesehen und lief schnell zu ihren Brüdern, bevor sie womöglich noch erwischt würde.

Dodo und Heny saßen vor der Spielekonsole und bearbeiteten lustlos ihre Joysticks. Noch nie hatten sie so halbherzig gespielt wie heute.

Denn eigentlich bewegten sie ganz andere Fragen, als die, wer von ihnen die meisten Figuren abschießen könne. Nun, als Dalia ins Zimmer trat, legten sie das Spiel endgültig zur Seite.
„Habt ihr gesehen, wie viel Geld Papa in seiner Hosentasche hat?", fragte Heny.
„Ja", bestätigten die beiden anderen.
„Er ist urreich", meinte Dodo.
„Aber duschen tut er sich nicht", kicherte Dalia. „Ich habe gerade heimlich durchs Schlüsselloch geschaut und dabei gesehen, dass er seinen Körper nur mit einem Waschlappen ein wenig abreibt." Dodo und Heny lachten.
Nach einer kurzen Pause meinte Heny: „Vielleicht werde ich zu ihm gehen."
„Was, jetzt?", fragte Dalia erschrocken, da sie meinte, Heny würde sie verpetzen wollen.
„Nein, ich meine, überhaupt. Vielleicht ziehe ich zu ihm. Wenn ich bei ihm wohne, dann werde ich das alles erben, wenn er stirbt."
„Glaubst du?", fragte Dalia ungläubig.
„Ja, hast du nicht gehört, was er gesagt hat?", antwortete Heny.
„Also, ich weiß nicht so recht", meldete sich nun Dodo auch zu Wort. „Ich hätte zu viel Angst vor ihm."
„Angst habe ich auch, aber vor Mike habe ich auch Angst. Wenn der einmal mit seinem Stecken so richtig hinhaut ...", sagte Heny.
„Ich bin ja auch von daheim ausgezogen", gestand nun Dalia. „Seit meine Mutter wiederverheiratet ist, ist es für mich daheim absolut nicht mehr lustig gewesen."
Die Kinder unterhielten sich, bis ihnen vor Müdigkeit die Augen zufielen. Als der blasse Neumond das Zimmer erhellte, waren sie bereits kreuz und quer übereinanderliegend in ihren Gewändern und ohne sich zu waschen auf dem Sofa eingeschlafen.

„Sagt! Wascht ihr euch nicht übers Wochenende?“, fragte ihr Zimmerkollege, als Dodo und Heny am Sonntagabend wieder ins Internat zurückkamen. „Ihr stinkt immer so, wenn ihr von eurem Vater kommt. Nach Zigarettenrauch und Schweiß und allem Möglichen. Ich werde mich beim Erzieher beschweren, denn das ist ja wirklich eine Zumutung.“ Mit diesen Worten verließ Bertram das Zimmer.
„Das ist ja sehr peinlich“, meinte Dodo, „riechst du etwas?“
„Na ja, rauchen tun sie schon in der Wohnung. Aber wir kommen ja von dort, darum fällt uns das wahrscheinlich gar nicht auf“, antwortete Heny.
„Unseren guten, alten Freund Harry würde das nicht stören“, sagte Dodo.
Heny lachte. „Ha, ha, ha! Du meinst wegen der miefenden Müllhalde, die sie in ihrer eigenen Wohnung haben?“
„Genau deswegen“, lachte nun auch Dodo.
Die beiden packten ihre Sachen aus und gingen duschen.

Als Daria die beiden Buben am nächsten Wochenende abholte, erfuhr auch sie von der Geruchsbelästigung. Natürlich hatte sie selbst bereits das strenge Odeur bemerkt, welches die beiden nach jedem Besuch bei ihrem Vater begleitete. Doch für sie war es viel zu bequem, die Kinder ab und zu dem Vater zu überlasse. Daher wollte sie Samy gegenüber nichts erwähnen. Oder hätte sie mit ihrer Beanstandung womöglich einen Streit vom Zaun brechen sollen? Noch dazu gerade jetzt, wo Mike bald eine Stelle als Facharzt in Niederösterreich, im Waldviertel, antreten sollte und sie mit Okey dann jedes Wochenende zu ihm auf Besuch fahren wollte?

Diesen Samstag jedoch sollte Heny jemanden besuchen, einen Schulfreund, der auch in Niederösterreich lebte. Dazu sollte er allein mit der Schnellbahn nach Straßhof fahren. Von dieser Bahnstation würde er von den Eltern des Freundes abgeholt werden. Daria hatte nichts dagegen. Sie erhielt die Telefonnummer der Eltern und setzte sich mit ihnen in Verbindung. Am Abend würde Heny wieder zum Bahnhof gebracht werden, und innerhalb Wiens könne er ja dann allein heimkommen. Als der Abend kam, verständigten sie die Eltern des

Freundes darüber, dass sie Heny soeben am Bahnhof in Straßhof abgesetzt hätten und sein Zug gleich käme. Daria wartete. Doch Heny kam in Wien nicht an. Daria rief nochmals die Eltern seines Freundes an, doch auch sie wussten keinen Rat. Also verständigte sie die Polizei.

Plötzlich stand Heny in der Tür und sah drein, als wäre nichts geschehen.
„Um Himmels Willen, wo warst du so lange?“, schrie ihn Daria an.
„Es ist so lange kein Zug gekommen. Da habe ich mir gedacht, ich gehe einfach die Bahngeleise entlang bis nach Wien“, begann Heny seine unglaubwürdige Geschichte zu erzählen.
„Du willst mir weismachen, dass du von Straßhof zu Fuß nach Wien gegangen bist?“
„Ja“, antwortete Heny mit einem völlig unschuldigen Gesichtsausdruck. „Und dann bin ich plötzlich von einem Mann verfolgt worden. Er wollte mich ständig zu einem Würstelstand einladen. Aber ich hatte große Angst vor ihm und musste flüchten, weil er eine Schwuchtel war.“
Daria schlug die Hände vors Gesicht. Gegen diese Art war sie machtlos. So machtlos und verzweifelt. Denn das war auch die Art seines Vaters gewesen. Auch dieser hatte ihr stets Lügengeschichten aufgetischt, wenn er aus irgendeinem Grund nicht rechtzeitig nach Hause gekommen war. Glauben schenkte sie dieser Geschichte kein bisschen. Heny hingegen schien mit seiner Antwort sehr zufrieden. Er zog seine Jacke aus und warf sie lässig über den Stuhl. Da schlug etwas Hartes auf dem Fußboden auf. Als sich Daria danach bücken wollte, sah sie, dass es ein Messer war.
„Was ist denn das?“ Sie blickte Heny erschrocken an.
„Das ist ein Springmesser. Soll ich dir zeigen, wie es funktioniert?“ Schon bückte er sich danach, hob es auf, hielt es ihr vors Gesicht, drückte auf eine Einkerbung im Heft, und die Klinge wurde durch Federkraft aus dem Griff geschleudert. Sie zuckte zurück. Heny lachte.
„Bist du erschrocken?“
„Natürlich bin ich erschrocken. Wozu brauchst du denn das?“
„Um mich zu verteidigen und vor den Schwulen zu schützen“, war die

Antwort.
„Wovor schützen? Gegen wen verteidigen?“ Doch Heny sagte nun gar nichts mehr. Er drehte sich einfach um und verließ mit seiner Waffe das Zimmer.

Sollte sie ihm das Messer lassen, wenn er sich damit sicherer fühlte? Sie wusste, wenn sie es ihm wegnähme, würde er schon morgen ein neues besitzen. Wie es ihre Art war, suchte sie keine kompetente Hilfe, sondern sprach darüber nur zu den Personen, die ihr das Schicksal beschert hatte. Diese waren ihre eigenen Familienmitglieder, die genauso ahnungslos waren wie sie selbst. Sie trafen einander, um über Henys Schicksal zu entscheiden.
„Vielleicht ist es wirklich Zeit, dass Samy sich endlich um Heny kümmert. Du wirst mit ihm ja nicht mehr fertig“, dozierte Hermine.
„Der Bursche braucht eine feste Hand. Mike akzeptiert er ja nicht als Vater“, meinte Darias Schwager Alfred.
Und als Louise das nächste Mal auf Besuch kam, sagte sogar sie: „Samy hat ja nun wieder eine Familie. Warum sollte sich seine Frau nicht auch um Heny kümmern können, wenn sie ein eigenes Kind versorgt?“
War Darias Entschluss, Heny zu seinem Vater gehen zu lassen, bereits vor den Unterredungen und der allgemeinen Zustimmung festgestanden? Rang sie nicht viel mehr um eine plausible Erklärung für diese Lösung und um ihre Sanktionierung durch die anderen? Sie wusste es selbst nicht, ob sie lieber wollte, dass Heny bei ihnen bliebe oder zum Vater gehe. Auch Samy, gut gekleidet und nach Eau de Toilette duftend, trat bei ihren Familienzusammenkünften in Erscheinung. Er erklärte, dass jedes seiner Kinder für sich seinen eigenen Weg zu beschreiten habe, denn jedem Menschen sei nur sein eigener Weg bestimmt. Was für den einen richtig wäre, könne für den anderen falsch sein. Eine Trennung der beiden Buben wäre daher unumgänglich.

Oft sagte Heny daheim, nachdem er von einem Besuch bei Samy zurückgekehrt war, dass er lieber bei seinem Vater leben würde. Auch Daria sagte zu ihm ärgerlich, wenn er unfolgsam war und ihr Schwierigkeiten bereitete: „Warum gehst du nicht zu deinem Vater?“
Bald hatte sie sich angewöhnt, bei jeder kleinen Auseinandersetzung

auszurufen: „Wann gehst du endlich zu deinem Vater?“ Sätze, die auch sie selbst in ihrer Kindheit und Jugend oft von ihrer eigenen Mutter gehört hatte.

Henys Haltung war und blieb eine ambivalente. Einmal – er saß dabei gerade in der Sitzbadewanne in der Badenische, Daria stand in der Küchentür zwischen Küche und Vorzimmer, da sagte er den Satz: „Mama, verbiete mir, den Papa zu besuchen!“

Doch sie schrie ihn dafür bloß an. Sagte, er solle still sein, denn er wisse nicht, was er wolle. Sie dachte, dies sei wieder einmal so eine Bosheit von Heny. Eine Schikane, um ihr das Leben noch schwerer zu machen. Dieses Hin und Her. Zuerst: „Ich will beim Papa leben.“ Dann wieder: „Verbiete es mir“. Gleichzeitig wurden in ihr diese alten Gefühlsmuster wieder geweckt, die sich bereits in ihrer eigenen Kindheit und erst recht durch Samys Behandlung in ihrem Innersten unauslöschlich etabliert und verankert hatten, nämlich das Gefühl des Verstoßenwerdens, des Unzulänglich- und Unerwünschtseins. Wenn Heny Daria damit drohte, zum Vater zu gehen, bedeutete dies nicht schließlich auch, dass sie ihm nicht genügte? Dass er sie als Mutter verschmähte und sie deshalb verlassen wollte? Für sie wiederholte sich in dieser Situation die seelische Misshandlung und Grausamkeit, die ihr durch ihre eigene Mutter bereits in der Kindheit und später durch Samy widerfahren waren und lösten bei ihr ein Verhaltensmuster aus, das sie gelernt hatte, um sich unverletzlich zu machen, um sich nicht demütigen zu lassen, sondern den Anschuldigungen wie auch der gnadenweisen Rückgängigmachung der Verstoßung zu trotzen, nämlich sich zu verschließen und keine Gefühle zuzulassen. Heny jedoch erging es genauso. Auch er war ein Verstoßener. Ein Vertriebener. Einer, dem immer wieder das Gefühl gegeben worden war, unerwünscht zu sein. Einer, der stets weitergereicht worden war. Von einer Bezugsperson zur nächsten.

Erst viel später sollte ihr bewusst werden, wie Heny damals auf seine Art – entsetzt, vielleicht in Vorahnung der Zukunft – sich an sie geklammert, sie mit bebender Stimme gebeten hatte, ihn zu beschützen und ihn nicht zu verlassen: „Mama, verbiete mir, den Papa zu besuchen!“

Dass diese drei Äußerungen Henys eine Vorahnung gewesen sein

könnten, wäre Daria damals noch nicht in den Sinn gekommen. „Mama, mach nicht auf! Die Drogensüchtigen!“ Damals als diese Nachbarn vor ihrer Tür standen und sie um Milch baten. „Nein, ich will nicht mit dem Papa sprechen“, als Samy nach ihrem Afrikaaufenthalt bei ihnen anrief und Heny nicht mit ihm sprechen wollte, und sogar Dodo verbat, mit ihm zu sprechen. Und jetzt: „Mama, verbiete mir, den Papa zu besuchen!“
Dass dies Schlüsselsätze seines Lebens waren und vielleicht eine Vorwegnahme dessen, was auf ihn zukommen sollte, konnte Daria freilich zu dieser Zeit noch nicht wissen. Dieses Kind war wie ein altes, weises Buch, das vor langer Zeit geschrieben worden war, aber erst durch spätere Interpretationen seine wahre Bedeutung entfalten sollte.

Die Familienmitglieder trafen einander und saßen beisammen. Sprachen über Dinge, die sie nicht verstanden. Besiegelten das Schicksal des Knaben und brachen über ihn den Stab. Bloß Mike wurde in keine diesbezügliche Besprechung miteinbezogen. Ab und zu schleuderte er ungefragt Daria den Satz entgegen: “Wenn Heny zu seinem Vater geht, wird er derselbe Verbrecher wie dieser.” Aber die Art und Weise, wie er diesen Satz immer sagte, schien ihr bloß sarkastisch zu sein. Sie empfand ihn nicht als Warnung, sondern stets nur als Provokation. Auch der Tonfall und der Kontext, in denen er die Bemerkung üblicherweise fallen ließ, erweckten in ihr zwangsläufig diesen Eindruck. Möglicherweise war dies seine Art, ihr wichtige Botschaften zu übermitteln. Eine Art, die sie aber nie zu verstehen lernte. Die restliche Zeit betrieb Mike passive Resistenz und zog sich in seinen medizinischen Elfenbeinturm zurück. Wenn sie dann wieder allein war, überlegte sie oft: Würde Heny tatsächlich ein Verbrecher werden? Vielleicht gerade dann, wenn er bei ihr bliebe? Sicher brauchte er einen Vater. Einen Vater, der ihm zeigte, wo seine Grenzen sind. Sie fühlte sich von dieser Aufgabe überfordert.

Warum nur war alles so gekommen? Wer war dieser undurchsichtige, verlogene und zornige junge Mann, der neuerdings im Körper ihres sensiblen Stiefsohnes wohnte, den sie geglaubt hatte, so gut zu kennen? Seine Veränderungen hatten sich so plötzlich vollzogen. War er tatsächlich bereits ein Verbrecher? Es war, als hätte ihn eine

unsichtbare Macht vor ihren Augen hinausgezogen in ein offenes stürmisches Meer.
Alles hatte dabei so unmerklich begonnen, dass sie die Gefahr nicht gleich erkannt hatte. Eine Zeit lang hatte sie ihn noch gesehen. Als kleines Pünktchen am weiten Horizont. Da war er ihr bereits so fremd, dass sie zu lange gezögert hatte und er schließlich endgültig ihren Blicken entschwand. Ab einem gewissen Zeitpunkt war es einfach zu spät gewesen, denn da hatte ihn die Strömung schon so weit hinausgerissen, dass kein Rettungsboot ihn mehr erreichen konnte. Leider vermag keine Zukunft gut zu machen, was man in der Vergangenheit versäumt hat.

Als sie selbst noch ein kleines Kind gewesen war, hatte ihr eigener Vater die Familie verlassen. Sie hatte auch nie engeren Kontakt zu anderen Familien gehabt, um ein intaktes Familienleben und die Rolle, die dem Vater zukam, kennenzulernen. Alles, was sie kannte, war eine von einem Asozialen ins Chaos gestürzte Familie, die ohne wirkliche Freunde war. Denn mit Manuelas Vater, Darias Stiefvater, war Hermine damals in gar so manche illegale Situation geraten und hatte ihre Kinder mit hineingezogen. Er war ein Schmuggler, Dokumentenfälscher und Betrüger, der immer wieder im Gefängnis landete. Einmal wurde er gar von der Interpol zur Fahndung ausgeschrieben. Kriminalisten kamen in ihre Wohnung und durchsuchten alles, als Daria und ihre Schwestern allein daheim waren. Dann wurde er über XY-Ungelöst gesucht. Das war eine Schande! Daria war gerade bei Inges Familie zu Besuch. Da zeigten sie plötzlich das Foto ihres Stiefvaters im Fernsehen. Und Inges Vater machte die geschmacklose Bemerkung: „Na, wisst ihr nicht, wo er sich gerade versteckt? Ihr könntet 7.000,-- Schilling für ihn bekommen."

Dieser Mann war nun schon lange nicht mehr Teil ihrer Familie. Seither lebten sie alle ein anderes, ein neues Leben. Sowohl Darias Mutter mit Manuela, als auch sie selbst mit ihren Kindern und Mike. Sie wünschte sich ein Leben, ohne mit dem Gesetz in Konflikt zu geraten. Sie erinnerte sich nämlich noch ganz genau an diese Zeit ihrer Kindheit und Jugend. Wie es sich angefühlt hatte, einen Verbrecher in der Familie zu haben. Welche Qual dies für die restlichen

Familienmitglieder gewesen war. Nie wieder wollte sie mit einer solchen Situation konfrontiert werden. Die vielen Lügen, die Angst, die Scham und die Heimlichkeiten vor Nachbarn und Schulkollegen, waren ihr noch viel zu gegenwärtig, als dass man sie hätte bagatellisieren können. Freunde hatte man erst gar keine haben wollen, denn dies hätte ja bedeutet, dass man sich ihnen anvertrauen konnte. Nein, anvertrauen können wollte man sich niemandem. Ihren eigenen Kindern durfte sie so etwas nicht zumuten. Daher musste sie sich und ihre Kinder von Heny fernhalten, vor ihm schützen. Wie hätte sie es auch verantworten können, Mikes Ruf und Reputation zu schaden, oder gar seine hart erkämpfte Karriere als Facharzt zu gefährden, indem sie ein asoziales Stiefkind aufzog?

DALIA

Mein Leben ist ein Puzzle. Der Schleier vor meinen Augen ist zerrissen und aus dem Nebel steigen wieder einmal trugbildhafte Erinnerungen aus meinem früheren Leben empor. Ich stehe an der Brüstung der Galeriestehplätze in der Oper und sehe das Ballett „Der Nussknacker". Auch mein Klavier taucht nun vor meinem geistigen Auge wieder auf.

Die Bilder verschwimmen allmählich in einem undefinierbaren Fluidum aus einem quälenden Gefühlsgemisch aus Sehnsucht und Hilflosigkeit. Ich komme zu mir. Was war das? Wieder eine der aus meinem Gedächtnis verdrängten Kindheitserinnerungen meiner verletzten Seele. Natürlich verstehe ich, dass meine Mutter ihre Tochter wiederhaben wollte. Doch hatte auch ich dies gewollt? Ich war ja bloß ein Kind gewesen! Weg von meinen Brüdern, die ich so liebte. Weg von allen meinen Freunden. Weg von Daria-Mami und Manuela, meiner jüngsten Tante, die ja nur 4 Jahre älter war als ich selbst. Und überhaupt musste ich wieder ein neues Leben kennenlernen. Keine Klavier- oder Ballettstunden mehr! Ballettaufführungen in der Oper und mein geliebtes Klavier sah ich nie mehr wieder!

Mein Gehirn setzt zu neuen tollkühnen Bildern an, Erinnerungsfetzen schwirren in meinem Kopf herum. Ich stehe im Türrahmen zwischen Wohnzimmer und Kinderzimmer. Mit ängstlicher Neugierde betrachte ich den Fremden, den meine leibliche Mutter soeben verabschiedet. Ein Gefühl ziellosen Hasses in meiner Brust. Tausendfach schwirren Bilder gemalt aus Hass und Zorn, Triumph und Niederlage in meinem Kopf. Wie mit dem Zeitraffer durcheile ich nun diese Zeit. Dieser Fremde wird mein Stiefvater, ein Ägypter, ein strenger Moslem. Nafiseh, meine Mutter bekommt zwei weitere Kinder mit ihm.

Nun taucht diese Szene vor meinem geistigen Auge wieder auf, als ich ihm im Kaffeehaus gegenübersitze und seine Strafpredigt über mich ergehen lassen muss. Ich solle mit meinem besten Freund, meinem Schulkollegen, nicht mehr in der Straßenbahn sprechen, ein Kopftuch tragen, in den Islamunterricht gehen. Was? Ich? Eine Wienerin!? Was habe ich mit dem Islam zu schaffen? Wie seine Ohrfeigen in meinem Gesicht brennen! Meine Mutter gestikuliert wild. Sie spricht hastig und laut auf ihn ein. Ein Streit - wahrscheinlich wegen mir. Da schleudert er ein Messer. Haarscharf saust es an meiner Mutter vorbei und bleibt in der Holztür stecken.

Ich lerne zu lügen, denn nur so kann ich Mensch sein und tun, was ich für richtig halte. Ich will weg. Weg von dieser fremden Familie. Ich schleiche an ihnen vorbei wie eine Durchsichtige, mit lauschenden Augen, eine unsichtbare Maske vor dem Gesicht. Ich will daheim niemandem begegnen. Wie eine Schlafwandlerin gleite ich in mein Zimmer, schließe die Tür hinter mir ab, lasse mich ins Bett fallen. Um 3 Uhr Früh schrillt der Wecker, den ich mir am Vorabend gestellt habe. Ich will fliehen! Nur der Gedanke, meine kleinen Geschwister zu verlassen, lässt mich ein wenig wanken. Ich schlage die Augen auf, sehe die Dunkelheit – da verlässt mich der Mut. Ich bin zu feige für die Flucht und schlafe weiter.

Was von nun an geschehen wird, wird ein anderer diktieren. Jemand, den ich fürchte und um dessen Gunst ich dennoch buhle. Aus den Nebelschleiern formt sich das Gesicht meines Vaters Samy. Die Erinnerungen aus meiner frühesten Kindheit, an heißes Kerzenwachs und brennende Zigaretten, verblassen nun langsam. Mein Vater ist sehr schön mit seinen schwarzen Locken, seinem teuren Gewand. Wie er duftet! Er ist reich und fährt ein tolles Auto. Alle Frauen lieben und bewundern ihn. Von ihm bekomme ich immer viel Taschengeld.

Nun sehe ich meine Mutter, wie sie mir das Geld wegnimmt. Ich muss es in Zukunft vor ihr besser verstecken. Ich denke, dass ich bei meinem Vater glücklich werden würde, da er keine kleinen Kinder mehr hat und weil bei ihm auf mich keine grimmige Stiefmutter wartet. Daher beschließe ich meine Mutter zu verlassen.

Ich stehe vor meinem Vater und erzähle ihm, was sich bei uns zu Hause zuträgt, dass mich mein Stiefvater schlägt und ich nicht mit Buben sprechen darf. „Ich werde das für dich regeln. Was glaubt er denn, dieser primitive Bauer, dieser Fellache? Dem werde ich's zeigen!" Ich glaube an seinen Gesichtszügen zu erkennen, dass er mehr erbost ist darüber, dass ich nicht mit Buben sprechen darf als darüber, dass ich geschlagen werde.

Mein Vater will mir etwas Schönes zeigen. Ich sitze im Club Emanuela. Es sieht aus wie in einem Kinosaal. Auf einer Bühne steht ein herzförmiges Bett. Zwei Damen treten auf und beginnen sich zu küssen. Ich blicke zu Boden. Mein Vater zwingt mich hinzusehen. „Schau nur hin. Das wird dir gefallen. Es ist sehr schön, etwas ganz Natürliches." Ich stürze in eine Welt verkehrter Dimensionen. Ein ziehender Hass steigt in mir auf, noch ist er ohne Ziel. Ich weiß nicht, wen oder was ich eigentlich hassen muss. Ich presse die Hände gegen die Augen, gegen die Ohren. Ich schäme mich. Das kann ich natürlich nicht meiner Mutter erzählen.

Eine neue Szene erwächst aus dem Dunstkreis ambivalenter Erinnerungen. Mein Vater sitzt bei uns im Wohnzimmer und stellt nun endlich meinen Stiefvater zur Rede. Was er sich eigentlich so einbilde, mich – seine Tochter – so zu behandeln? Über die Primitivität des Islams doziert er. Man lebe schließlich in Österreich. Modern und aufgeschlossen müsse man sein. Aus einer gewissen Distanz beobachte ich die Szene. Ich muss schmunzeln. Welch eine Genugtuung, meinen verhassten Stiefvater auf einmal so kleinlaut zu sehen! Allmählich verschwimmen die Bilder. Ich bin nur ein Schatten, ein willenloses Objekt. Ich weiß nicht mehr, woran ich glauben soll. Mir fehlt jegliche Urteilskraft. Ob etwas schön und angenehm ist oder schrecklich, ich kann es nicht sagen. Die Regie folgt dem Diktat meines Vaters, der Restposten meines Selbst gehorcht ihm.

Schnell war alles gekommen und ich war zu meinem Vater gezogen. Doch als ich glaubte, es würde jetzt alles gut werden, offenbarte mir mein Vater, dass er jetzt wieder eine Frau hatte, die schwanger war. Beschäftigt mit meiner neuen Freiheit, wurde mir erst viel zu spät bewusst, dass ich nun bei meinem Vater doch nicht den Platz einnehmen würde, den ich mir erträumt hatte. Ich musste das vermeintlich erworbene Zepter gleich wieder abgeben. Die neue Prinzessin wurde meine neugeborene Schwester.

4. Kapitel

DARIA

In dem Wienerwald Restaurant in der Marchfeldstraße, von dem Heny einmal als kleines Kind fortgerannt war und dann beim Aufzug stehend gesungen hatte: „Ich hab‘ keine Mama, ich hab‘ kein Klo. Ich hab‘ keine Mama, ich hab‘ kein Klo. ...“, Fand das Treffen zwischen dem nun bereits 13-Jährigen, seinem Vater und mir statt. Heny's Gesang von damals klingt für mich heute retrospektiv wie eine Vorwegnahme dessen, was an jenem Tag in dem Wienerwald Restaurant passiert ist. Denn seit diesem verhängnisvollen Augenblick hatte Heny tatsächlich keine Mama mehr, da seine endgültige Übersiedlung zu Samy beschlossen wurde. Wir beide, Heny und ich, begannen während dieser Unterredung zu weinen. Gemeinsam gingen wir auf die Toilette, um unsere Tränen abzuwaschen. Damals hatten wir also doch noch Gefühle, und ich sagte zu ihm wortwörtlich: „Wenn du dort nicht glücklich bist, dann kannst du ja jederzeit wieder zurückkommen.“

Später kam er tatsächlich zurück. Meine Tür ging auf. Wir wechselten einige belanglose Worte. Davon, dass es ihm beim Vater nicht gut gehe, sagte er wohl aus Scham kein einziges Wort. Wenn er wieder wegging, fiel die Tür hinter ihm ins Schloss, ohne dass ich das erlösende Wort gesprochen hatte.

An den Tag seiner Übersiedlung fehlt mir heute jegliche Erinnerung. Für Dodo brach die Welt entzwei. Aber auch er litt still und leise. Sein Leiden erreichte mich nicht. Ich nahm es überhaupt nicht wahr. Kinder erzählen zwar alles, aber leider meist erst viel zu spät. Bei Henys Auszug hätte die ganze Welt verwandelt sein müssen. Grundlegend verwandelt. Alle meine Toten hätten sich in ihren Gräbern umdrehen und mich warnen müssen. Die Sonne hätte mir ihren hellen Schein verweigern sollen. Der Mond sein Antlitz vor mir verbergen. Und doch: Nicht die geringste Kleinigkeit hatte sich verändert. Ich spürte Henys Abwesenheit nicht einmal. Ich hatte in Drachenblut gebadet. Alles, alles nahm seinen gewohnten Lauf. Bald wurde Heny kaum noch erwähnt. Als hätte es ihn nie in unserem Leben gegeben. Nach kürzester Zeit schon einfach totgeschwiegen.

Ab und zu begegnete er mir in meinen Träumen. Dann wachte ich tränenüberströmt auf. Dies passierte immer dann, wenn es ihm besonders schlecht ging. Doch konnte ich das ja gar nicht wissen, da wir zu diesem Zeitpunkt bereits keinen Kontakt mehr hatten. Es musste Telepathie gewesen sein. Wahrscheinlich hat er, wenn er in Nöten war, intensiv an mich gedacht. Meist erfuhr ich dann erst zufällig im Nachhinein von seinen Problemen.

Familienzusammenkünfte in meiner Wohnung wurden weiterhin gepflegt: Geburtstage, Ostern, Weihnachten, Silvester, die Geburten meiner Kinder. Alles wurde gefeiert wie früher. Doch fortan fehlte nun auch Heny auf allen Familienfotos. Dafür gibt es lückenlose Fotoalben meiner anderen drei Kinder, die ich Mike geboren habe: die Babyfotos, die Kleinkinderfotos, dann die Zahnlückenkinder und die Einschulungsfotos. Heny lud ich nicht ein einziges Mal mehr zu seinem Geburtstag ein. Ja, ich rief ihn nicht einmal an. Warum dies so gekommen war, konnte ich mir später nie erklären. Denn im Laufe der Zeit hatte ich alles, was mit den Ereignissen um Heny im Zusammenhang stand, komplett aus meinem Bewusstsein verdrängt. Doch eines Tages würde Dalia dieses Geheimnis lüften und mir alles erzählen.

Bald nach Henys Übersiedlung zu seinem Vater war Frau Bisenz wieder einmal zu Besuch. Bevor sie zu Daria kam, war sie bei Samy und Heny gewesen.
„Ich glaubte, meinen Augen und Ohren nicht trauen zu dürfen“, berichtete sie, „Heny ist ein richtiger Gentleman geworden. Als ich bei ihnen war, trug er einen Anzug, war höflich und folgte aufs Wort, wenn Samy etwas sagte.“
Den Anzug habe ich ihm gekauft, dachte Daria, als er noch bei mir wohnte. Doch sie erwähnte es nicht. Stattdessen vergewisserte sie sich: „Also glauben Sie, dass diese Entscheidung richtig war?“
„Ich denke: Ja“, antwortete Louise. „Es war schon wirklich höchste Zeit, dass Samy sich endlich auch einmal um seinen Sohn kümmerte. Dalia wohnt ja jetzt auch wieder bei ihm.“
„Ja, ich weiß“, antwortete Daria. „Sie hat sich ebenfalls mit ihrem Stiefvater nicht vertragen. Genauso wie Heny.“
„Also jedenfalls Henys Entwicklung scheint einen positiven Weg zu nehmen“, meinte seine Großmutter.

Früher hatte Daria den Buben geliebt, doch in diesem Moment begann sie, stolz auf ihn zu werden. Welches Potenzial doch in Heny lag! Nun sah sie den jungen Menschen so ganz ohne ihr Zutun und ohne ihren Rat, welchen sie stets für unentbehrlich gehalten hatte, sich entwickeln und entfalten. Zum Glück hatte sie ihn auch noch vor seinem Umzug in die private Hauptschule, in die Neulandschule in Grinzing, umgeschult, nachdem er nicht mehr ins Gymnasium gehen wollte. Zwei Schuljahre hatte er noch vor sich. Dann würde er wahrscheinlich eine Lehre beginnen. Hoffentlich würde Samy das Schulgeld weiterhin zahlen. Sie hatte ja alles schön vorbereitet, er brauchte es nur mehr zu Ende zu führen.
„Es war eine gute Entscheidung gewesen, den Buben Samy anzuvertrauen“, dachte sie. „Ich wäre mit ihm ja nicht mehr zurechtgekommen. Ich war nie ein autoritärer Typ und kann auch keiner mehr werden. … Heny besitzt doch so viele positive Fähigkeiten. Nun ist es Samys Aufgabe, diese ans Tageslicht zu fördern.“

Als sich Frau Bisenz verabschiedete, wusste Daria nicht, dass dies ihr letzter Besuch gewesen sein sollte und dass sie von ihr nie wieder hören würde.

Bald danach läutete das Telefon. Es war Samy. Sie begrüßten einander und er erkundigte sich nach ihrem Befinden, um sich danach ausladend über Heny zu beschweren. „Ich finde es wirklich schade, dass Heny so schlecht über dich spricht, wo du doch so viel für ihn getan hast", sagte er. „Er möchte mit dir nie wieder etwas zu tun haben. Ich habe alles versucht. Er jedoch schimpft über dich die ganze Zeit."
Da wurde sie sehr traurig. Doch sie erinnerte sich an Frau Bisenz' Worte und ihren positiven Bericht.
„Wenn er mir gegenüber unfair ist, aber sich sonst zu einem anständigen Menschen entwickelt, so soll es mir wohl recht sein", dachte sie bei sich.
Samy redete und redete, während sie schweigend zuhörte. Ihr schwirrte der Kopf. Alles, was sie diesem langen Gespräch entnahm, war, dass Heny eben undankbar sei und sie, Daria, einfach kategorisch ablehne, während Samy versuche, mit Heny vernünftig zu sprechen, um ihm zu erklären, welch gute Stiefmutter sie doch gewesen sei. Endlich war das Gespräch beendet.

Als sich Samy umdrehte, sah er Sabina im Türrahmen stehen. „Wieso sprichst du mit dieser Person so lange?", fragte sie.
„Ha, ha, ha!", lachte Samy. „Bist du etwa eifersüchtig?"
„Natürlich bin ich das", schmollte sie. „Ich bin deine Frau und habe ein Recht auf deine knapp bemessene Zeit. Ich finde es nicht richtig, wenn du mit deiner Ex-Frau so viel Zeit vergeudest."
In diesem Augenblick kam Dalia ins Zimmer. Sie setzte sich zu Samy ins Bett, schlang ihre Arme um seinen Hals und schmiegte sich an ihn.
„He! Das ist aber schon mein Platz!", schrie Sabina sie an. Dabei machte sie ein paar bedrohliche Schritte auf das Mädchen zu. Dalia sprang aus dem Bett. Sie war sehr verletzt und verließ wortlos das Zimmer.
„Dalia! Komm zurück! Ich will mit dir sprechen", rief ihr Samy nach. Sie kehrte zurück und setzte sich nun auf einen Stuhl, der am Tisch vor dem Bett stand.
„Lass uns allein", sagte Samy zu Sabina gewandt. Diese seufzte tief

und ging widerwillig zu Donna ins Kinderzimmer.
„Wart ihr nochmals bei Daria?“, wollte Samy wissen.
„Ja, vor zwei Tagen“, antwortete Dalia wahrheitsgemäß.
„Was habt ihr dort gemacht?“, fragte Samy mit einem freundlichen Lächeln.
„Nichts. Wir waren nur dort. Dann ging Mami mit Heny ins Schlafzimmer. Das dauerte so lange. Sie waren schon etwa eine halbe Stunde weg. Da ging ich ihnen nach und guckte durch den Türspalt. Ich sah, dass sie mit ihm kuschelte. Dann kamen sie wieder heraus und wir beide gingen weg.“
„Sie kuschelten? Wie meinst du das?“, wollte Samy wissen.
„Sie saßen auf dem Bett und Mami umarmte Heny. Ich weiß nicht, worüber sie sprachen.“
„Ist Heny daheim?“, fragte Samy.
„Ja“, antwortete Dalia.
„Dann hol ihn einmal herein!“ Samy sagte dies mit einer geradezu aufreizenden Gelassenheit. Dalia wusste aus Erfahrung, dass dies kein gutes Omen war.

Als die beiden wieder das Zimmer betraten, mussten sie sich nebeneinander auf die beiden Stühle setzen, die am Tisch standen.
„Nun hört einmal gut zu. Ihr wisst, dass ihr nicht zu Daria auf Besuch gehen sollt“. begann Samy. „Dalia hat mir soeben gestanden, dass ihr vorgestern wieder bei ihr wart.“
Heny warf ihr einen bösen Blick zu. Am liebsten hätte er ihr etwas gesagt, doch er verkniff es sich.
„Ich habe euch doch schon so oft gesagt“, setzte Samy fort, „dass Daria eine Hure ist. Sie hat euch beide weggegeben. Und wisst ihr auch warum?“ Samy machte eine Pause und sah die beiden erwartungsvoll an. Da keine Antwort kam, fuhr er selbst fort: „Weil sie sich nur für Männer interessiert.“
„Das kann uns doch egal sein, was die Erwachsenen tun“, dachte Dalia insgeheim. Für sie war Daria einfach ihre Mami. Doch sie wagte es nicht, ihrem Vater zu widersprechen.
„Ständig kugelt sie nur im Bett herum.“ Er machte eine abwertende Geste mit der Hand. „Um euch kümmerte sie sich nie. Könnt ihr euch noch erinnern, wie sie euch immer geschlagen hat?“, versuchte Samy

die Glut weiter zu schüren. Heny saß schweigend auf seinem Stuhl. Sein Gesicht hatte nun wieder diesen aufmüpfigen Ausdruck angenommen, den er sich in den letzten Jahren angeeignet hatte.
„Ihr müsst Daria jetzt anrufen und ihr sagen, dass ihr mit ihr nichts mehr zu tun haben wollt", sagte Samy.
„Aber ...!", schrie Dalia auf.
„Kein Aber! Wenn ihr das nicht sagt, dann könnt ihr gleich gehen. Und noch etwas: Ab sofort heißt sie nur noch Daria und nicht mehr Mama oder Mami! Ihr könnt euch entscheiden: Entweder ihr tut, was ich sage, dann dürft ihr bei mir bleiben. Oder ihr tut es nicht, dann könnt ihr gleich gehen."

Die beiden Kinder saßen wie gelähmt vor Schreck und brachten kein einziges Wort hervor. Samy griff nach dem Telefon, das stets in Reichweite von seinem Bett stand. Er wählte Darias Nummer und überreichte Dalia den Hörer. Als sich Daria meldete, zwinkerte Samy Dalia aufmunternd zu.
„Hallo!", stieß das Mädchen hervor.
„Hallo! Dalia? Bist du es?", fragte Daria.
„Ja. Ich ... ich wollte dir nur sagen, ... dass ..., dass ich jetzt immer Daria ... zu dir sagen möchte", stotterte Dalia.
Samy forderte Heny mittels Zeichensprache dazu auf, sich auch an dem Gespräch zu beteiligen. Heny neigte sich daher zu dem Hörer und rief hinein:
„Ich übrigens auch!" Er nahm alle Kraft zusammen und sprach weiter: „Ich will mit dir nichts mehr zu tun haben."
„Ja, ich ... ich auch nicht. Ich komme ... nie mehr zu dir." Während Dalia dies sagte, meinte sie, das Herz im Leib würde ihr zerspringen. Da hörte sie Daria antworten:
„Seid ihr euch denn auch sicher? Wollt ihr das wirklich?"
Dann war Stille eingekehrt und Dalia dachte: Versteht sie es denn, was hier eigentlich läuft?
„Ja, sicher", sagte Dalia nun wieder in den Telefonhörer.
„Und Heny?", fragte Daria ungläubig.
„Ja, ich auch", antwortete er.
Dalia legte den Hörer auf die Gabel. Sie ging ins Wohnzimmer und weinte. Da kam Heny, um sie zu trösten.

„Du kannst doch alles sagen, was Papa verlangt, aber du musst es ja nicht so fühlen", sagte er und umarmte die Schwester. Dalia schluchzte an seiner Schulter und auch Heny bekam feuchte Augen.
„Wenn wir einmal groß sind, dann ziehen wir gemeinsam aus. Wir nehmen uns eine eigene Wohnung, nur wir beide allein. In der Zwischenzeit müssen wir halt alles aushalten. Aber die Hauptsache ist, dass wir zwei beisammen sind", sprach er ihr Mut zu.
Kaum hatte sich Dalia ihre Tränen getrocknet, betrat Sabina das Zimmer.
„So, nun müsst ihr mit Donna in den Hof spielen gehen", sagte sie und überreichte Dalia das Kind. „Heny, du trägst das Dreirad."
Als Sabina das Zimmer wieder verlassen hatte, fragte Dalia den Bruder:
„Sag, magst du eigentlich Donna? Ich meine, liebst du sie wie eine Schwester?"
„Nein", antwortete Heny, „ich liebe nur dich wie eine Schwester und Dodo wie einen Bruder."
„Aber hübsch ist die Kleine schon. Oder?", bohrte Dalia weiter.
„Aber nein, sie ist hässlich", widersprach er mit einer wegwerfenden Handbewegung.

Heny kommt irgendwie mit jeder Situation zurecht, dachte Dalia, während sie auf dem Weg in den Hof waren. Ich bin eigentlich die Ältere, aber er muss mich trösten, wenn ich traurig bin, anstatt dass es umgekehrt wäre. Immer schon war er um das Wohl seiner Geschwister besorgt und so hilfsbereit. Ein wahrer Beschützer. Dalia lächelte in sich hinein. Selbst seine kleine, verwöhnte Schwester liebt er, dachte sie, obwohl er es mir gegenüber bestreitet. Damit ich nicht eifersüchtig werde oder mich kränke.

Als alle drei nach einer Stunde wieder heimkamen, war Samy bereits zur Arbeit gegangen. Sabina hatte für Donna ein Nachtmahl gekocht.
„Was sollen wir essen?", fragte Dalia.
„Hier ist ein Stück vom Steak. Das hat euer Vater stehen lassen, weil er schon satt war. Das könnt ihr jetzt essen", antwortete Sabina.
„Mehr gibt es für uns nicht?", sagte Heny mit Empörung in der Stimme. „Darf ich einmal Papa anrufen?"

„Nein! Was fällt dir ein? Wegen solcher Kleinigkeiten darfst du Papa nicht belästigen. Er hat genug zu tun mit seinen Geschäften“, sagte Sabina. „Und wehe euch, wenn ihr euch bei Nafiseh darüber beklagt. Was in unseren eigenen vier Wänden passiert, geht niemanden etwas an. Habt ihr verstanden?“
„Okay“, antwortete Heny. Unbemerkt gab er Dalia einen Wink, um ihr zu signalisieren, dass er bereits eine Lösung des Problems ins Auge gefasst hatte. Sie wusste, er war kein Mensch der großen Worte, er setzte lieber auf Taten. Darauf konnte man sich verlassen.
„Okay“, sagte nun auch Dalia.
Beide machten sich über die Reste in der Pfanne her. Bald brachte Sabina Donna zu Bett und danach ging sie selbst ins Wohnzimmer fernsehen.
Heny ließ sich auf einen Stuhl fallen. „Ich könnte nicht einmal jemandem erzählen, was hier los ist. Sag, Dalia, kennst du das Gefühl, dass du einfach zu niemandem darüber reden willst? Ich schäme mich, als ob das alles meine eigene Schuld wäre?“ Henys Augen füllten sich mit Tränen. Er wandte den Kopf ab. Obwohl Dalia mit größter Anstrengung jedes Gefühl zu unterdrücken suchte und ihren Körper im Zustand einer Erstarrung hielt, drangen zwei kleine Tränen hinter ihren geschlossenen Augenlidern hervor und begannen ihr langsam über die Wangen zu rinnen.
„Ja“, antwortete sie, „mir geht es genauso. Wir werden hier behandelt, als wären wir Parasiten. Ich habe nicht einmal ein Zimmer, sondern muss in dem Schrankbett im Vorzimmer schlafen. Und du hast auch kein eigenes Bett. Musst immer von einem Bett ins andere wandern, je nachdem, welches Zimmer gerade von Donna und Sabina gebraucht wird. Aber den beiden Prostituierten aus seinem Lokal, denen hat er schon ein eigenes Zimmer gegeben. Wieso müssen die eigentlich bei uns wohnen?“
„Vielleicht zahlt ihnen Papa so wenig, dass sie sich keine eigene Wohnung leisten können“, überlegte Heny.

Nachdem sie eine Weile schweigend verharrt hatten, unterbrach schließlich Dalia die Stille: „Was sollen wir nun machen?“
„Ich steig‘ schnell einmal aus dem Fenster und hol‘ uns ein Schnitzel vom Gasthaus“, schlug Heny vor. Geld hatten sie ja genug, denn Samy

gab ihnen viel Taschengeld. Und wenn das, was er ihnen gab, nicht ausreichte, stahlen sie in einem unbeobachteten Moment ein paar Scheine aus seiner Hosentasche. Ihr Vater wusste sowieso nie, wie viel Geld er tatsächlich bei sich hatte. Es war offenbar nie abgezählt. Zum Glück lag die Wohnung im Erdgeschoss, daher konnte man immer durch das Fenster entfliehen. Auch in der Früh weckte niemand die Kinder auf, niemand bereitete ihnen ein Frühstück. Niemand vermisste sie, wenn sie weg waren.
„Pass auf Heny auf, dass er zur Schule geht und nicht ständig schwänzt!“, sagte Samy immer wieder zu Dalia. Doch wer kontrollierte, ob sie es wirklich tat?

Auch auf dem Friedrich-Engels-Platz war es in der Zwischenzeit später Abend geworden. Als Daria ins Schlafzimmer kam, hatte Mike den Fernseher laufen. Zufällig gab Alexander Bisenz im Fernsehen gerade ein Interview. Daria fand, dass er Heny sehr ähnlichsah. Eigentlich müsste es ja heißen, Heny sah seinem Onkel sehr ähnlich, korrigierte sie sich in Gedanken. Für Daria war es jedoch umgekehrt und es sollte auch immer so bleiben. Denn wann immer sie seine Plakate auf der Straße sah, dachte sie gar nicht an Alexander Bisenz, sondern immer nur an Heny.

„Die Leute glaubten immer, ich würde einmal ein Verbrecher werden“, sagte Alexander im Fernsehen.
Da dachte Daria, dass viele berühmte Männer als Kinder und Jugendliche kein leichtes Leben gehabt hatten. Möglicherweise war auch Alexanders Lebensweg nicht einfach nur geradlinig verlaufen und zielstrebig die Karriereleiter hinauf.

Eines Tages würde der begabte Heny berühmt sein wie sein Onkel. Auch er würde diese schwere Zeit sicher überstehen. Und dann würden sie gemeinsam zurückschauen und Gott danken, dass ein so tüchtiger, erfolgreicher Mann aus ihm geworden war.

Heny kehrte anfangs immer wieder zum Engelsplatz zurück. Zum Engelsplatz seiner Kindergarten- und Volksschulzeit, wo all seine Freunde und Kindergartenkollegen wohnten. Seine ehemalige Mama und die Geschwister. Er kämpfte mit den unterschiedlichsten Gefühlen und Empfindungen, wenn er sich diesen mit Erinnerungen behafteten Plätzen näherte. Der am Forsthausplatz stehenden Brigittakapelle, die sich vor der polygonalen St. Kapistran Kirche mit ihren Betonglasfenstern und dem kassettierten Betongussflachdach befand. Oft war ihre Mama davor auf einer Parkbank gesessen, während Dodo und er im Park herumgetollt waren. In dieser Kirche hatte er auch seine ersten wirklichen Erfolge als Judoka gefeiert. Gar manches Mal hatte er dort auf die höchste der drei Stufen klettern dürfen, die nach den Wettkämpfen im Pfarrsaal direkt vor dem großen Christuskreuz, das die Wand auch heute noch ziert, für die ersten drei Plätze bereitgestanden waren.

Eine unsichtbare Hand zog ihn scheinbar zu seiner ehemaligen Wohnung. Trotz des Verbots seines Vaters. Was hatte Heny Daria wohl sagen wollen, wenn er anfangs noch manchmal an ihrer Tür geläutet hatte und plötzlich davor gestanden war ohne ein Wort zu sagen. Was hatte er wohl gedacht und gehofft, dass sie sagen oder tun würde? Welche seiner sehnlichsten Erwartungen hat sie enttäuscht? Er läutete an der Tür. Daria öffnete.
„Ist Mike daheim?“, stieß er hervor, um anzudeuten, dass er dann lieber schnell verschwinden würde. Doch Mike war nicht zu Hause.
„Ich habe mir soeben etwas zu essen gerichtet. Willst du auch etwas? Es gibt leider nur Reste von gestern“, sagte Daria.
„Deine Reste sind wie Weihnachten für mich“, antwortete Heny tiefsinnig. Er trat ein. Sie begrüßten einander wie zwei Fremde. Alles Vertraute zwischen ihnen war dahin und entschwunden. Sie bat ihn ins Wohnzimmer und ging in die Küche, um das Essen aufzugeben. Henys Kopf begann zu schmerzen. Ihm war, als lägen plötzlich alle seine Nerven bloß. Der Schmerz zog sich von der Stirn über den Schädel bis hinunter in die Schultern. Die Muskeln, die Sehnen, die Halswirbelsäule. Alles schien einzeln weh zu tun. Er versuchte, es zu ignorieren. Doch es wollte ihm nicht so recht gelingen. Um sich abzulenken trat

er ans Fenster und blickte auf den Engelsplatz hinaus. Auf die herbstlich grünbraunen Pflanzen in den Blumenbeeten. Er liebte diese Gegend, denn hier war er zu Hause. Hier hatte er die schönsten Jahre seines Lebens verbracht. Jahre, die nie wiederkehren würden. Er fühlte die Leere in seinem Herzen. Die erste Zeit, nachdem er von hier ausgezogen war, stand vor ihm wieder auf. Das erste Weihnachten ohne seine Familie. Eine lustlose, quälende Zeit, da er immer wieder an Daria, Dodo und Okey denken hatte müssen. Das war seine Familie! - Nicht Samy, seine neue Frau samt Tochter und seine Huren, die auch bei ihm wohnten! Aber seine Familie war für ihn verschollen gewesen. Weder einen Anruf, noch einen Brief oder eine Einladung hatte er von ihnen erhalten. Es war eine Zeit gewesen, die ihn manchmal an den Rand der Verzweiflung getrieben hatte. Papa hatte wahrscheinlich Recht, wenn er immer wieder sagte: Sie hat dich weggegeben, weil sie sich nur für Männer interessiert.

Unbeholfen stand Daria nun im Türstock mit den Tellern in den Händen und wartete darauf, dass er sich wieder umdrehte.
„Komm, setz dich!“, sagte sie schließlich.
Er kam zu Tisch und setzte sich an seinen alten Platz. Erst jetzt wurde ihm bewusst, dass er den ganzen Tag noch nichts zu sich genommen hatte. Sie aßen schweigend und als die Mahlzeit beendet war, saß Heny weiterhin im Wohnzimmer herum und sagte nicht viel. Sie wollte auch nichts wissen. Als sie die Stimmung als bedrückend zu empfinden begann, räumte sie rasch das Geschirr ab. Er half ihr dabei. Jetzt, dachte er, war er hier. Jetzt konnte er mit ihr sprechen. Ihr all die quälenden Fragen vorlegen, die er sich unzählige Male selbst gestellt hatte und dabei zu keiner Antwort gekommen war. Nun hatte er dazu die Gelegenheit. Er konnte es nicht noch einmal verkraften, über Monate hinweg darüber im Ungewissen zu sein, warum sie ihn eigentlich weggegeben hatte. Es war vielleicht die letzte Chance, nochmals mit ihr und Dodo in Kontakt zu treten, was unter Umständen bedeutete, dass eine Rückkehr möglich war. Die Kopfschmerzen waren noch da. Sie hat dich weggegeben, weggeworfen, wie einen dreckigen Fetzen, dröhnte es in seinem Kopf.

Nach dem Essen half er ihr den Tisch abzuräumen und die Abfälle

wegzuwerfen. Sie stand in der Küche und räumte bereits das Geschirr in den Geschirrspüler ein. Auf der Fahrt hierher hatte er viel Zeit gehabt, um alles, was er ihr sagen wollte, zu überlegen. „Ich habe mich geirrt“, wollte er ihr sagen, „bei Papa ist es nicht besser. Sogar viel schlimmer noch als bei dir und Mike. Darf ich zu dir zurückkommen?“ Aber jetzt, bei ihr, war die Zeit sehr kurz und noch war nichts von all dem, was er auf der Fahrt geprobt hatte, zur Anwendung gekommen. Als er schweigend neben ihr stand, hob sie flüchtig den Kopf und sagte wie beiläufig:
„Musst du schon gehen?“
Henys Kehle verkrampfte sich, jetzt war der Augenblick gekommen, wo er etwas sagen könnte. Einen Augenblick lang zögerte er. Nein, er konnte es nicht über sich bringen. Er wollte sich nichts anmerken lassen, daher antwortete er schnell: „Ja, ich muss wohl.“
Es schien sie nicht zu berühren, dass er sie nun wieder verlassen musste. Wie versteinert stand er da. Seine Gesichtsmuskeln waren angespannt. In seinem Inneren tobten Stürme. Nochmals begann er kurz abzuwägen, wie er sich wohl verhalten solle und kam zu dem Schluss, dass es das Beste sei, so schnell wie möglich wegzugehen und nicht so bald wiederzukehren.
„Also – tschüss - und grüß‘ Dodo - von mir!“, sagte er abgehackt.
„Danke, werde ich ausrichten“, rief sie aus der Küche. Sie fragte ihn nicht, wohin er ginge. Dann fiel die Tür ins Schloss.

In gewisser Weise war sie froh, dass die Zeit mit Heny der Vergangenheit angehörte. Früher einmal hätte sie es sich nicht vorstellen können, dass sie jemals so denken würde. Aber er hatte ihr damals den Abschied wirklich leicht gemacht. Nach all dem, was ihr Samy über ihn erzählt hatte! Wie schlecht Heny über sie sprach, wie er sie hasste. War sie ihm nicht immer eine gute Mutter gewesen, bevor Heny begann, seinen Vater ihr vorzuziehen? Bevor er begann, ihr auf der Nase herumzutanzen und sie zu belügen?

Für Heny war nun kein einziger Mensch mehr übrig, an den er sich um Hilfe hätte wenden können. Es schien ihm, als wäre das ganze Unglück dieser Welt über ihn hereingebrochen. Er hätte nicht einsamer sein können als in diesem Augenblick. Er war eine einsame Insel. Und er beschloss, sich an nichts mehr zu klammern. Nichts mehr zu erwarten. Er wollte keine seiner Familien mehr haben. Dabei war er doch noch ein Kind. Ein Kind, das einen großen, starken Mann spielen musste. Immerfort. Er fuhr zum Karlsplatz, wo Alkoholiker und Drogenabhängige herumlungerten. Menschen, die ebenso verlassen und einsam waren wie er. Von nun an wollte er leben wie ein Tier, ein Raubtier, ein Freibeuter, ein Räuber. Sein Gewand würde er zerschneiden, damit er auch äußerlich so armselig aussehe wie er sich innerlich fühlte. Die Straßen waren seine Zuflucht geworden. Es kann wohl niemand den Fluch und den Zauber der Straßen verstehen, ehe er nicht gezwungen ist, in ihnen Schutz zu suchen. Wie ein dürres Blatt im Wind, von jedem Windstoß hierhin und dorthin geweht. Zwischen ihm und seinem ehemaligen Leben hatte sich eine tiefe Kluft aufgetan, die nicht mehr zu überwinden war. Bruchstücke der Vergangenheit lösten sich nun ab, als er ziellos durch die engen Gassen schlenderte. Bruchstücke der Zukunft gaukelten vor seinen Augen, ihn oft mit den schrecklichsten Vorahnungen höhnend. Bei seiner Geburt war er in diese Welt geschleudert worden, wie eine dreckige, hässliche Kröte, die niemand gewollt hatte. Bereits als Kind hatte er seinen Weg alleine gehen müssen. An all den guten Früchten dieser Erde hatte er nun endgültig keinen Anteil mehr. Sie waren für ihn unwiederbringlich verloren. Ein Hilfloser und Schwacher war er, der in den Staub getreten wurde. Seine Hilferufe waren allesamt ungehört verhallt. Sein Vertrauen in die Menschheit war dahin. Völlig allein fühlte er sich in dieser Welt. Zu Freunden hatte er nur die staubigen Straßen. Und diese hallten wider von den bitteren, traurigen Rufen menschlichen Elends. Von Reue und Sehnsucht. Von Versagen und vergeblicher Mühe. Ständig war er auf der Suche. Auf der Suche nach einer Antwort, die er auch im Drogenrausch nicht finden konnte. Mehr und mehr begab er sich auf diese ziellosen Traumreisen mit Drogenunterstützung, obwohl er gewusst haben mochte, welche Gefahr diese bargen. „Mama, die Drogensüchtigen, mach die Tür nicht auf! Sie machen mir Angst.“

Die Tage vergingen. Manchmal träumte er im Schlaf von der Vergangenheit und sie wurde ihm so lebendig, dass er sich selbst zwicken oder an den Haaren reißen musste, um sich bewusst zu machen, wo er eigentlich wirklich war. Jeden Morgen erwachte er zutiefst verzweifelt und zerschlagen. Verärgert bei dem Gedanken, dass er nicht über Nacht gestorben war. Seit ihn sein Vater damals, schon kurz nach seiner Übersiedlung zu ihm, aus der Neulandschule genommen und ins Stromstraßenheim gegeben hatte, war er nur mehr übers Wochenende zu Hause. Angeblich hätte er in der Neulandschule eine Lehrerin sexuell attackiert. Was immer das heißen möge, er war sich keiner Schuld bewusst. Wahrscheinlich hatte sein Vater diese Geschichte erfunden, um einen Grund zu haben, ihn in ein Internat zu geben. Wahrscheinlich wollte Samy das Schulgeld für die Privatschule nicht mehr bezahlen. Dalia, Henys einzige Stütze, sein Lichtblick in der Öde dieser Welt, sah er nun nur mehr selten.

Der Nachmittag war verregnet. Der Tag hatte bereits unglücklich begonnen. Nun wurde alles nur noch schlimmer. Die ganze Stadt erschien ihm schäbig. Es regnete immer mehr. Heny drückte sich in den Schutz eines Haustors. Wieder überkam ihn das Verlangen nach Versöhnung wie ein Feuer. Ich werde doch nochmals zum Engelsplatz fahren, sagte er sich. Irgendwann.

Als Heny wieder auf die Straße trat, stieg bereits der bleiche Mond am Himmel auf und warf sein Licht über den im Schatten liegenden Teil des Parks, hinter dem sich die Umrisse der dahinterliegenden Altbauten abzeichneten. Heny verspürte eine quälende Trauer, die aus Vergangenem aufstieg. Er versuchte, an den nächsten Kick zu denken. Damit würde er sich wieder so richtig fixen. Unabhängig machen von Zeit und Raum. Wieder erfasste ihn das Selbstmitleid, das er früher doch nie an sich gekannt hatte, und ließ seinen Körper erbeben. Immer wenn die erregenden Eindrücke des Trips geschwunden waren, machten sie einer Stimmung der Trauer und des fehlenden Selbstvertrauens Platz. Auf Schönheit und Euphorie folgte stets eine tiefe Niedergeschlagenheit. Langsam wurde er sich dieses regelmäßigen Ablaufs bewusst. Der Regen hatte nachgelassen und Heny schlenderte zur Autobusstation. Unter den Menschen, mitten unter ihnen, kam er sich unerwünscht vor und einsam. Er war wohl von Natur aus zum Zuschauer bestimmt, dachte er. Unfähig an der Fröhlichkeit der anderen Menschen teilzuhaben oder sich so richtig in ihr Gedränge zu mischen. Ein Außenseiter. Er war überhaupt ein Versager, nicht einmal das Gymnasium hatte er geschafft, war schon nach der ersten Klasse in die Hauptschule umgestiegen, um gemeinsam mit lauter Idioten die Schulbank zu drücken. Deshalb freute es ihn auch nicht, in die Schule zu gehen. In der Heiligenstädterstraße stieg er aus. Er betrachtete die weißlich schimmernden Gestirne und den Neumond an dem von tiefer Dunkelheit durchtränkten Himmel. In ihm verstärkte sich das Gefühl, alle Wärme und Geborgenheit für immer verloren zu haben.

In der Küche saß diesmal Dalia am Tisch und hatte offensichtlich auf ihn gewartet. Auch sie sah betreten aus, und Heny begriff sofort, dass etwas in der Luft lag. Seine bei ihrem Anblick spontan aufgewallte Freude, wich daher augenblicklich einem flauen Gefühl in der Magengegend. Sie begrüßten einander. Er setzte sich zu ihr.
„Was gibt's?“, fragte er mit einer bösen Vorahnung im Herzen.
„Ich habe heute in deinen Sachen etwas gefunden. Was machst du, verdammt noch einmal, mit einer Spritze und einem verbogenen Löffel. Ein Kerzenstummel war auch dabei. Als ich dies entdeckte, dachte ich momentan, ich würde ohnmächtig oder der Boden würde unter meinen Füssen weggezogen.“
„Ach, mach dir deswegen keine Sorgen! Ich habe bloß ein paar Mal Heroin ausprobiert.“ Ein Leugnen wäre sinnlos gewesen.
„Mein Gott! Heroin! Und gleich ein paar Mal! Heny, ehe du dich's versiehst, bist du süchtig auf das Zeug!“
„Ich verspreche dir“, antwortete er sofort, „dass ich damit wieder aufhöre. Wenn man gut mit dem Stoff umgehen kann, kann man auch jederzeit damit wieder aufhören. Das ist kein Problem.“ Etwas in seiner Stimme flehte um Versöhnung, sodass Dalias Groll gegen ihn sofort besänftigt war.
„Dann, bitte, bitte, hör damit schnell wieder auf. Sonst kommst du immer tiefer hinein“, flehte sie ihn an.
„Ich verspreche es dir.“ Heny stand auf, umfasste großmännisch ihre Schultern und drückte seine besorgte Schwester fest an seine Brust. Dies gab ihr wieder Zuversicht und Hoffnung.

„Aber nun erzähl einmal! Wie bist du überhaupt dazu gekommen, so etwas zu nehmen?“, wollte sie nun wissen.
„Kannst du dich erinnern, als Sabina mit Donna damals zwei Wochen auf Verwandtenbesuch war?“, fragte er.
„Ja, natürlich kann ich mich erinnern“, bestätigte Dalia, „damals hat dich Papa mit dieser Prostituierten ins Vorzimmer geschickt und gesagt, dass es Zeit wäre, dass ein richtiger Mann aus dir würde. Du hast mit ihr in meinem Bett geschlafen. Ich habe danach die Flecken gesehen.“
„Genau“, setzte Heny fort, „aber Papa hat zu dieser Zeit noch etwas gemacht. Er hat mir eines Tages einen Zettel mit einer Adresse in die Hand gedrückt und gesagt: Das ist die Adresse deiner Mutter. Du kannst zu ihr hinfahren. Das habe ich auch getan. Natürlich war ich neugierig, wer eigentlich meine leibliche Mutter ist.“
„Ja, ich weiß“, erinnerte sich Dalia sofort.
„Als du zurückkamst, sagtest du, du hättest noch zwei Schwestern. Sie wären so wunderschön und hätten goldenes Haar. Weißt du, wie eifersüchtig ich auf sie damals war?“
„Ach, Blödsinn!“, meinte Heny. „So schön sind sie auch wieder nicht. Du bist mir doch tausendmal lieber. Wenn wir einmal groß sind, du weißt schon, dann ziehen wir beide aus und nehmen uns gemeinsam eine Wohnung. Und wenn ich einmal sterbe, dann werde ich mein Geld nur dir und Dodo vererben.“
„Warum solltest du vor uns sterben?“, warf sie ein. „Du bist nicht einmal der Älteste von uns Dreien.“
„Ich weiß auch nicht. Das war nur plötzlich so eine Idee“, sagte Heny.
„Was hast du bei deiner Mutter denn gemacht?“, wollte Dalia wissen.
„Das erste Mal haben wir gemeinsam einen Ofen gekifft. Später habe ich mir bei ihr einen Schuss gesetzt, obwohl ich das ursprünglich eigentlich immer abgelehnt hatte. Meine Mutter ist nämlich drogensüchtig.“
„Und seither nimmst du das Zeug regelmäßig?“, fragte Dalia nun wieder ängstlich.
„Na ja, regelmäßig kann man schon sagen, aber in großen Abständen“, antwortete er.
„Versprichst du mir wirklich, dass du damit ganz aufhörst?“
„Okay! Versprochen!“

„Da bin ich aber froh. Ich habe mir schon solche Sorgen um dich gemacht. Jetzt muss ich dir auch etwas erzählen.“ Dalia rückte mit ihrem Stuhl näher an den Bruder heran. „Zu derselben Zeit, als dir Papa diese Prostituierte besorgte, sagte er auch ständig zu mir: ‚Willst du eigentlich ewig Jungfrau bleiben?‘ Das ärgerte mich so sehr, dass ich eines Tages einfach zu meinem Schulfreund in die Wohnung ging. Er war zufällig allein daheim. Ich setzte mich auf sein Bett und wir schliefen miteinander. Ohne zu verhüten.“
„Da hast du aber Glück gehabt, dass du nicht schwanger geworden bist“, meinte Heny.
„Ja. Und du, pass auf, dass du nicht süchtig wirst! Hör, bitte, so schnell wie möglich mit dem Fixen auf!“, erinnerte Dalia nochmals an ihr Anliegen.
Heny versprach es. Hoch und heilig. Dann gingen die beiden zu Bett.

Daria betrat das Amtsgebäude. Sie war zum Jugendamt bestellt worden. Als sie die Tür zum Büro der zuständigen Sozialarbeiterin öffnete, saß diese bereits mit einem Psychologen gemeinsam am Schreibtisch und erwartete sie. Heny, Samy und Sabina waren auch gekommen. Zunächst wurden die Erwachsenen hineingebeten. Sobald sich alle gesetzt hatten, erklärte die Sozialarbeiterin, dass es nun darum ginge, wo Heny in Zukunft wohnen solle. Daria blickte von einem zum anderen.
„Soll ich Heny nicht wieder zu mir nehmen?“, fragte sie. Es war das erste Mal seit ihrer Trennung, dass sie diesen Satz aussprach.
„Dann sitzt du mit deinen jüngsten Kindern in einem Jahr auch hier, wo wir heute gemeinsam sitzen“, meinte Samy tiefsinnig.
Auch die beiden Beamten vom Jugendamt hielten dies für keine gute Idee. Darias nächster Vorschlag, den Jugendlichen in eine Pflegefamilie einzuweisen, wurde ebenfalls von der Sozialarbeiterin im Keim erstickt.
„Ein Jugendlicher, der bereits so viele Probleme hat, lässt sich nicht mehr in eine Familie integrieren“, lehnte sie kategorisch ab.

Dann wurde Heny selbst hineingerufen. Er sprach nur einen einzigen Satz.
„Ich will in einem Heim wohnen“, sagte er, wie es ihm wohl sein Vater suggeriert hatte. Er musste drinnen bei den Sozialarbeitern bleiben, während die anderen Parteien gebeten wurden, einstweilen im Warteraum Platz zu nehmen. Dort kam es jedoch in der Zwischenzeit zu einem Wortgefecht.

„Heny zettelt ständig Schlägereien an“, beschwerte sich Samy bei Daria.
„Du hast mir doch selbst erzählt, dass du früher auch immer wieder an Raufereien beteiligt warst. Er ist dein Sohn. Wundert es dich?“, antwortete sie schnippisch.
„Du bist eine Hure!“, schleuderte ihr Samy entgegen.
Da schlug sie ihn das erste Mal mit voller Wucht ins Gesicht. Dies ließ sich Samy aber nicht gefallen und begann auf sie einzudreschen. Sie wehrte sich so gut sie konnte. Mit ihren Fäusten, mit ihrer Handtasche

schlug sie auf ihn ein. Schließlich rannte sie ins Zimmer der Sozialarbeiter und bat, dass man sie zu ihrem Schutze isoliere.

Einige Minuten später wurde sie wieder ins Büro geholt und aufgefordert, Henys Einweisung ins Kinderheim Hohe Warte zu unterschreiben. Sie wusste nicht einmal, warum ihre Zustimmung erforderlich war und wurde darüber auch nicht aufgeklärt. Doch sie unterschrieb. Dass sie bis zu diesem Zeitpunkt noch die gerichtliche Obsorge innegehabt hatte, die sie mit ihrer Unterschrift nun jedoch abgegeben und der Gemeinde Wien übertragen hatte, daran dachte sie in diesem Augenblick nicht. Eigentlich hätte sie kurz zuvor noch das Recht gehabt, Heny einfach mit sich heimzunehmen. Im Grunde ihres Herzens wollte sie auch gar nicht daran denken, da sie ihre neue Ehe nicht aufs Spiel setzen und ihre anderen Kinder nicht gefährden wollte. Ihre Beweggründe waren ja lauter. Doch manchmal ist der Beweggrund gut und die daraus resultierende Tat schlecht. Nach diesem Tag sprach sie mit Samy nun endgültig kein einziges Wort mehr.

Eines Tages erhielt Daria einen Anruf vom Kinderheim. „Ist vielleicht Walter bei Ihnen?“, sagte die Stimme auf der anderen Seite der Leitung. „Er ist wahrscheinlich aus dem zweiten Stock gesprungen und geflüchtet.“
„Aus dem zweiten Stock?“
„Ja, scheinbar. Durch die Tür hat er jedenfalls das Gebäude nicht verlassen.“
„Ich habe nichts von ihm gehört“, antwortete sie. „Wieso können die Kinder bei Ihnen einfach davonlaufen? Können Sie nicht besser aufpassen und die Fenster fluchtsicher machen?“
„Ein Kinderheim ist kein Gefängnis“, klärte sie diese Stimme auf. Dann verabschiedeten sie sich und das Gespräch war somit beendet.

Seither waren einige Wochen vergangen. Heny war notgedrungen ins Heim zurückgekehrt. Doch wegen der Autoeinbrüche, die er mit der Engelsplatzpartie verübt hatte, und der vorsätzlichen Beschädigung eines Autos war ein Strafverfahren anhängig gewesen. Eigentlich hatte Heny gedacht, dass er über dieses Auto springen könne. Doch war es ihm nicht gelungen und er war auf der Motorhaube gelandet, die wiederum eine Delle abbekommen hatte. Dass ihm ein Sprung über ein Auto nicht gelungen war, das konnte er doch unmöglich zugeben. Peinlich war das.
„Wusstest du eigentlich, dass das Auto kaputt gehen könnte, wenn du auf die Motorhaube springst?", hatte ihn der Richter gefragt.
„Ich habe es nicht ausgeschlossen", war daher Henys Antwort gewesen. Daraufhin war er auch noch wegen Sachbeschädigung verurteilt worden.

Nun saß er dem Justizbeamten gegenüber. Vor ihm auf dem Tisch lag der gesamte Inhalt seiner Taschen ausgebreitet: Ausweise, Brieftasche, Schlüssel, ein kleiner Zettel, ein Taschentuch. Nur sein Taschenmesser fehlte. Das hatte er schon früher abgeben müssen. Vor der Verhandlung. Nachdem er sich umgezogen hatte, wurde er in seine Zelle geführt. Dort saß ein dicker Typ. Man sah ihm den Gauner schon von Weitem an. Der zweite war das genaue Gegenteil. Ein spindeldürrer, vertrockneter Bursche mit grünen Augen, die Heny kalt und unbeirrt anstarrten. Das waren also seine Zellengenossen. Beide hatten schon eine Menge Vorstrafen wegen Rauschgifthandels abgesessen.

„Die werden da herinnen bald ein paar verdammt kranke Junkies erleben", meinte der Dicke.
„Meine Zeit läuft bald ab", sagte der Dürre im Jammerton. Und es dauerte auch nicht lange, bis er zu stöhnen begann und sich auf dem Fußboden krümmte. Dann kamen die Durchfälle, das Erbrechen und die Schweißausbrüche.
„Ich bekomme immer einen heftigen Niesreiz, Jucken und Erstickungsanfälle", sagte Heny.
„Niemand quält sich durch einen Entzug", sagte der Dicke, „außer er sitzt im Knast. Ein oder zwei Tage wären noch auszuhalten, aber fünf

bis acht Tage sind eindeutig zu viel. Ich könnte schon allein daran sterben, dass ich es einfach in meinem eigenen Körper nicht mehr aushalte."

Heny legte sich auf sein Bett. Auch er hatte zunächst einmal nur schwache Anzeichen von Entzugserscheinungen. Sie brachten bei ihm regelmäßig diese magischen Erinnerungen zurück. Er verspürte ein brennendes, sehnsüchtiges Aufwallen in seiner Kehle. Eine Flut von Kindheitserinnerungen. Erinnerungen an windumwehte Pferderitte in der Wachau. An sonntägliche Wanderungen im Anschluss an die Kindermesse im Dom zu St. Stephan. Spaziergänge im Lainzer Tiergarten und auf dem Kahlenberg. An heißen Sonnenschein in der afrikanischen Steppe. Oder an die Weihnachtslieder der vor dem glänzenden Weihnachtsbaum versammelten Familie. Ein Hauch von Pulverschnee an den Fensterscheiben. Traum und Wirklichkeit konnte er nun nicht mehr unterscheiden. Die Grenzen verwischten sich. Wie verzaubert schlenderte er in seiner Fantasie gemächlich am Ufer der Donau entlang, vorbei an den vertäuten Booten, in Richtung Engelsplatz. Zur Endstation der Straßenbahn. Wie hatte sie bloß solch kräftige, tiefe Wurzeln zerreißen können? Warum hatte sie nicht lieber die Besuche bei Papa gleich von Anfang an unterbunden?

Als er aufwachte, war seine Kleidung von Schweiß durchnässt. Seine Augen tränten und schmerzten. Am ganzen Körper hatte er diesen quälenden Juckreiz. Er wälzte sich im Bett herum, streckte Arme und Beine durch, zog die Knie an, bis unters Kinn, presste seine Hände zwischen die Schenkel. Er hatte das Gefühl, seine ganze Lebensenergie sei aus seinem Körper gewichen. Als sei er zu einem Haufen elender Knochen zusammengeschrumpft. Er wälzte sich von einer Seite zur anderen. Er spürte am ganzen Leib ein Jucken und Prickeln, als würden tausende Ameisen unter seiner Haut herumkrabbeln.

Dieser Zustand dauerte mehrere Tage an. Aber eines Morgens war der Spuk zu Ende. Heny fühlte sich in seiner Haut wieder ganz wohl. Er hatte auch Appetit und konnte essen. Alles kam ihm verändert vor. Alles hatte wieder schärfere Konturen. Doch dann plötzlich wurde er lustlos. Zu jeder Bewegung musste er sich erneut zwingen. Er wollte

nichts mehr haben, nicht einmal Heroin wollte er haben. Die Gier danach war weg. Aber es war nichts an seine Stelle getreten. Diese Übergangszeit musste er irgendwie überbrücken. Daria! Er würde Daria anrufen! Er ließ sich zur Telefonzelle führen und wählte mit fahrigen Fingern die Nummer. Es dauerte eine Weile bis abgehoben wurde.
„Hallo! Ich rufe aus dem Gefängnis an“, sagte er.
„Was? Aus dem Gefängnis? Wieso kannst du dort überhaupt telefonieren?“, fragte Daria. In ihrem Schreck vergaß sie völlig, ihn zu fragen, warum er überhaupt inhaftiert sei, wie es ihm gehe oder ob er etwas brauche. Gar nichts fiel ihr ein. So überrascht und überrumpelt war sie von der Tatsache, einen Anruf aus einem Gefängnis zu erhalten. Da antwortete er bloß nonchalant:
„Mit Geld kann man eben alles erreichen, auch das Recht zum Telefonieren.“

Allein durch diese überhebliche Antwort hatte er sich in ihren Augen bereits wieder in eine Position gerückt, in welcher er – wie sie annahm - ihrer Anteilnahme oder Hilfe gar nicht bedurfte. Als sie auflegte, war sie so verwirrt, dass sie nicht einmal sagen konnte, wie lange dieses Gespräch gedauert haben mochte. Vermutlich nicht sehr lange, dachte sie. Doch der Schock saß ihr noch in allen Gliedern. Neben ihr war Mike gesessen und hatte alles mit angehört. Sie warf einen flüchtigen Blick auf ihn. Völlig unbeteiligt saß er da. Gemütlich in seinen Ohrensessel zurückgelehnt starrte er gespannt auf den Fernsehbildschirm. Sie hatte all diese emotional belastenden Erfahrungen der Vergangenheit in ihr neues Leben mitgenommen, dachte sie. Alle Probleme. All die nicht diskutierten Konflikte. Diese Fehlentscheidung bezüglich Heny. Doch ihren Mann schien dies alles nicht im Geringsten zu berühren. Vielleicht hätten sie sogar alle miteinander absolut glücklich werden können, wenn sie den Buben bei sich behalten und sich gemeinsam um ihn gekümmert hätten. Wenn sie ihn doch nur von Samy, Sabina und Silvia ferngehalten hätte! Doch nun war es zu spät. Sie würde wohl nie erfahren, was Heny ihr am Telefon wirklich hatte sagen wollen. Immer wollten sie einander so vieles mitteilen, doch im entscheidenden Augenblick stellten sie einander stets die falschen Fragen und gaben einander stets die falschen Antworten.

Heny war erschöpft. Die letzten Tage hatten einfach zu viel Kraft von ihm gefordert. Am liebsten hätte er sich jetzt irgendwo in einen Winkel verkrochen, wo er zur inneren Ruhe kommen hätte können. In ein Nest, behütet und abgeschirmt von seiner Umwelt. Er stieß die Klapptür der Telefonzelle auf und trat hinaus in die halbdunkle Halle, wo ihn der Beamte bereits erwartete. Sein Kopf schien ihm zerspringen zu wollen. Er wusste nicht mehr, was er nun tun sollte. Wofür hatte er sich diese sieben Tage seiner Haft durch den kalten Entzug gequält? Das Heroin war zwar aus seinem Körper draußen, aber es war noch immer in seinem Kopf. Er sehnte sich plötzlich wieder danach.

Was hatte man ihnen denn eingeredet? Clean werden. Damit sie im Gefängnis arbeiten können. Für ihre Familien. Für sich selbst und ihre eigene Gesundheit. Die Wirklichkeit war, dass all das doch so sinnlos war. Die Gesundheit egal. Da draußen wartete sowieso nichts und niemand auf ihn.
Doch! Jemand wartete auf ihn. Und dieser Jemand war Harry. Eines Tages würde er ihn wieder fragen:
„Hättest du Lust auf einen Schuss?“
Da würde er diese bekannte Erregung verspüren. Plötzlich würde sie wieder da sein und er würde es wiedermachen. Sicher würde er nicht die Kraft aufbringen, im entscheidenden Moment „nein“ zu sagen, da er keine Ziele und Perspektiven vor Augen hatte, die er sich nicht durch einen kurzfristigen Rauschzustand zerstören lassen wollte.

Die Monate waren wie im Flug vergangen. Dalia war in die Diskothek Atrium unterwegs. Am Schwarzenbergplatz stieg sie aus. Da packte sie plötzlich jemand von hinten an der Schulter. Unwillkürlich schrie sie auf. Dann hörte sie ein bekanntes Lachen und drehte sich um. Hinter ihr stand Heny. Er trug eine Bomberjacke und Springerstiefel mit weißen Schuhbändern. Darunter hatte er ein T-Shirt, auf dem die Zahl 28 als Code für „Blood and Honour" aufgedruckt war. Er trug Hosenträger. Seine Haare waren extrem kurz geschnitten.

„He!", sagte Dalia und lachte nun auch. „Wie siehst du denn aus? Bist du unter den Rasenmäher gekommen?"
„Nein, ich bin jetzt in der rechten Szene. Da trägt man diese Frisur und solche Kleidung. Ich habe in der Rüdenburg einige Typen kennengelernt, ..."
„Was ist die Rüdenburg?", unterbrach ihn Dalia.
„Das Jugendgefängnis", antwortete Heny.
„Heny!", rief Dalia aus. „Du warst im Gefängnis?"
„Ja, Sachbeschädigung und Raufhandel. Und dann wurde ich nochmals wegen Wiederbetätigung festgenommen. Die StaPo hat im Heim unsere Schränke durchsucht. Da sind sie auch bei mir fündig geworden. Mein Hitler-Bild und diverse Schriften, wie zum Beispiel ‚Hausarrest für Vranitzky' haben sie kassiert. Dann sagte der Beamte zu mir: ‚Bei deiner Einstellung werden wir noch voneinander hören.' Ich habe ihm geantwortet: ‚Das wird sich nicht vermeiden lassen.' Das war natürlich in seinen Augen frech. Na, was soll ich machen?"
„Übrigens", setzte Heny fort, „ich habe eine Bitte: Sag nie wieder Heny zu mir. Ich heiße Walter. Walter ist mein Geburtsname, ich meine, der Name, der mir bei meiner Geburt von meiner leiblichen Mutter gegeben wurde. Und so möchte ich genannt werden. Versprich es mir!"
„Okaaayyy ..." Dalia zog das Wort in die Länge und sah ihren Bruder dabei fragend an.
„Hast du verstanden? Du musst es mir versprechen", wiederholte Heny.
„Ich verspreche es dir", antwortete sie. „Also, ... Walter, willst du mit mir ins Atrium kommen? Ich treffe dort ein paar Freunde."

„Einverstanden." Er zog die Bomberjacke aus und hängte sie über die Schulter.
„Oh, du hast ein Hakenkreuz tätowiert?", fragte Dalia erstaunt.
„Wie du siehst", antwortete er. „Ich habe dir doch eben gesagt, in welchen Kreisen ich jetzt verkehre. Das sind ganz coole Leute. Ich war schon oft auf ihren Partys. Sie hören urschnelle Musik von englischen Bands. Beim Tanzen stößt man immer wieder mit den Köpfen zusammen." Er packte Dalia an den Hüften, rückte sie in die geeignete Position und demonstrierte es ihr anhand ihrer beider Köpfe. „So", sagte er, „siehst du? Die Mädels tragen übrigens Renee-Frisuren."
„Wie sehen diese Frisuren denn aus?", wollte Dalia wissen.
„Oben kurz und rundherum ein bisschen länger. Ach, ich weiß auch nicht, wie ich dir das erklären soll", antwortete er.

Dalia überlegte eine Weile, während sie die Kleidung des Bruders genauer musterte. Zuerst drehte sie ihn nach allen Seiten. Dann trat sie einen Schritt zurück, um einen Gesamteindruck von ihm zu gewinnen. „Cool siehst du aus, aber wir waren doch immer antirassistisch", sagte sie schließlich. „Im Umkreis um den Engelsplatz gibt es ja Türkengegenden, der Allerheiligenpark zum Beispiel. Kannst du dich noch erinnern? Die Älteren waren immer mit den Türken befreundet. Die haben wahrscheinlich Gras von ihnen bezogen." Dalia kicherte. „Wir waren doch immer gegen Hooligans." Dann überlegte sie. „Aber, sag einmal, wieso akzeptieren dich die Nazis eigentlich überhaupt? Du bist doch Ägypter. Wollen sie nicht nur Deutsche?"
„Oh nein, sie verehren mich sogar, da ich von einem Königshaus abstamme. Übrigens sind Ägypter ja auch gegen die Juden. Und sie haben nur etwas gegen Tschuschen, Kanaken und Juden", antwortete Heny.
„Wie war es übrigens im Gefängnis? Wie sieht so eine Zelle denn überhaupt aus?" Nachdem Dalia ihren ersten Schock überwunden hatte, begann nun die Neugierde zu überwiegen.
„Die Zelle ist etwa zwei mal drei Meter groß", erklärte Heny.
„Erzähl mir einmal, wie man sich fühlt, wenn man das erste Mal in so ein Gefängnis kommt. Wie wird man behandelt? Wohin kommt man zuerst? Was muss man alles abgeben? Was darf man behalten?"
„Man muss alles, was man bei sich hat, abgeben und man bekommt

ein blaues Gewand, so wie es die Bauarbeiter tragen, Schuhe, Unterwäsche, Socken“, antwortete Heny. „Lauter Gewand, das schon tausende Leute vor einem angehabt haben. Das ist schon irgendwie ekelig. Man kommt dann in die Zelle. Dort steht ein Bett. Es gibt ein WC, ein Waschbecken und zwei Stühle. Mehr hat man nicht.“
„Ist das WC vom restlichen Zimmer abgetrennt?“, erkundigte sich Dalia.
„In der Rüdenburg, das ist eines der ältesten Gefängnisse, steht das WC frei im Raum. Es gibt nur einen Vorhang zum Vorziehen.“
„Oh, nein!“, rief sie aus. „Warst du allein in der Zelle? Oder zusammen mit anderen?“
„Diesmal waren wir zu zweit“, antwortete er. „Er war ganz nett. Da er schon ein paar Mal dort war, konnte er mir sagen, wie der Hase läuft.“
„Weiß man eigentlich von vornherein, was mit einem geschieht? Oder ist man ziemlich hilflos und hat Angst?“, wollte sie noch wissen.
„Bevor irgendjemand mit einem redet, vergehen sicher achtundvierzig Stunden. Am zweiten Tag kam also ein Sozialarbeiter zu mir und erklärte mir den Tagesablauf. Wann Essenszeit ist. Wann man aufstehen und was man machen muss. Wie man etwa Arbeit bekommt und so fort. Wenn man Arbeit findet, ist es nicht so langweilig und man kann natürlich dabei Geld verdienen. Es gibt auch viele Freizeitbeschäftigungen. Einmal im Monat kommt eine Band. Man kann zwei oder drei Tage pro Woche etwas unternehmen, sich zum Beispiel zu einer Bastelgruppe anmelden und einmal pro Woche Fußball spielen oder sonst irgendeinen Sport betreiben. Ich habe meistens Basketball gespielt. Das organisieren die Sozialarbeiter. Sie achten darauf, dass es Abwechslung gibt, damit die Leute beschäftigt sind und nicht auf dumme Gedanken kommen. Denn je länger du nur mit ein- und derselben Person ständig zusammen bist, desto eher kommt es zu Streitereien. Das kann schon manchmal ausarten.“
„Wird man von der Zelle abgeholt und wieder zurückgebracht?“
„Ja, der Beamte ruft über die Sprechanlage aus: Alle, die zum Basketballspiel angemeldet sind, mit Sportsachen, Handtuch und Duschzeug, bitte vorkommen! Und dann kommt ein anderer Beamter und geht mit in den Turnsaal. Man muss sich vor dem Spiel aufwärmen und danach duschen gehen. Wie in der Schule.“
„Und ...?“ Dalia zögerte. Sie hatte noch eine Frage auf dem Herzen.

Eine ganz wesentliche. Sie gab sich einen Stoß und stellte sie ihm: „Bist du jetzt clean?“

„Natürlich. Man muss zuerst clean sein, damit man im Gefängnis arbeiten darf.“ Heny schüttelte mahnend den Kopf. „Glaubtest du mir etwa nicht, als ich dir sagte, dass ich aufhören würde?“

Dalia setzte ein breites Grinsen auf. „Das freut mich, Walter!“ Sie strahlte ihn an. „Komm! Gehen wir jetzt, bevor wir hier Wurzeln schlagen! Meine Freunde warten bestimmt schon auf mich.“

Während sie langsam über den Schwarzenbergplatz schlenderten, sagte Dalia:

„Ich habe für dich auch eine Neuigkeit. Ich wohne nun nicht mehr bei Papa. Als du schließlich überhaupt nicht mehr heimkamst, konnte ich es mit Donna, dieser verwöhnten Nudel, alleine ohne dich, gar nicht mehr aushalten. Ich flüchtete daher eines Tages zu Omi, zu Darias Mutter.“

„Zu Omi?“, rief Heny verwundert und blieb abrupt stehen.

„Ja. Seither lebe ich bei ihr und Manuela. Ich habe beim Jugendamt um Großjährigkeit angesucht und arbeite jetzt in einem Kindergarten.“

„Das sind ja gute Nachrichten, Schwesterherz!“, rief Heny aus und umarmte sie heftig. Sie gingen noch ein Stück und waren auch schon beim Eingang der Diskothek angelangt. Sie betraten das Kellerlokal.

Manuela war allein daheim. Hermine war wieder einmal auf Kur gefahren und Dalia war nach Dienstende noch mit Freunden ausgegangen. Manuela saß gerade gemütlich vor dem Fernsehapparat, als die Türglocke schrillte. Sie lugte durch das Guckloch. Vor der Tür stand ein Bursche. Die Gesichtszüge kamen ihr bekannt vor, obgleich das gesamte Erscheinungsbild ihr nicht vertraut war. Sie musterte ihn sorgfältig. Wer kann denn das sein, dachte Manuela.
„Ach, Heny, du bist es!“, rief sie schließlich aus und öffnete die Tür.
„Hallo! Kann ich hineinkommen?“, fragte er.
„Ja, komm nur weiter!“, forderte sie ihn auf.
Heny betrat das Vorzimmer und begann, sich die Doc Martens aufzuknüpfen. Er schlüpfte aus den schweren Schuhen und folgte Manuela ins Wohnzimmer.
„Nimm Platz!“, sagte sie.
Er setzte sich auf einen der Stühle.
„Wie geht es dir?“, fragte Manuela.
„Nicht so gut, wenn ich ehrlich bin“, antwortete er, „Papa hat mich hinausgeworfen. Ich weiß nicht, wo ich hingehen soll. Bei meiner Mutter war ich auch schon, aber die will mich nicht aufnehmen. Ich wollte fragen, ob ich vielleicht auch bei Omi wohnen dürfte.“
„Wie stellst du dir denn das vor? Jetzt haben wir schon Dalia bei uns aufgenommen. So viel Platz haben wir auch wieder nicht in der Wohnung“, entgegnete Manuela sofort.
„Dann ruf doch Omi an und frag sie!“ Heny wurde bereits ungeduldig.
„Diese Frage kann ich meiner Mutter nicht einmal stellen“, antwortete Manuela empört. Sie dachte, warum sollten wir einen Jugendlichen bei uns aufnehmen, der von seinen eigenen Eltern hinausgeworfen worden war? Das würde doch schon seine guten Gründe haben.
„Wenn du das nicht tun willst, dann kann ich ja ein wenig nachhelfen. Ich habe gute Freunde. Die werden sicher mit Vergnügen die Reifen an deinem Auto aufschlitzen“, sagte Heny drohend.
„Also, wenn du mir so kommst, dann schon gar nicht! Was bildest du dir denn eigentlich so ein? Es wird schon einen Grund haben, warum dich dein Vater nicht mehr bei sich behalten will. Überall gibt es Regeln, die man einhalten muss. Du willst einfach keine Disziplin halten.“ Manuela war nun ziemlich aufgebracht.

„Das ist nicht deine Wohnung, dass du dich so aufspielst. Frag einfach Omi, ob ich hierbleiben darf!“ Nun wollte er nicht mehr zurückziehen. „Sie ist auf Kur. Ich weiß jetzt schon, was ihre Antwort sein wird: ‚Nein!‘ Also brauche ich sie erst gar nicht zu fragen. Aber ich rufe Daria an, die soll sich um dich kümmern.“ Manuela wählte die Nummer ihrer Schwester. Nachdem sie ihr den Sachverhalt geschildert hatte, sagte diese: „Schick Heny zu mir! Ich werde mit ihm zu Hamed fahren. Vielleicht kann er bei ihm wohnen.“
Heny setzte sich voll Erwartung in den Bus und fuhr zum Engelsplatz.

Es dauerte nicht lange, da erhielt Daria noch einen Anruf. Diesmal war Hermine am Apparat.
„Jetzt hat mich Manuela gerade angerufen, um mir mitzuteilen, dass Heny auch vor unserer Türe steht“, schrie sie erbost in den Hörer ohne zu grüßen. „Glaubst du vielleicht, ich bin eine Auffangstelle für alle deine Kinder, die du nicht mehr willst? Der würde mir ja die ganze Wohnung auf den Kopf stellen, dieser Heny. Und wenn er Geld braucht, dann haut er mir womöglich eine über den Schädel. Ich habe Dalia schon gesagt, sie kann ihn treffen, wo sie will, aber in die Wohnung kommt er mir nicht.“ Daria wusste nichts zu entgegnen.

Kurze Zeit danach, traf Heny am Friedrich-Engels-Platz ein, wo Daria bereits auf ihn wartete. Sie machten sich auf den Weg zu seinem väterlichen Onkel. Beide waren voll der Erwartung und der Hoffnung. Doch welche Enttäuschung! Auch Hamed wollte Heny nicht in seine Familie aufnehmen. Einen Augenblick lang spielte Daria mit dem Gedanken, Alexander Bisenz zu kontaktieren und ihn zu bitten, dass er sich seines Neffens annehmen möge. Im selben Moment jedoch ließ sie diese Idee gleich wieder fallen. Bestimmt hätten sie mit einer weiteren Zurückweisung rechnen müssen. Als sich ihre Wege trennten, fragte Daria Heny nicht, wohin er ginge.

HENY

Ich hatte mir alles nehmen lassen. Alles was ich über mein Leben denken kann, ist, dass ich die ganze Zeit darauf gewartet hatte, dass sich mein Leben mich aussucht. Meine Stimme ruft alle Erinnerungen zusammen, alle über Jahre verstreuten Puzzleteile meines Lebens. Nach einer Zeit der verführerischen Sicherheit unterläuft mir immer wieder ein Augenblick der Unachtsamkeit. Es ist immer irgendwo eine kleine Lücke und ich falle auseinander. Ich kann niemals über meine Ängste, Sorgen und Schwächen sprechen. Eine ständige Angst vor einem alles gefährdenden Augenblick. Ich hatte gedacht, ich könnte immer so weiterleben. Doch schließlich kam der Moment, in dem ich für dieses Leben verloren war. Der Moment, von dem an ich nicht mehr zurückkonnte. Der Moment, in dem meine Zukunft sich von mir abwandte. Ich habe mir selbst die Tür gewiesen, mich aus diesem Leben ausgeschlossen. Meinen Erwartungen an dieses Leben kann ich nicht gerecht werden. Mein Leben wurde durch meine Erinnerungen daran ersetzt und von ihnen übertroffen. Wann immer ich etwas erreicht hatte, im nächsten Moment machte ich alles zunichte. Es ist meine eigene Schuld. Ich bin ein Versager.

Daria war gar nicht meine leibliche Mutter. Diese Erkenntnis schmerzte überraschend stark. Die Vorstellung, dass alles, was ich bisher gewesen war und was man mir erzählt hatte, eine Lüge war. Es war eine einsame und schwere Zeit. Es passte alles. Ihre Ablehnung mir gegenüber. Die Abweisung durch Manuela und Omi. Na klar, ich war nicht ihr Fleisch und Blut. Die Wut und den Hass, den ich gegen sie dann zu empfinden begann. Es war mehr als ich ertragen konnte. Wie ich zitterte, hin- und hergerissen von meinen Gefühlen. Es war schrecklich. Wie ich sie hasste! Ich wollte sie nie mehr wiedersehen, und trotzdem habe ich sie so furchtbar vermisst.

Auch Silvia hat mich weggegeben, als ich ein Baby war. Als ich viele Jahre später dann vom Kinderheim, in welches mich mein Vater einweisen hatte lassen, wegrannte und als abgängig galt, lief ich zu ihr. „Ich bin wie du", habe ich ihr gesagt. „Nein, nie und nimmer", meinte sie, „ich bin eine Frau und du ein Mann." Und wieder hat sie mich vor die Tür gesetzt. Das konnte ich meinem Vater gar nicht gestehen, dass ich wieder gescheitert war. Immer wieder gescheitert und abgewiesen.

Dann wohnte ich bei unserer Nachbarin, im selben Häuserblock, in dem mein Vater wohnte, doch er merkte es nicht einmal. Bis sie mich eines Tages schlug. Das konnte ich mir als Mann doch nicht bieten lassen! Von einer Frau! Frauen sind bloß Gebrauchsgegenstände, die man benützt, wenn man sie braucht und dann wegwirft.

Und erst Samy! Diese Willkür und Unberechenbarkeit waren immer das Schlimmste. Ich habe Angst vor ihm, denn er ist stark und hat eine Pistole. Und doch will ich sein wie er. Sabina wollte ich einen Gefallen tun, damit sie mich besser leiden könne. Während ihres Urlaubs sollte ich Aufzeichnungen machen über die Damenbesuche, die mein Vater erhielt. Ich sehe Sabina und Samy, wie sie streiten. Es ist wegen mir. Dann kommt mein Vater auf mich zu. Er fasst mich am Genick. Er hebt mich hoch und presst mich gegen die Wand. Ich baumle in einem halben Meter Höhe. Dann höre ich sein Gebrüll, dass ich ein dreckiger Verräter sei und ein Dieb obendrein. Auch Geld hätte ich ihm aus dem Hosensack gestohlen. Ich solle ihm nicht mehr unter die Augen kommen.

Mein ganzes Leben lang hatte ich unter diesen Ereignissen gelitten. Das sind die Dinge in meinem Leben, über die ich nicht sprechen kann, weil mir die Worte fehlen. Die zu groß und gewaltig sind, um sie in meinem Schmerz auszudrücken. Auch wenn ich vortäusche, diese Ereignisse hätten nicht existiert, um es mir selbst leichter zu machen, so sind sie doch die prägendsten für mein Dasein gewesen.

Also habe ich gelernt, wie man Macht an sich reißt und die eigene Schwäche versteckt. Vergeltung will ich üben. Meine Schwäche verbergen. Zuerst holt man sich die Macht von den Schwachen, den Opfern. Das macht Sinn.

Die Idioten vom Floridsdorfer Spitz, die ich mit meinem Messer und meinem Massai-Speer in die Flucht geschlagen habe. Die Bundesheersoldaten in dem Zug, die wir verprügelten. Ich und meine Kumpane vom Lehrlingsheim. Der Pole, der Scheiß-Ausländer, der im Dreck vor uns lag, als wir ihn mit unseren Stiefeln mit den Metallkappen ins Gesicht traten. Man darf sich das Opfer nicht als Menschen vorstellen. So funktioniert es. Nicht als Person mit einem Namen. Bloß als Ungeziefer, das man loswerden muss, damit es die Welt nicht vergiftet. Dann werde ich wie ein Held auf einem Drachen zum Ruhm reiten. Blut und Ehre! Blut und Ehre! Das sind meine Ideale.

Ich kann umkehren, wenn ich nur will. Doch, ich kann es! Nochmals von vorn anfangen. Das nächste Mal kann ich es besser machen. Vielleicht kann ich alles richtig machen, wenn ich ein Mädchen finde, das mir eine moralische Stütze ist. Wenn mir
jemand hilft, kann ich es schaffen. Meine Ziele sind mein Job und eine eigene Wohnung. Ich habe angesucht, die Gesellenprüfung als Tischler vorzeitig ablegen zu dürfen, damit ich in meine Gemeindewohnung ziehen kann, die mir schon zugeteilt wurde. Mein Ansuchen um vorzeitigen Lehrabschluss wurde bereits bewilligt. Alles läuft derzeit wie am Schnürchen. Ich werde ein ordentliches Mädchen suchen und eine Familie gründen. Mein Kind wird liebevoll erzogen werden, in geordneten Verhältnissen aufwachsen und ein „ganzer Österreicher" sein. Um dies zu erreichen, muss ich vorläufig noch im Lehrlingsheim bleiben, schnell meine Ausbildung abschließen und mich nach außen hin weiter anpassen.

Vielleicht wechsle ich auch die Seiten und mache doch noch die Polizeischule. Doch meine Ideologie kann mir keiner nehmen!

Der Engelsplatz hat eine eigenartige Anziehungskraft. Eine Anziehungskraft auf alles, was am Absterben ist. Die Todesahnung liegt über dem Engelsplatz wie unsichtbare Nebelschleier. Die Junkies stehen herum und warten auf die Dealer. Sie besitzen die unterschiedlichsten Eigenschaften, doch irgendwie sehen sie alle gleich aus. Beinahe jedem von ihnen sieht man schon von Weitem den Junkie an. Norbert, Polto, Ricardo, Richard, Toni, Harry, Heny und wie sie alle hießen. Ein paar von ihnen sind inzwischen tot. Sie nahmen Rohypnol und Heroin. Andere sitzen im Gefängnis oder sind in die Psychiatrie eingewiesen.

Manche Junkies empfinden ein ausgesprochenes Vergnügen dabei, andere süchtig zu machen. Sie freuen sich natürlich auch aus finanziellen Gründen über jeden neuen Kunden. Sie nehmen junge Burschen mit auf ihr Zimmer und laden sie zu einem Schuss ein. Dann sitzen sie ihnen gegenüber mit einem listigen Lächeln und beobachten, wie das Heroin bei ihrem Opfer wirkt. Sobald der Bursche süchtig ist, hören die Werbegeschenke auf und er muss zahlen. Für den Rest seines Lebens.

Niemand wacht eines Tages auf und beschließt von sich aus, Junkie zu werden. Um eine wirkliche Sucht zu entwickeln, und um zu wissen, was Suchterscheinungen überhaupt sind, muss man in der Regel die Droge vorher schon ein paar Mal abgesetzt haben. Typischerweise führen Junkies ihre Entzugserscheinungen zunächst einmal auf ganz andere Ursachen zurück. Von ihrer ersten Sucht werden nämlich die meisten völlig überrascht. Schließlich nimmt ihnen Heroin alles und gibt ihnen dafür nichts weiter als die vorläufige Garantie, dass sie von den Schmerzen und Qualen des Entzugs verschont bleiben. Ist man erst einmal süchtig, hat man keine Skrupel mehr. Ein Junkie macht auch vor seinen engsten Familienmitgliedern nicht halt. Für seine Sucht bestiehlt und betrügt er seine eigene Großmutter und bricht jedes einzelne der zehn Gebote, um an den Stoff heranzukommen.

Nachdem die anderen heimgegangen waren, brach auch Heny auf. Bald befand er sich im Zentrum der Stadt, auf dem in abendlicher

Beleuchtung liegenden Stephansplatz. Die Turmspitzen, schlank und graziös, von Tauben umflogen, ragten in den Himmel. Vor dem Stephansdom standen Pferdegespanne, die Fiaker. Er schlurfte langsam die Kärntnerstraße entlang. Als er schließlich auf dem Karlsplatz stand, wurde er sich mit einer gewissen Beunruhigung seiner Lage bewusst. Den ganzen Tag über hatte er den Mut nicht sinken lassen, nun jedoch überkam ihn eine entsetzliche Hoffnungslosigkeit. Wo würde er die Nacht verbringen? War es vielleicht doch ein Fehler gewesen, wieder aus dem Heim zu flüchten? Nun wurden die Nächte schon länger. Er fuhr mit der Rolltreppe hinunter in die Opernpassage. Er blickte um sich. Dort standen, saßen oder lagen sie herum. Das waren nun die richtigen Junkies. Keine Anfänger, wie die Leute vom Engelsplatz. Konnte es etwas Traurigeres und Trostloseres geben als diese Drogenabhängigen? Hohlwangig. Mit erloschenen Augen. Abstoßend unheimlich und degeneriert. Würde er eines Tages ebenso aussehen?

Er schlenderte durch die Passage, bis er beim Resselpark wieder herauskam. Still sank die Dunkelheit herab. Heny machte mit einem Junkie, der sich ihm zugesellt hatte, eine Runde durch den bei Nacht verödeten Naschmarkt. Ihre Schritte dröhnten auf dem Asphalt. Im Nebel versank der Mond hinter den hohen, dunklen Gebäuden. Sie kehrten um, legten sich ins feuchte Gras und rollten sich zusammen.

Der nächste Morgen brach mit einer milden, rötlichen Dämmerung an. Als Heny erwachte, nahmen die Konturen der Karlskirche mit ihrer grünen Kuppel vor seinen Augen Gestalt an, doch dann verschwammen sie wieder im Morgennebel. Ein tiefes Sehnen übermannte ihn. Gestaltlos und unbestimmt. Je mehr er sich diesem Sehnen hingab, desto bestimmter wurde es. Er dachte an die vergangenen Jahre. An die Jahre auf dem Engelsplatz. An die Engelsplatzpartie, die ihm in Zeiten der Not Schutz und Sicherheit gegeben hatte. Er empfand sich noch immer als einer von ihnen. Dort hatte er sich geborgen gefühlt. An die guten alten Zeiten erinnerte er sich und an die schlechten. An die Armut. Die Verluste, die er hinnehmen hatte müssen. Die Ablehnung, die ihm widerfahren war. Aber auch an die Urlaube, Ausflüge und Kirchenbesuche. An seine einstigen Erfolge als Judoka. All dies war lange her. Dieser Engelsplatz war seine Heimat. Er hatte sie vorsätzlich weggeworfen. Was für eine Hölle hatte er nun gewählt? Er schloss die Augen von seelischem Schmerz gepeinigt. Nun befand er sich in der Gewalt von Kräften, die ihn auf vorgezeichneten Bahnen einem unergründlichen Schicksal entgegentreiben würden.

Heny lag auf der Seite und blinzelte durch das Gras, an dem Tautropfen hingen, die das Licht der Morgensonne reflektierten. Aus dieser Perspektive glich die Wiese einem grünen Parkettboden, der das Licht von Kronleuchtern einfing. Wie lange hatte er wohl geschlafen? Er setzte sich mit einem Ruck auf. Wo war der andere? Er musste schon früher aufgewacht sein und sich aus dem Staub gemacht haben. Heny verspürte ein flaues Gefühl in der Magengegend. Er raffte sich auf und griff in die Hosentasche nach seiner Geldbörse. Doch da war sie nicht. Er suchte in allen Hosentaschen. In allen Jackentaschen. Im Gras. Doch die Geldbörse blieb verschwunden. Der Typ musste sie wohl geklaut haben. Nun war Heny völlig mittellos. Er konnte sich nicht einmal eine Semmel kaufen. Missmutig schlenderte er zur nächsten U-Bahn-Station. Mit der U4 fuhr er bis Friedensbrücke. Dort stieg er aus und verließ das Stationsgebäude. Er überquerte den Donaukanal und wartete, bis die Straßenbahn mit schwankendem Gerüttel die Klosterneuburgerstraße einherkam. Er bestieg den letzten Waggon. Am Höchstädtplatz saßen die Sandler. Dort zog es Heny hin. Man begrüßte

ihn mit den Worten:
„Schau, des is jo da Buaschi, dea uns scho a por moi wos zum essn brocht hot."
Doch heute hatte er nichts für sie mitgebracht. Heute war er selbst in Not. Sie teilten ihren Doppelliter Wein mit ihm zum Frühstück.

Als Heny vom Höchstädtplatz aufbrach, war es bereits Nachmittag. Nun war er nicht nur schmutzig, sondern auch noch betrunken. Dies war der Zustand, in dem ihn Dodo vor ihrem Haustor traf.
„Hallo Heny, was ist mit dir los?", fragte Dodo.
„Ich bin aus dem Heim ausgebrochen", war seine Antwort. „Die suchen mich bestimmt überall. Jetzt habe ich schon 4 Nächte im Freien geschlafen. Ich hab‘ nichts zu essen."
Nach einer kurzen Unterredung beschloss Dodo zu seiner Mutter zu gehen und sie um Rat zu fragen.
„Heny ist abgängig", sagte er, „er hat Hunger."
„Ich werde ihm Wurstsemmeln machen", schlug Daria sofort vor.
„Er ist vom Heim weggelaufen und ist abgängig", wiederholte Dodo. „Er weiß nun nicht, wo er hingehen soll."
Daria zögerte. Sie kämpfte mit sich selbst.
„Dann soll er doch wieder ins Heim zurückgehen. Man kann nicht ständig von überall weglaufen, nur weil man keine Regeln befolgen will", sagte sie schließlich, packte die Wurstsemmeln ein und überreichte sie Dodo. „Bring sie ihm!"
Dodo ging mit der Jause hinunter zu Heny, überreichte sie ihm und teilte ihm mit, was Daria gesagt hatte.
„Ihre Wurstsemmeln kann sie sich in den Arsch schieben!", schrie Heny. „Deine Mutter ist eine Hure! Das kannst du ihr ausrichten."
„Das stimmt überhaupt nicht! Du bist undankbar! So eine Frechheit!", schrie Dodo zurück. Heny, dachte er, hat nun wirklich eine völlig asoziale Art und etwas Furchteinflößendes an sich, gerade so wie Papa.

Nach dieser Auseinandersetzung ging Dodo in den Waschküchenhof. Er fühlte so deutlich wie nie zuvor, dass sein Bruder für ihn nun endgültig verloren war. In diesem Moment wünschte er, er könnte wie durch ein offenes Fenster direkt in den Himmel sehen und dort Antworten auf all seine Fragen finden. Dodo setzte sich auf eine Bank,

starrte in die blaue Luft, verfolgte mit seinen Augen die vorbeiziehenden Wolken und wartete. Da sah er Toni kommen. Dodo stand auf und ging ihm entgegen.
„Hast du ein paar Rohypnol?“, fragte er ihn leise.
„Was machst denn du mit Rohypnol?“, sagte der Freund verwundert.
„Ich möchte vergessen“, sprach Dodo.
Toni verschwand wieder in seinem Haustor und kurz darauf kam er mit einer Flasche Wein und vier Tabletten zurück.
„Da nimm“, sagte er. „Das wird helfen. Alkohol betäubt.“
Dodo nahm gleich zwei Tabletten auf einmal und spülte sie mit Wein hinunter. Auf einer Parkbank im Hof schlief er sich seinen Rausch aus. Es war bereits später Abend, als er wieder heimkam und sich sofort zu Bett legte. Als er bereits ruhig schlief, kam Mike nach Hause. Plötzlich stürmte er auf den Schlafenden zu und boxte ihn mit der Faust mehrmals auf den Kopf.
„Deine Freunde sind gefährlich! Deine Freunde sind gefährlich!“, wiederholte er stereotyp im Rhythmus der Schläge, die auf Dodo niederprasselten. Dieser drehte sich schnell um, damit Mike ihn nicht ins Gesicht treffe, sondern bloß auf den Hinterkopf.

Als das Getrommel auf seinem Kopf endlich nachließ, sprang er auf und lief Mike hinterher.
„Bist du verrück?“, schrie er ihn an.
„Was sagst du? Was sagst du?“, stammelte Mike verwirrt, denn damit hatte er nicht gerechnet. Es war das erste Mal, dass sich sein Stiefsohn gegen ihn aufbäumte.
Wortlos betrat er das Schlafzimmer. Was er beobachtet und mit Dodo assoziiert hatte, verriet er nicht.

Es war Sonntag. Dodo schlenderte durch den Waschküchenhof und wartete auf seine Freunde. Da ging auf einmal das Fenster von Harrys Erdgeschosswohnung auf. Für einen Augenblick sah Dodo den Kopf von Harrys Mutter im Fensterrahmen auftauchen.
„Hilfe! Hilfe!“, schrie sie verzweifelt, und als sie Dodo erblickte, „Dodo, ruf die Polizei! Bitte!“
Dann verschwand ihr Kopf wieder nach unten, so als würde sie zu Boden gerissen oder sich fallen lassen. Doch Dodo unternahm nichts.

Er dachte, dass sie wohl Halluzinationen aufgrund der Medikamente, die sie laut Harry zu diesem Zeitpunkt bereits in Massen zu sich nahm, habe. Er hörte sie noch ein paar Mal um Hilfe schreien, dann war es plötzlich still. Im nächsten Augenblick sprang zuerst Harry, dann Toni aus dem Fenster und rannten davon. An Dodo vorbei. Er hörte sie noch im Vorbeilaufen kichernd sagen: „Die Alte haben wir ordentlich gefickt!“

Als Daria in die Küche trat, stand Heny am Gasherd. Er war vornübergebeugt und wärmte sich die Hände an der Gasflamme. Der Schein spielte auf seinen Zügen und gab ihnen ein seltsames Aussehen von Falschheit und Aufmüpfigkeit. Züge, die ihr vorher an ihm noch nie bewusst geworden waren. Daria blieb verwundert in der Küchentür stehen. Ihr kam das Kind seltsam verändert vor. Die ganze Szene war von einem milchig-weißen Schleier überzogen und hatte etwas Unwirkliches an sich.
„Heny, wie geht's dir?"
Der Knabe murmelte einige unverständliche Worte. Dann erhob er seine Stimme und geriet dermaßen ins Stottern, dass sie nichts mehr verstand.
„Was sagst du? Wieder fort? Wohin? Heny, hast du bei deinem Vater denn alles verlernt, was ich dir versucht habe beizubringen? Du sprichst so undeutlich. Ich kann dich nicht mehr verstehen."

Der Bub blickte zu ihr auf mit dem Jammerblick eines armen, geschundenen Hundes, der mit der Peitsche gedrillt wird, Kunststücke zu erlernen. Daria stand wie angewurzelt. Verunsichert blickte sie um sich. Nun schien ihr Heny wie zusammengeschrumpft. Auch seine Kleidung war nicht mehr dieselbe. Gerade noch hatte er einen Anzug mit Krawatte getragen. Nun hatte er Hosenträger, eine Bomberjacke und schwarze Doc Martens mit weißen Schuhbändern an. Auf seinem rechten Arm glänzte ein frisch tätowiertes Hakenkreuz. Nein, das war ihr Kind nicht mehr! „Heny, Heny!", rief sie verzweifelt.

Im Kinderzimmer klappte eine Schranktür zu. Der Gerufene trat hervor. In der Hand hielt er seinen Judoanzug mit dem gelben Gürtel, den er erst unlängst erworben hatte. Geradewegs ging er auf sein verkümmertes Spiegelbild zu. Mit einer Haltung bewusster Würde und Selbstständigkeit, die in diesem Augenblick den Unterschied zwischen beiden sonst merkwürdig ähnlichen Buben stark hervortreten ließ.
„Da, Walter!", sagte er und reichte ihm mit einer Gönnermiene den Anzug, „da ist es, was ich dir zu opfern versprochen habe. Mein Spielen ist vorbei, ich muss jetzt ein anderes Leben führen."
Walter warf Daria einen scheuen Blick zu, streckte langsam seine

Hand aus, bis er das Dargebotene fest ergriffen hatte und packte es wie verstohlen in seinen Rucksack. Daria hielt die Luft an. Sie stand ganz still und ließ die Kinder gewähren. Sie blickte von einem zum andern. Sie konnte es nicht begreifen, wieso sich Heny verdoppelt hatte. Henys Doppelgänger hatte sich nun wieder über den Herd gebeugt mit dem Ausdruck augenscheinlichen Wohlbehagens, während in Henys Zügen ein offenbar mehr selbstsüchtiges als erbarmungsvolles Mitgefühl spielte. Zum ersten Male erkannte Daria nun auch in seinen Augen in fast gläserner Klarheit den Ausdruck jener ungebändigten Arroganz und dieser Neigung zum Prahlen. Ihr Ruf störte ihn aus Gedanken, die ihm ebenso neu wie scheinbar angenehm waren.
„Heny!“, rief ihn Daria und dann sagte sie zögernd: „Sag einmal ...“ Sie schwieg. Heny sah auf und wandte sich, da er nichts weiter vernahm, wieder seinem Doppelgänger zu.
„Nein, höre ...“, begann Daria nochmals und dann leiser:
„Wer ist dieser Bub? Wie heißt er?“
Heny antwortete ebenso leise: „Das ist Walter. Walter heißt er. Walter ist sein Geburtsname und so will er genannt werden. Sage ja nie wieder Heny zu ihm!“
„Warte, Walter“, sagte Heny stolz. „Ich will dir etwas zum Essen mitgeben.“
„Das musst du doch nicht“, rief sie aus. „Er geht ja wieder heim.“
„Ja, aber er bekommt nichts mehr. Die Stiefmutter isst mit ihrer Tochter gemeinsam um sieben Uhr.“
Daria wandte sich dem Knaben zu:
„Hebt man dir nichts auf? Wer sorgt denn für dich?“
„Niemand“, stotterte das Kind.
„Niemand?“, wiederholte sie, während sie in die Küche zurückkam. Sie langte in den Kühlschrank und reichte ihm ein Paket. „Da nimm, nimm diese Wurstsemmeln! Und nun schau, dass du fortkommst! Heny, was hast du vor?“
„Ich kann doch hier nicht bleiben“, antwortete Heny und stand unschlüssig in der Türe.
„Deine Mutter ist eine Hure. Sie hat uns fortgeschickt“, flüsterte Walter Heny zu.

Als beide fort waren, warf sie sich auf einen Stuhl, schlug die Hände vors Gesicht und begann zu weinen.

In diesem Augenblick erwachte sie. Tränen rannen über ihre Wangen. Ihr Gesicht war bleich wie ein Tuch.
„Lauter falsche Versprechungen, lauter falsche Versprechungen!“, schrie sie. „Samy, Samy, was hast du getan? Was habe ich getan?“

Während Daria sinnierend einherschritt, packte sie wieder einmal die Erinnerung so stark, dass sie die Zähne zusammenbeißen musste. Immer wieder überfielen sie in letzter Zeit diese Selbstvorwürfe und loderten in ihrem Herzen auf. Ein Windstoß wirbelte einen bunten Laubhaufen durcheinander. Da hörte sie es wieder – Henys fröhliches Lachen. In letzter Zeit erklang es wieder öfter in ihrem Kopf. Die Erinnerung holte sie ein, als wäre es gestern gewesen. Es war an einem Tag wie heute. An einem strahlend schönen Herbsttag wie diesem hatten sie Henys Auszug aus ihrer Wohnung und seine Übersiedlung zu Samy beschlossen. Erschöpft lehnte sie sich an eine Hausmauer. Die Erinnerung trieb ihr die Tränen in die Augen. Wenn sie doch die Zeit zurückdrehen könnte! Sie würde alles anders machen. Daria sah Heny vor sich, wie sie ihn meistens vor Augen gehabt hatte: auf dem Rücken liegend, auf der Couch, seine Arme im Nacken verschränkt, sie verschmitzt angrinsend. Sie stieß sich selbst von der Mauer ab und setzte einen Fuß auf die Fahrbahn. Im selben Moment bremste ein Auto hart neben ihr ab. Reifen quietschten. Sie sprang im letzten Augenblick zur Seite. Der Wagen hätte sie beinahe erfasst. Der Fahrer öffnete das Fenster und schimpfte unflätig. Schlagartig befand sie sich wieder in der Gegenwart. Nun hatte sie die neu eröffnete U-Bahnstation am Handelskai erreicht und stand an dem Ort, wo sich die Straße zu einem kleinen Platz erweiterte. Dort vor dem Eingang zur Station stellten die Händler jeden Morgen ihre Stände auf. Da gab es frisches Obst und Gemüse. Heute war der Markt besonders gut besucht. Sie mischte sich unter die Leute, und während sie die Früchte halbherzig begutachtete, liefen vor ihrem geistigen Auge die Ereignisse der letzten Jahre wie im Zeitraffer ab. Daria ging die Stufen hinauf zur Schnellbahn und setzte sich auf eine Bank, um auf den Zug zu warten. Seit jenem Tag, an dem Heny nach dem Ausbruch aus dem Kinderheim das letzte Mal am Engelsplatz erschienen war, hatte sie von ihm nichts mehr gehört. Damals hatte sie ihm durch Dodo mitteilen lassen: „Dann soll er doch wieder ins Heim zurückgehen. Man kann nicht ständig von überall weglaufen, nur weil man keine Regeln befolgen will“. Seine letzten Worte waren gewesen: „Ihre Wurstsemmeln kann sie sich in den Arsch schieben! Deine Mutter ist eine Hure! Das kannst du ihr ausrichten.“ Das war also ihre letzte Konversation gewesen.

Gehört hatte sie seither nichts mehr von ihm. Jedoch über ihn gelesen. Sie öffnete ihre Handtasche und kramte darin. Ja, sie besaß den Zeitungsausschnitt noch. Sie überflog ihn nochmals, wie sie ihn immer wieder von Zeit zu Zeit überfliegen musste. Für die Zeitung schien es ein Glücksfall gewesen zu sein. Der Raubüberfall war just zu einer Zeit gekommen, da es wenig zu berichten gab, außer einer langweiligen Parlamentsdebatte und einem alltäglichen Mordfall. Deshalb hatte man Heny und Harry eine Viertelseite inklusive identifizierender Fotos gewidmet.

„Nach einem Überfall auf ein Lebensmittelgeschäft in Wien-Währing konnten, wie berichtet, zwei mutmaßliche Täter gefasst werden. Doch die Kriminalisten sind überzeugt, dass auf das Konto der Täter mehrere Straftaten gehen und suchen jetzt weitere Opfer. Mit einem Taxi waren die beiden Jugendlichen, Harald R. und sein Komplize Walter S., nach dem Überfall geflüchtet und konnten noch im Auto verhaftet werden. Weil die Kriminalisten bei den beiden Tätern aber auch unter anderem Elektroschocker und eine Gaspistole, die einer scharfen Waffe, einer 45er, zum Verwechseln ähnlichsieht, fanden, suchen sie jetzt weitere mögliche Opfer der Räuber. ...“ Sie ließ die Hand, in der sie den Zeitungsausschnitt hielt, sinken. Auch Dodos Schulkollegen hatten die Zeitung gelesen und Harry, der Dodo ein paar Mal in Niederösterreich besucht hatte, aufgrund des Fotos sofort erkannt. Heny hingegen kannten sie nicht, denn er hatte den Bruder nie in der Schule besucht und seit jener Szene vor dem Haustor war der Kontakt zwischen den beiden Brüdern vollkommen abgebrochen.

Auf dem Foto sah Heny todmüde aus, in vieler Hinsicht so fremd. War tatsächlich alles, was sie je für ihn empfunden hatte, tot? Sie wusste es selbst nicht genau. Die Tränen traten ihr wieder in die Augen und flossen ihr langsam über die Wangen. Mehr als je zuvor wurde ihr bewusst, wie viel er mit ihr gemein hatte. Zweifellos seine Missachtung alles Konventionellen. Seine Sehnsucht nach einer Familie voll Harmonie und Liebe. Und diesen Hang zur Eigenheit, der auch zu ihrer Persönlichkeit gehörte und ihr das Gefühl gab, ein Sonderling zu sein. Ein Wesen, das mit dem Rest der Welt nicht viel zu tun hatte. Was war bloß aus ihm geworden? Nun hatte Mike doch Recht behalten. „Wenn

er zum Vater geht“, hatte er immer gesagt, „wird er ein Verbrecher werden.“
Nein! Diesen Raubüberfall, das konnte er doch nicht getan haben! Er, der keiner Fliege etwas zuleide tun wollte. Er, der mitleidige Heny. Ein brutaler Räuber? Sieht so ein Krimineller aus? Ein halbes Kind noch! Nun erschien er ihr auf dem Foto plötzlich wieder wie ein Kind. Obwohl er ihr vor ein paar Jahren bereits wie ein erwachsener Mann vorgekommen war.

Wäre er damals als kleines Kind an einer Krankheit gestorben, es hätte für sie nicht schlimmer sein können. Wenigstens würde er in diesem Fall als Allegorie des Guten in der Erinnerung aller weiterleben. Doch so? Ob er sich noch ändern könnte? Vielleicht! Vielleicht musste er erst einmal so richtig auf die Nase fallen, um durch das Hinfallen zu lernen, wieder aufzustehen. Zum Glück war er nun wenigstens längere Zeit weg von der Drogenszene. Im Gefängnis hinter Schloss und Riegel. Sie konnte ja nicht ahnen, welch effiziente Drogenszene es hinter den Mauern der Strafvollzugsanstalt gab.

Voll beklemmender Ungeduld wartete Heny auf dem Gang. Es schien ihm, als sei er von einer Mauer von Gesichtern umgeben und darin eingeschlossen. Er blickte wie durch einen Nebelschleier. Unmöglich irgendeinen Menschen zu erkennen. Leider war niemand von seiner Familie anwesend. Es hätte ihm ein Gefühl gegeben, nicht so mutterseelenallein zu sein. Dalia hätte er nun brauchen können. Er wurde in den Gerichtssaal geführt. Plötzlich brach das Summen der Stimmen ab. Das Hohe Gericht trat ein. Die Richter nahmen mit angemessener Würde Platz. Nach einer kurzen Pause wurde Henys offizieller Name Walter S. aufgerufen. Er wurde zur Anklagebank geführt. Die Verhandlung war eröffnet. Henys Nerven begannen zu beben, als der Gerichtssekretär die Anklage von dem Papier, das er in seinen Händen hielt, abzulesen begann. Als er geendet hatte, richteten sich alle Augen auf Heny.

„Dir wird zur Last gelegt, gemeinsam mit Harald R. einen bewaffneten Raubüberfall begangen zu haben. Erklärst du dich für schuldig?“, fragte der Richter.

„Ja!“, antwortete Heny ohne zu zögern.

Dieselbe Frage ging nun an Harry, der sich ebenfalls für schuldig bekannte.

Das Gerichtsurteil wurde gefällt. Über Harry, der noch keine Vorstrafen hatte, wurden 18 Monate Freiheitsentzug verhängt. Heny, der bereits Vorstrafen hatte, wurde zu zwei Jahren Haft verurteilt. Als er abgeführt wurde, schlug das ganze Elend über ihm zusammen. Alles drehte sich in seinem Kopf.

„Zwei Jahre?“, schrie er plötzlich auf. „Lieber sterbe ich!“

In der Zelle angelangt presste er die Hände gegen die Augen. Er hatte die Grenze des Ertragbaren erreicht. Einen Punkt, an dem es keine Rückkehr mehr gab. Das war ihm nun bewusst. Sein ganzer Lebenswille war mit einem Mal erloschen. Benommen warf er sich auf das Bett. Was konnte er nun tun? Wie ein Embryo rollte er sich zusammen. Voll Sehnsucht nach der Dunkelheit des Mutterleibes. Und dann begann auch wieder sein altes Leiden. Laryngitis und spastische Bronchitis, hatten es die Ärzte damals genannt. Es kehrte immer dann zurück, wenn man es am wenigsten brauchen konnte. Dazu noch die Entzugserscheinungen. Die Hustenanfälle ließen seine Halsadern anschwellen und bald bildeten sich dort auch wieder die üblichen Blutergüsse. Wenn er doch wenigstens mehr Luft bekäme! Er wollte ja bald wieder arbeiten können, damit die Zeit schneller verging. Es war ihm klar, dass er dies nicht vermochte, solange er krank war. Erst musste er wieder stärker werden.

Nach einigen Tagen spürte er hinter der Schlaffheit des Genesenden neue Kräfte in seinem Körper erwachen. Sobald wieder etwas Farbe in seine Wangen trat, schöpfte er daraus neuen Lebensmut.

„Harry ist wieder da! Er steht vor der Jugendherberge! Sie haben ihn entlassen!“, rief Marko hinter Dodo, der auf dem Weg in den Waschküchenhof war, her. Dodo wendete sich um.
„Ach so? Ist das schon wieder zwei Jahre her? Dann müsste ja Heny auch schon entlassen worden sein“, sagte er.

Sie gingen gemeinsam zur Jugendherberge. Dort stand Harry. Seine Augen tränten und seine Nase lief unaufhörlich. Auch aus seinem Mundwinkel rann unkontrolliert Speichel, wie nach einem Schlaganfall. Harry war so süchtig wie nie zuvor. Er bot einen erschreckenden Anblick. Der letzte Rest von Persönlichkeit war geschwunden. Sein Gesicht war bis zur Unkenntlichkeit entstellt, aufgedunsen und geschwollen. Er ist jetzt schon ziemlich am Ende, dachte Dodo und wusste momentan gar nicht, was er sagen sollte.
„Wie geht es dir, Dodo?“, fragte Harry.
„Gut, danke! Und dir?“, antwortete dieser. Er war erstaunt darüber, dass Harry ihn überhaupt erkannte.
„Bist du noch in Krems in der Schule?“, fragte Harry weiter.
„Ja, aber ich bin bald fertig.“
Im Gegensatz zu seinem Aussehen, war doch eine kurze Konversation mit ihm möglich. Er sagte zwar nicht viel, doch was er sagte, war inhaltlich sogar in Ordnung. Dodo und Marko waren viel zu schockiert, um ihn zu fragen, was mit ihm eigentlich passiert war.

Bald darauf hatte auch Heny seine Haftstrafe beenden dürfen. Nach seiner Entlassung konnte er in seine Gemeindewohnung zurückkehren. Der Sozialarbeiter der Haftanstalt hatte ihm geholfen, diese behalten zu können. Die ersten Tage in der Wohnung waren ganz ungewohnt für ihn. Er schloss die Tür hinter sich und betrachtete das Wohnschlafzimmer. Das breite, zerwühlte Bett. Den wackeligen Nachttisch, auf dem das cremefarbene Telefon stand, umgeben von seiner Armbanduhr, einer Zigarettenschachtel und einem Fünfzigschillingschein. Der braune Kleiderschrank. Der kleine Mahagonitisch mit der schmuddeligen Tischdecke, auf dem ein paar Kerzen, ein leeres Glas und ein Aschenbecher standen. Vier Stühle, über deren Rückenlehnen Kleidung hing: seine schwarze Hose, Socken, sein blaues T-Shirt. Das

Fenster mit dem alten, etwas splitternden Holzrahmen, das den Blick freigab auf das Haus gegenüber. Nachdem er zwei Jahre gemeinsam mit seinen Mithäftlingen in einer engen Gefängniszelle zugebracht hatte, ängstigte ihn die Einsamkeit und die entsetzliche Fremdheit dieser Wohnung. Es roch nach Moder und abgestandenem Rauch. Der Fußboden knarrte bei jedem Schritt. Er fühlte sich so unendlich allein, enttäuscht und einer hoffnungslosen Zukunft ausgeliefert. Jäh warf er sich auf das Bett, wandte sein Gesicht der weißen, kahlen Wand zu und weinte wie ein kleines Kind.

Es war schon spät, fast elf Uhr vormittags, als er wiedererwachte. Zunächst, einen flüchtigen Augenblick lang, wusste er gar nicht, wo er eigentlich war. Oft setzt die Erinnerung eines Junkies schon mit dem frühen Nachmittag des vergangenen Tages aus. Doch dann stellte sich bald das bedrückende Bewusstsein seiner Lage wieder ein. Er stand auf und zog sich an, ohne sich zu waschen, ohne sich zu rasieren. Drei bis sechs Mal am Tag eine Spritze und die Zeit dazwischen irgendwie totschlagen. Natürlich war er auch oft stundenlang unterwegs, bis es ihm gelang, Stoff aufzutreiben. Die meiste Zeit jedoch verbrachte er mit Warten. Seine Stimmungen schwankten wie das Wetter. Er war mager und ausgemergelt. Seine Augen lagen tief in den Höhlen. Früher war er auf Hygiene sehr bedacht gewesen, hatte nur saubere Nadeln und Spritzen verwendet. Auch hatte er beim Sex stets Kondome benutzt. Doch schließlich machte er sich nicht einmal mehr die Mühe, die Spritze auszukochen. Die Nadel war auch schon stumpf. Einmal stocherte er eine qualvolle halbe Stunde in seinem Arm herum auf der Suche nach einer Vene. Dabei musste er immer wieder die Kanüle reinigen, da sich Blutklumpen darin festgesetzt hatten. Schließlich half ihm ein Freund, der zufällig vorbeigekommen war, den Schuss zu setzen.

Bald hatte er sich mit Hepatitis C infiziert. Seine Leber machte sich durch starke Schmerzen unter der rechten Brust bemerkbar. Durch den Stoff fühlte er sich jedoch stark und geborgen. Ohne ihn war er ein Nichts. Wenn bloß diese Panik nicht wäre, dass plötzlich der Nachschub nicht mehr klappen könnte! Dies erfüllte ihn mit unbeschreiblicher Angst. Nach jedem Schuss konnte er wieder klarer denken. Dann sah er jedoch auch klarer, in welcher Scheiße er steckte. Und es gab keinen Ausweg, kein Entrinnen. Außer dem Tod.

Das Heroin machte ihn nun nicht mehr glücklich wie dies zu Beginn der Fall war. Das Heroin war ein Teufel! Für dieses körnige, braune Pulver hatte er seine Seele verkauft, alles hingegeben, seine Zukunft und sein Leben verwirkt!

Wenn er nicht rechtzeitig an Stoff herankommen konnte, kroch er wie ein Tier auf dem Boden. Er röchelte und stöhnte. Seine Augen traten aus den Höhlen und glänzten fiebrig. Sein Körper zuckte und zitterte. Schweißtropfen rannen über sein Gesicht. Er wand sich in Krämpfen. Schmerzlich wurde er sich jedes Mal bewusst, wie sehr er seinen vegetativen Funktionen ausgeliefert war. Darmtätigkeit und Schließmuskel gerieten außer Kontrolle. Unwillkürliche Ejakulationen. Wie der Orgasmus eines Sterbenden.

Obwohl er die Wohnung zugeteilt bekommen hatte, verbrachte er die meiste Zeit auf der Gasse. Inmitten der Drogenszene. In einer brutalen Welt. Er unterwarf sich ihren Gesetzen und Normen. Prostitution, Schlägereien, Messerstechereien. Er lernte seine engsten Freunde bestehlen und betrügen, um an Stoff heranzukommen. Alles würde er dafür machen. Ein ewiges Ringen mit dem Gesetz. In ständiger Angst. Ein Leben in der Hölle. Gemeinsam mit anderen Süchtigen saß er am Straßenrand und wartete auf den heiß ersehnten Dealer. Die Passanten streiften ihn mit ihren verachtenden, angeekelten Blicken.

Seine Sucht war eine Flucht gewesen. Ein Versuch, in sein „Phantásien“ zu entfliehen. Auf der Suche nach einer besseren, heilen Welt. Die Realität hatte er mehr und mehr als bedrückend empfunden und nicht mehr lebenswert. Doch in seiner „unendlichen Geschichte“ gab es kein Happy End. Langsam begann er sich selbst zu verachten. Es wohnten immer Mädchen bei ihm, alle waren drogenabhängig. Er brauchte einen warmen Körper neben sich. Es tut gut, einen warmen Körper neben sich liegen zu haben, wenn man nach einem Drogenrausch erwacht. Frauen und Drogen konnten ihn allem besser entrücken. Das war es wohl, was er von ihnen wollte – sich selbst vergessen. Manche, die er nicht liebte, schickte er auf den Strich. Einmal teilte er sich sogar ein Mädchen mit einem vorübergehenden Mitbewohner. Eine Frau bekam von ihm zwei Kinder. Doch sie verließ ihn bald wieder und kehrte mit den beiden Babys in ihre Heimat Belgien zurück.

In der Zwischenzeit war Dalia einem jungen Mann namens Goran begegnet. Sie hatten geheiratet und ebenfalls eine Gemeindewohnung bezogen. Nachdem sie wieder einmal auf Besuch bei Hermine gewesen war, ging sie zum Handelskai, um von dort mit der Schnellbahn heimzufahren. Als sie den Bahnsteig betrat, kam ihr Heny entgegen. Sein Blick schien geistesabwesend. Seine Kleidung war zerschlissen und schmutzig.
„Hast du ein bisschen Kleingeld?“, schnorrte er Dalia an. Er erkannte seine Schwester nicht.
„Walter!“, rief sie aus. „Ja, kennst du mich denn nicht einmal mehr?“ Er starrte sie an. Eine halbe Minute lang. Dann langsam kam die Erinnerung zurück.
„Ah ... ja, ... Dalia!“, stammelte er. Es schien, als würde sich sein Kopf etwas klären.
„Wie siehst denn du aus? So heruntergekommen kenne ich dich ja gar nicht!“, schalt sie ihn. „Es ist ein Jammer. Du bist doch so gescheit, intelligent und hast so viele Talente. Warum machst du denn so gar nichts daraus? Warum hockst du stattdessen hier am Handelskai herum und bettelst fremde Leute um Geld an, nur damit du dir einen Schuss setzen kannst?“ Aus ihr sprachen Empörung und Entsetzen. Er schwieg.
„Drogen lenken zwar von den Problemen ab, aber sie helfen dir nicht, sie zu lösen“, dozierte sie weiter und wusste gar nicht, wie sinnlos dies bei einem Junkie war. Denn ein Junkie kann nicht mehr frei entscheiden. Er hat zwei Gesichter. Versprechungen und Beteuerungen gefolgt von absolut konträren Taten.
„Im Gegenteil“, setzte sie fort, „sie schaffen dir bloß neue Probleme, die dich alles Positive, alles Schöne im Leben vergessen lassen.“
„Das ist doch Quatsch! Das stimmt überhaupt nicht, was du da sagst“, fuhr Heny sie nun seinerseits an. „Du hast ja keine Ahnung! Mein erster Schuss war ein so wundervolles Erlebnis, dass ich gleich wusste,

dass ich nie mehr ohne dieses Gefühl leben werde wollen."
„Walter, du bist auf dem Selbstzerstörungstrip. Schau, wie du aussiehst? Deinen Geist und deinen Körper vernichtest du. Du bist ein Sklave deiner Sucht."
„Nein, absolut nicht!", widersprach er ihr vehement. „Ich könnte auch jederzeit damit aufhören, wenn ich nur wollte."
„Dann hör doch auf mit dem Rauschgift", antwortete sie. „Seit du das Zeug nimmst, bist du wie zwei verschiedene Charaktere in einem Körper: lustig und depressiv, gut und böse, nervös und fahrig, dann wieder erschöpft und weggetreten. Außerdem ist es illegal und du musst ständig Angst haben, erwischt zu werden. Angst, dass du womöglich kein Geld mehr hast für den nächsten Schuss. Und dann begehst du ein Verbrechen und kommst wieder ins Gefängnis. Das ist doch kein lebenswertes Leben."
Er starrte sie an. Für den Bruchteil einer Sekunde. Erschrocken. Fragend. Überrascht. Dann begann er langsam geistig wegzudriften und nickte für den Bruchteil einer Sekunde ein. Doch im nächsten Augenblick riss es ihn wieder hoch und er grinste stumpfsinnig vor sich hin.
„Dann kann ich ja Stoff verkaufen. Einen Laden ausrauben. Oder Passanten anschnorren. Das bringt immer genug Geld ein", lallte er, „da brauche ich keine Angst zu haben wegen des Nachschubs."
„Bitte, sei still! Ich halte dein dummes Gerede nicht mehr aus. Da hast du!" Sie nahm zwanzig Euro aus ihrer Geldbörse und reichte sie ihm. „Nimm! Aber lass um Himmels Willen die anderen Leute in Ruhe!"
Heny griff gierig nach dem Geldschein.
„Alles hängt vom Geld ab", sagte er, „es gibt genügend davon, es ist nur falsch verteilt. Da muss man sich eben nehmen, was einem zusteht."
In ihr stieg Wut auf. Immer stärker und mächtiger. „Ich hasse dein großkotziges Auftreten, dein weltmännisches Gehabe, als hättest du die Weisheit mit dem Löffel gefressen!", schrie sie ihn an. Dann sprach sie rasch und eindringlich auf ihn ein: „Du glaubst wohl, alle anderen wären blöde und nur dazu da, um von dir ausgenommen, beraubt oder bestohlen zu werden. Was bildest du dir eigentlich so ein? Hör doch endlich mit diesem Scheißfixen auf und mach eine Entziehungskur!"
„Du halt die Klappe!", schrie er sie plötzlich so laut an, dass einige Passanten auf sie aufmerksam wurden. „Du kiffst doch selber! Du bist

eine verdammte Heuchlerin!“ Er stand schwankend auf und torkelte zur Rolltreppe. Dort drehte er sich nochmals um und wiederholte laut und deutlich: „Du Heuchlerin! Du kiffst doch selber!“

Dalia wandte sich schnell ab und ging in die andere Richtung davon. Als sie schließlich in der Schnellbahn saß und heimwärts fuhr, kramte sie aus ihrer Handtasche eine Postkarte und einen Brief hervor. Sie sah sich die Karte an und musste schmunzeln.

„Hallo Dalia, alles Gute zum GEBURZTAG! P.S.: Schreiben konnte ich noch nie. Walter!“
So ein Scherzbold war er einmal gewesen. Dann las sie den Brief.

„Hallo Dalia!
Danke, dass du an mich gedacht hast. Ich hatte dir schon öfter schreiben wollen, aber ich hatte keine Zeit! Habe öfter versucht, bei dir anzurufen, es hat aber nie wer abgenommen. Ich wünsche dir und Goran schöne Weihnachten und Silvester!! Kannst du es bitte auch Dodo ausrichten? Ihn erreicht man ja überhaupt nie!

Wegen der Operation habe keine Angst, es wird schon gut gehen. Wäre aber auch nicht gerade begeistert, wenn zum Beispiel jemand an meinem Schnippel herumoperiert!! Wenn du so lieb bist, kannst du mir die Adresse von Weng aufschreiben und Telefonnummer? OK?

Meine Besuchszeiten sind Mo – So, außer Mi und Do, von 08 – 12 und 14 – 18 Uhr. Also, jeden Tag außer Mittwoch und Donnerstag. OK? Auch an Feiertagen kann man besucht werden. Ich hoffe, du kennst dich aus.
Bussi,
Walter!
P.S.: Schöne Grüße an Goran!!“

„Mein Gott!“, seufzte Dalia innerlich. „Er ist eigentlich ein so lieber Mensch!“

Die Abenddämmerung war hereingebrochen. Von der weißgekalkten Decke hingen auf den in der Mitte des Raumes stehenden Tisch nackte Glühbirnen herunter. In der Ecke stand ein Sofa, das man zu einem Doppelbett ausziehen konnte. Sie saßen bei Kerzenschein im Halbdunkel um den Tisch herum. Heny hatte Untersetzer unter die Wassergläser gelegt und einen gläsernen Aschenbecher in die Mitte des Tisches gestellt.

„Ich habe keinen Strom. Aber Kerzen sind sowieso gemütlicher als elektrisches Licht", murmelte er.

Hamed zündete bedächtig eine Zigarette an und sagte, während er heftig daran zog:

„Dodo, Dalia und ich sind gekommen, um dir mitzuteilen, dass dein Vater gestorben ist." Er machte eine Pause, um die Reaktion abzuwarten. Heny schien nicht verstanden zu haben. Sein Kinn sank auf seine Brust und er nickte beinahe ein. Ehe Hamed weitersprach, klopfte er die Asche der Zigarette auf dem Aschenbecher ab, der auf dem Tisch stand, und legte die Zigarette darauf. Dann hob er sein Glas hoch. Er trank einen Schluck Wasser und stellte das Glas gewichtig auf den Tisch zurück, um Henys Aufmerksamkeit zu erhöhen. Bevor er begann aufs Neue zu berichten, lehnte er sich in seinem Stuhl zurück.

„Also, jetzt hör mir einmal zu! Dein Vater ist gestorben. Hast du verstanden?"

Heny nickte. Hamed nahm die Zigarette und zog ein paar Mal kräftig daran, bevor er fortsetzte.

„Euer Vater hat euch Geld hinterlassen."

Heny hatte – wie staunend - den Mund leicht geöffnet. Nun verdrehte er seine Augen nach oben, als ob er einschlafen wollte. Hamed seufzte ungehalten. Dann drückte er die Zigarette im Aschenbecher aus und verschränkte die Arme vor der Brust. Er begann das Gespräch noch einmal von vorn, und seine Stimme klang eindringlich. Doch in diesem Augenblick sprang Heny auf und schickte sich an, den kaum benützten Aschenbecher zu entleeren. Hamed wurde nervös und meinte:

„Also, das hat ja keinen Sinn mit diesem Junkie. Mit dem ist ein Gespräch sowieso nicht möglich. Kommt! Gehen wir! Vielleicht sollte ich ihm seinen Teil des Geldes gar nicht geben. Er gibt es ja doch nur wieder für Drogen aus."

„Nein, das kannst du doch nicht machen", meinte Dalia, „lass ihm den Koffer mit seinem Geld einfach hier."

In diesem Augenblick rief Heny Dodo zu sich in die Küche.
„Ich muss dir etwas sagen", lallte er, „ich habe Lungenkrebs. Ich habe alles verstanden, was Hamed gesagt hat. Ich werde versuchen, sparsam zu sein. Ich will ja Dalia und dir etwas hinterlassen, wenn ich sterbe."
Einen Augenblick lang war Dodo wie versteinert. Dann sagte er leise, als ob er zu sich selbst spräche:
„Das ist ja schrecklich."
Er schwieg bedrückt und schloss die Augen. Heny sollte nicht sehen, dass ihm die Tränen kamen.
„Dodo, komm!", hörte er Hamed drängen. „Gehen wir! Das hat ja hier keinen Sinn."

„Vielleicht können wir Geschwister einander alle einmal treffen, Dalia, du und ich. Wir sind doch eine Familie", schlug Heny vor.
Dann verabschiedeten sich alle voneinander und Hamed ließ den Koffer bei Heny.

Die Engelsplatz-Wohnung hatten sie längst verlassen. Daria und Mike hatten sich scheiden lassen. Nun lebte sie gemeinsam mit Peter und den drei jüngsten Kindern in einem anderen Teil der Stadt. Dodo war schon erwachsen und von daheim ausgezogen. Da läutete eines Tages das Telefon. Daria hob den Hörer ab und war sehr erstaunt, als sich Dalia meldete.

„Das freut mich aber sehr, von dir wieder einmal zu hören", sagte Daria. „Wie geht es dir?"

„Mir geht es gut", antwortete Dalia, „aber ich rufe an, weil ich dir etwas von Walter erzählen wollte."

„Hast du zu ihm denn Kontakt?", wollte Daria wissen.

„Ja, er kommt immer wieder einmal bei mir vorbei. Mindestens einmal pro Jahr zu meinem Geburtstag. Den vergisst er nie! Egal wie drogensüchtig er ist. Dann steht er mit einem Gugelhupf vor meiner Tür und wünscht mir alles Gute. ‚Für dich gestohlen', sagte er einmal."

„Und er nimmt weiterhin Drogen?", fragte Daria.

„Also, zurzeit ist er clean. Er war erst vor Kurzem bei mir und erzählte mir, dass er jetzt als Möbelpacker arbeite, damit er auch wieder Muskeln bekäme", antwortete Dalia.

„Das klingt gut", freute sich Daria.

„Ich bat ihn in die Wohnung. Meine kleine Tochter war auch daheim. Das ist dein Onkel, sagte ich zu Andrea-Michelle. Und dann fragte ich Walter, ob er ein Glas Milch wolle. Er erinnerte sich gleich daran, dass ich ihm und Dodo am Engelsplatz immer ein Glas Milch zum Frühstück gegeben habe."

„Mit Heny geht es also endlich bergauf. Nicht wahr?" Scheinbar war also doch noch einmal alles gut ausgegangen, dachte Daria. Vielleicht könnte sie durch Dalia auch wieder den Kontakt zu Heny herstellen. Und vielleicht würden sie einander alles verzeihen, um einen neuen Anfang zu setzen.

„Doch ...", Dalia zögerte, „... da ist noch etwas, was ich dir erzählen muss. Bevor Walter uns wieder verließ, sagte er: ‚Das, was ich Dodo letztes Mal über mich mitgeteilt habe, nämlich dass ich Lungenkrebs habe, stimmt nicht. Aber ich bin ... HIV-positiv.'"

Der alte, graue Opel hielt vor der Justizanstalt Wien-Simmering in der Kaiser-Ebersdorferstraße. Walter saß neben Tatjana auf dem Rücksitz. In den Augen des Mädchens standen Tränen.
„Es tut mir ja so leid“, sagte sie. „Ich glaube, ich weine wegen deiner Diagnose mehr als du selbst.“
„Ich habe es absichtlich getan“, antwortete er und nahm sie in seinen Arm. „Du bist für mich wie meine kleine Schwester.“ Zärtlich drückte er sie an seine Brust. „Ich habe dir doch gesagt, wenn wir einander wirklich lieben, dann ist es egal, wenn du mich ansteckst.“
„Ich wollte dich aber nicht anstecken. Ich wollte nicht, dass auch du positiv bist.“ Tatjana schluchzte.
„Beruhige dich, damit Walter nach seinem Ausgang wieder ins Gefängnis zurückgehen kann.“ Ihre Mutter, die auf dem Fahrersitz saß, drehte sich zu ihnen um. „Jetzt hat er seine Haft ja bald abgesessen. Im Februar wird er entlassen. Bis dahin müsst ihr danach trachten, beide vollkommen clean zu sein, und dann beginnt ihr ein neues Leben.“
„Es sind ja nur mehr ein paar Wochen, Tatjana. Komm! Reiß dich zusammen! Das schaffen wir schon. Jetzt müssen wir nur noch vom Methadon runterkommen und dann nehmen wir nie mehr dieses Teufelszeug.“ Walter küsste sie auf die Stirn.
„Okay“, sagte sie, „dann geh hinein, damit du keine Schwierigkeiten bekommst! Und arbeite fleißig, damit dir die Zeit da drinnen schneller vergeht.“ Sie wischte sich mit beiden Händen die Tränen aus den Augen. „Tschüss! Bis nächste Woche! Ich komme dich besuchen.“
Sie küssten einander. „Tschüss“ , sagte auch er und stieg aus. Ein kalter Wind fegte durch die Straße. Walter warf noch einen kurzen Blick in Richtung Fahrersitz. „Danke! Auf Wiedersehen!“, rief er, während er die Hand zum Gruße hob.

Dann drehte er sich um, zog den Jackenkragen hoch und ging langsam ohne sich umzudrehen auf den Eingang zu. Tatjana blickte ihm nach, bis ihn das große Tor verschluckt hatte. Drinnen war eine kleinere Tür, daneben eine Glocke, an der man läuten und seinen Namen nennen musste. Ihre Mutter startete den Wagen und fuhr los. Bei Walters Wohnung setzte sie Tatjana ab. Dann fuhr sie zum Restaurant, welches sie betrieb, zurück.

Tatjana wohnte nun schon seit längerer Zeit bei Walter. Seit er weg war, schien ihr die Wohnung öde und leer. Ohne ihn fühlte sie sich einsam. Zum Glück hatte sie die beiden Hunde, die ihr Gesellschaft leisteten. Als sie eintrat, kamen sie angerannt, wedelten freudig erregt mit ihren Schwänzen und sprangen an ihr hoch. Sie strich ihnen über das struppige Fell. Dann legten sich die beiden wieder in ihre Ecke. Fast ein ganzes Jahr musste Walter im Gefängnis verbringen. Hoffentlich war dies nun tatsächlich, wie er meinte, die letzte Strafe, die noch offen war. Danach würden sie gemeinsam wirklich ein anderes Leben beginnen.

Am vierten März hatte er seine Haft selbst angetreten. Auf einer Abteilung für Normalvollzug im geschlossenen Bereich der Justizanstalt Wien-Simmering wurde er zur Verbüßung seiner Strafe angehalten, wie es auf Amtsdeutsch so schön hieß. Er war im anstaltsinternen Unternehmerbetrieb beschäftigt. Darauf achtete er immer, dass er gleich zu arbeiten beginnen konnte. Deshalb hatte er bisher auch immer den kalten Entzug gemacht. Das war zwar brutal, doch es ging schneller. Innerhalb einer Woche war man clean. Normalerweise bekam man im Gefängnis nur einen Job, wenn man clean war. Aber in Simmering durfte man auch dann arbeiten, wenn man auf einem Substitutionsprogramm war. Das nahm Walter diesmal in Anspruch. Er pflegte auch insregelmäßigen Kontakt mit dem anstaltsinternen Sozialen Dienst, insbesondere die Sicherung seiner Wohnung betreffend. Die wollte er auf keinen Fall verlieren. „Da möchte ich nichts anbrennen lassen“, waren seine eigenen Worte. Daher hatte er wieder einen Antrag auf Mietzinsübernahme beim zuständigen Sozialamt gestellt. Neun Monate hatte er nun bereits abgesessen.

Tatjana betrat das kalte Wohnzimmer. Sie war gerade dabei, die Heizung aufzudrehen, als ihr Handy läutete.
„Schatz“, hörte sie Walters Stimme sagen, „stehst du wirklich zu mir? Für immer und ewig?“
„Ja, natürlich“, antwortete sie verwundert. „Warum fragst du?“
„Ich möchte dir etwas sagen: Ich komme jetzt nach Hause.“ Dann war

die Leitung tot.
„Jetzt?“. wiederholte sie und blickte verdattert das verstummte Handy an.
Sie wartete und wartete. Doch er rief nicht mehr an.

Endlich läutete es an der Tür. Draußen stand Walter. Tatjana öffnete und ließ ihn ein. Sie sah es gleich. Seine Pupillen waren zur Größe eines Stecknadelkopfes verengt.
„Du solltest doch im Gefängnis sein“, sagte sie.
„Ich bin getürmt. Ich habe mich im Haustor versteckt, ohne anzuläuten, bis ihr außer Sichtweite wart. Dann bin ich weggelaufen.“ Er sprach langsam und dehnte jedes Wort. „Ich habe uns ein bisschen Stoff mitgebracht. Komm!“ Er fasste sie an der Hand.
„Einmal nehmen wir noch etwas gemeinsam und dann hören wir aber auf! Für immer und ewig.“
„Nein, ich will nicht“, lehnte sie entsetzt ab und entwand sich seinem Griff.
„Na, komm schon! Einmal nur. Ein letztes Mal. Du sagtest doch, dass du zu mir stehst. Für immer und ewig! Ich war extra am Karlsplatz für uns.“ Walter legte seinen Arm um ihre Schultern.
„Nein, lass mich! Ich will nichts nehmen“, wehrte sie ab. „Wir wollten doch ein neues Leben beginnen!“
„Eben“, murmelte er.
Sie wendete ihm ihr Gesicht zu und blickte ihm tief in die Augen. „Hast du nicht eh schon etwas genommen?“
„Nur ein bisschen.“ Er drehte sich um und taumelte auf die Toilette. Es dauerte sehr lange, bis er schließlich wieder herauskam. Er war ziemlich bleich. Seine Wangen schienen eingefallen.
„Ich leg mich hin“, stammelte er, „mir ist so schlecht. Ich habe mich übergeben müssen und habe Kopfschmerzen. Ich geh‘ ins Schlafzimmer.“
„Soll ich dir die Rettung rufen?“ Tatjana war besorgt und folgte ihm.
„Nein, nein. Es geht schon wieder. Ich bin nur müde“, antwortete er.
„Dann schlaf dich aus!“ Tatjana strich ihm über den Kopf. „Aber morgen musst du unbedingt wieder ins Gefängnis zurückgehen“, mahnte sie.
„Ja, sicher. Aber jetzt ... will ich ... nur schlafen.“ Während er diese

Worte sprach, sank er bereits ins Bett und wurde im selben Moment auch schon von einem ohnmachtsähnlichen Schlaf übermannt. Tatjana zog ihr Gewand aus und legte sich neben ihn. Bald schon begann er so laut zu schnarchen, dass sie neben ihm nicht schlafen konnte.

„Soll ich nicht doch die Rettung rufen?“, dachte sie. „Nein, lieber nicht. Wir sind doch auf dem Substitutionsprogramm. Wenn sie merken, dass Walter wieder etwas genommen hat, bekommt er Probleme.“ Sie stand auf, schlüpfte in ihren Schlafrock und setzte sich in die Küche an den wackeligen, kleinen Tisch, auf dem sie die Arme verschränkte. Sie legte ihren Kopf darauf und schlief sitzend ein.

5. Kapitel

DARIA

Als ich das letzte Album zuschlage, dämmert schon der Morgen. Ich trete ans Fenster. Ringsum tauchen die schneebedeckten Dächer aus der Nacht auf und das Licht gleitet langsam über den Innenhof. Wie rosa heute der Himmel ist! Ein perfektes Morgenrot. Da höre ich auch schon Peter im Badezimmer rumoren. Ich muss unbedingt mit ihm sprechen. Bestimmt würde er nichts dagegen haben, wenn ich mich wieder um Heny kümmern möchte. Peter ist ein guter Mensch. Und belastbar. Nicht egoistisch wie Samy und Mike. Vielleicht würde ja die Krankheit bei Heny gar nicht ausbrechen, wenn er ein gesundes Leben führte. Ich würde schon dafür sorgen. Heutzutage ist eine HIV-Infektion ja nicht mehr unbedingt tödlich, sondern eher eine chronische Krankheit. Und wer weiß? Vielleicht auch schon bald heilbar.

Ich setze mich wieder an den Tisch und warte bis Peter leise die Tür öffnet. Dann tritt er an mich heran und schlingt von hinten seine Arme um mich. Wie ich diesen Augenblick liebe!
„Guten Morgen, mein Herzblatt! Wo warst du die ganze Nacht?“ Er wirft einen erstaunten Blick auf die Fotoalben.
„Guten Morgen, Liebling! Ich habe mir gestern Abend alte Bilder angesehen. Dabei ist es leider Früh geworden.“ Ich stehe auf und gebe ihm einen Kuss.
„Könntest du so lieb sein, zur Bäckerei zu gehen und uns ein gutes Frühstück zu holen? Dodo hat mich gestern angerufen und sich für heute Morgen angekündigt. Wenn er da ist, möchte ich mit euch beiden etwas ganz Wichtiges besprechen. Ich habe einen etwas verspäteten guten Vorsatz für dieses Neue Jahr.“
„Gut, einverstanden. Kein Problem. Was soll ich denn holen?“, fragt Peter, obwohl er meine Antwort kennt. Und prompt antworte ich ihm wie immer:
„Das überlasse ich ganz dir, mein Schatz.“

Peter hat kaum das Haus verlassen, da höre ich schon wieder die Türglocke und wie sich ein Schlüssel im Schlüsselloch dreht. Ich trete ins Vorzimmer. Peter, Dodo, Dalia und meine Mutter stehen vor der offenen Tür im Hausflur.

„Das ist aber eine Überraschung!“, rufe ich begeistert aus. Ich begrüße und umarme sie, einen nach dem anderen. Dann ziehen sie ihre Mäntel und Stiefel im Vorraum aus und kommen ins Wohnzimmer. Wir setzen uns zu Tisch. Meine Mutter schlägt eine Zeitung auf.
„Wir müssen dir eine Nachricht überbringen“, sagt sie leise.

Ich starre auf die Seite, die sie aufgeschlagen hat. Traurige Bilanz: 191 Drogentote in Österreich im vergangenen Jahr, lese ich. Meine Augen huschen über die Zeichen, bahnen sich ihren Weg zu einem schwarzumrandeten Rechteck im linken unteren Viertel der Seite. Die Buchstaben formen sich zu einem Namen. „Walter S.“ steht da. Darunter sehe ich ein Kreuz und ein Datum. Das ist alles, was ich wahrnehmen kann, denn die Zeichen beginnen sich vor meinen Augen zu drehen.
„An einer Überdosis“, höre ich Dalia wie aus weiter Ferne sagen. „Er ist in seiner Wohnung tot aufgefunden worden.“
„Ein Unfall?“, frage ich.
„Ich glaube, er wollte einfach nicht mehr“, sagt Dalia leise.
Keine einzige Träne löst sich von meinen Augen. Sie sind alle in meiner Brust erstarrt. Ich bin wie gelähmt. Als wäre auch in meinem Innersten etwas gestorben. Die anderen schweigen ebenfalls.
Gott sei Dank, denke ich, dass er wenigstens in seinen eigenen vier Wänden hatte sterben dürfen. Nicht auf der Straße oder in einer öffentlichen Toilette wie viele seiner Leidensgenossen.
„Ich möchte gerne wissen“, sagt Dalia plötzlich in die Stille, „ob Papa das alles sieht und hört. Und ob er weiß, dass wir nun wieder vereint sind und wissen, was für ein Lügner er war. Wenn ich einmal tot bin und ihn dort oben wiedersehe, dann muss er mir eine Antwort darauf geben.“

EPILOG

Meine Fotoalben sind gute Katalysatoren, sie beschleunigen mein Erinnerungsvermögen. In den Schnappschüssen, die teilweise mehr als zwanzig Jahre alt sind, kann man viel Glück, Schmerz, Verwirrung, Verzweiflung und Hoffnung wiederentdecken. Hoffnung kann trügerisch sein. Etwas spätere Fotos signalisieren einen Neubeginn. Heute erinnert mich dieser Neubeginn ständig an ein Leben, das keine Chance hatte. Es gibt kaum aktuelle Fotos in den Alben. Die sind entweder noch verpackt oder auf dem Laptop digital gespeichert. Aber die alten Fotos sind sorgfältig eingeklebt. Mit kurzen Notizen versehen. Datum, Namen, manchmal Ortsangaben, die Erinnerungen auslösen, die umso deutlicher werden, je länger ich die Bilder betrachte. Fotos von unseren Reisen, Familienfotos, meine Promotion, Henys Erfolge als Judoka. Bilder, die eine heile Welt vorgaukeln von Glück und Frieden. Erinnerungen, die Wunden aufreißen.

Wie viele tausend Male seit seinem Tod habe ich mich, durch die vertrauten Straßen gehend, danach gesehnt, dass noch einmal der Tag kommen möge, an dem Heny wieder an meiner Hand ginge oder an meiner Seite schritte?
Wie viele sehnsüchtige Blicke habe ich auf die Gebäude geworfen, auf die Plätze, die Parks, die Statuen, an denen wir damals gemeinsam auf dem Weg zum Kindergarten, auf dem Weg zur Schule vorbeigekommen waren? So sehnend, so verzweifelt sah ich sie an, dass meine Sehnsucht mit diesen Gebäuden und Plätzen verschmolz und ein Teil von ihnen wurde. Bis zum heutigen Tag muss ich bestimmte Gegenden meiden.

Hingegen an meine damaligen Gefühle, die ich während der Zeit der Trennung und die Jahre danach doch gehabt haben musste, fehlte mir bisher jegliche Erinnerung. Ich durfte damals vermutlich nicht an ihn denken. Hätte ich es getan, wäre ich wahrscheinlich aus dem Fenster gesprungen. Es ist seltsam. Ich hatte mich so sehr mit diesem Leben ohne ihn abgefunden und ausgesöhnt. Doch hätte ich nur einen Augenblick wirklich intensiv an ihn gedacht, so hätte es mir vermutlich das Herz im Leib zerrissen. Daher versuchte ich wohl unbewusst, ihn aus meinem neuen Leben zu tilgen. Ich gestand mir keine Gefühle zu.

Jahrelang hatte ich es geschafft, Heny aus meinem Alltag völlig auszublenden, ihn aus meinem Geist und meinem Herzen zu verbannen.

Bis auf einige wenige Träume, die mich anfangs noch heimsuchten, deren Inhalte jedoch rasch im Laufe des Aufwachens jedes Mal verblassten und die auch im Zuge der Jahre der Trennung immer seltener wurden, bis sie schließlich völlig ausblieben. Im Traume muss ich auch damals schon durch diese mit meinem Sehnen erfüllten Straßen und Plätze gegangen sein. Dann und wann hatte ich wohl an Heny im Schlaf gedacht. Nicht wie an einen konkreten Menschen, sondern losgelöst von Zeit und Raum, so als wäre er zu einer wolkenartigen, nebelhaften Masse zerstoben. Ward mir träumend bewusst, dass er fort war, für immer fort, so fühlte ich im Traum, dass ich in eine tiefe schwarze Schlucht fiel. In eine Leere, die tiefer war als aller Schmerz und alles Leid. Ein Abgrund, aus dem es kein Zurück mehr gab. Keine Berührung. Keinen Laut. Keinen Lichtstrahl.

Es waren mein Schluchzen, meine Tränen, tiefe Reue und meine Gewissensbisse, die mich immer wieder in die Realität zurückriefen und mich weckten. Ohne mich zu erinnern, von wem und was ich eigentlich konkret geträumt hatte, wusste ich jedes Mal, dass es ein Traum über Heny war.

Seit diesem Tag, an dem ich die Todesnachricht erhalten hatte, konnte ich oft am Abend nicht mehr einschlafen. Bilder aus meiner Erinnerung tauchten immer wieder auf, besonders dann, wenn ich zu Bett gehen wollte. Ich versuchte, sie beiseitezuschieben, doch sie bedrängten mich und ergriffen von mir Besitz. Als ziemlich genau ein Jahr später eines meiner leiblichen Kinder ebenfalls mit Drogen in Berührung kam, dank meiner raschen Intervention zum Glück nur vorübergehend, konnte ich diese Gedanken überhaupt nicht mehr in Schranken halten. Mit einem Schlag war mir bewusst geworden, dass es eine realistische Chance gegeben hätte, auch Heny zu retten, wenn ich zum richtigen Zeitpunkt, im entscheidenden Augenblick für ihn da gewesen wäre.

Da ich keine Zuflucht im Vergessen finden konnte, suchte ich meine

Rettung in der Erinnerung. Ich begann unser gemeinsames Leben zu rekonstruieren. Dabei wurde mir bewusst, dass ich gerade an die Zeit, zu der sich unsere Wege trennten und selbst an die Jahre danach kaum Erinnerungen hatte. Weder auf der Erlebnisebene, noch auf der Gefühlsebene. Speziell diese Leere auf der Gefühlsebene war für mich erschreckend. Ich dachte, wenn ich mich nun bemühte, mich an die von vielen Gedächtnislücken geprägte Zeit, die für Henys Lebensweg entscheidend war, wieder zu erinnern, würde es mir besser gehen. Dem war jedoch nicht so. Jedenfalls nicht am Anfang. Ganz im Gegenteil. Meine Gewissensbisse wurden immer mächtiger und drohten mich zu erdrücken.

Doch schließlich konnte ich mich selbst davon überzeugen, dass ich mich mit der Tatsache, dass das, was geschehen war, unabänderlich ist, einfach abfinden müsse. Es dauerte einige Jahre, bevor meine Erinnerungen zu Worten wurden. Und diese Worte mussten die Öffentlichkeit erreichen, denn ihr Sinn lag darin, über Privatinteressen und Privatsachen hinauszugehen und vom Einzelfall auf viele Einzelfälle zu verweisen. Ich hatte eine Botschaft zu überbringen, die alle Eltern, besonders die Eltern in sogenannten Patchwork-Familien, die Eltern in multikulturellen Familien, die Eltern von Kindern und Jugendlichen, die ins Drogenmilieu abgeglitten waren, aber auch alle anderen Eltern und die Kinder dieser Eltern betraf. Meine Botschaft sollte nämlich auch diejenigen erreichen, die selbst nicht betroffen waren, auf dass sie sensibilisiert würden für diese Betroffenheit.

Das Buch, das es zu schreiben galt, begann in mir zu reifen. Schwanger mit diesem Embryo in meinem Herzen wandelte ich durch die Straßen. Alles wollte ich festhalten. Dem Menschen wollte ich gedenken, der seine Seele, seine Persönlichkeit und sein Leben in dieser Geschichte verloren hatte. Dieses Buch sollte werden wie eine Messe, die für den Toten gelesen wird. Gebete, Beichten, Buße und Reue musste es beinhalten.

Ich begann zu schreiben. Denn mit Worten kann man sich vor vernichtenden Gefühlen schützen, weil man sie kontrollieren kann, ohne sich selbst gegenüber unehrlich zu werden. Ich hoffte, dass sich nun nichts mehr und niemand zwischen mich und meine Worte zu drängen versuchte.

Um alles zu erklären, musste ich fast mein ganzes Leben beschreiben. Welchen Menschen ich begegnet bin. Henys Leben und welchen Menschen er begegnet ist. Menschen, welche er eine Zeit lang kannte, weil sich ihre Wege zufällig kreuzten. Menschen, die ihre Spuren hinterlassen haben, an die er sich vielleicht gelegentlich noch erinnerte. Und jene Handvoll Menschen, die für ihn entscheidend waren. Ihn beeinflusst, ihn geliebt, verletzt, verraten und verstoßen hatten, sodass er davon geprägt wurde. Manchmal sogar unmerklich, aber unauslöschlich. So wie ich jetzt bin, hätte ich sein müssen, als ich 20 war oder 30, damals als ich in Henys Leben eine Rolle spielte. Erst nach meinem 40. Lebensjahr wurde ich ein gefestigterer Mensch. Doch da war es für vieles zu spät. Da war es für Heny bereits längst zu spät. Heny war der Sündenbock. Er hatte seine Rolle vortrefflich gespielt. Er war das Opferlamm. Das Opfer, das gebracht werden hatte müssen, damit die restliche Familie ungestört weiterexistieren hatte können. Um die anderen Kinder zu schützen. Um meine Ehe aufrechtzuerhalten, was mir auch nur noch ein paar weitere Jahre lang gelingen hatte sollen.

Was konnte ich nun tun? Einen Kranz kaufen? Einen Nachruf in der Zeitung veröffentlichen? Einen teuren Grabstein bestellen und ein Gedicht eingravieren lassen? Nur um einen kleinen Abglanz auf mich selbst zu werfen? Manchmal spielte ich mit dem Gedanken, ein Waisenkind bei mir aufzunehmen und alles nachzuholen, was ich an Heny versäumt hatte. Doch dann wieder dachte ich, dass ich dies niemals nachholen würde können. Man kann doch nicht an einem Menschen das gutmachen, was man an einem anderen Menschen versäumt hat. Es wäre bloß eine Wiedergutmachung an mir selbst. Also ließ ich es sein. Auch auf dem Friedhof habe ich ihn noch nie besucht, obwohl ich nur vier Straßenbahnhaltestellen von ihm entfernt wohnte. Ich würde mich schämen, jetzt vor sein Grab zu treten, nachdem ich die schwersten Jahre seines Lebens abwesend war.

Über die Autorin

Dary Christine wurde in Österreich geboren. Bereits als Kind erfand sie Geschichten und verfasste Gedichte. Heute geht es ihr vor allem um die künstlerische Gestaltung wahrer Geschichten.

Ihre Abenteuerlust führte sie in verschiedene Länder und Kontinente. Sie hat auf ihren zahlreichen Reisen auch viele afrikanische Länder und die USA bereist. Ihre persönlichen Erlebnisse und Erfahrungen, die sie dabei machte, liefern den Stoff für ihre Erzählungen. Ihre Geschichten sind daher biografisch und autobiografisch, denn sie beruhen auf ganz persönlichen Erfahrungen und Erinnerungen. Die Themen, die sie dabei vor allem beschäftigen, sind Identität und Kulturschock, aber auch Liebe, Beziehungen verschiedenster Ausprägung, Verantwortung, Schuld, Gewissensbisse, Patchwork-Familien mit Migrationshintergrund, Familientragödien, körperliche und seelische Misshandlung, sowie Drogen, Prostitution und Krankheit.
Ihr wichtigstes Werk ist „Geschundene Prinzessin zwischen den Welten“ - die wahre Geschichte über ihr Leben auch mit ihrem Stiefsohn HENY, dem Neffen des österreichischen Kabarettisten Alexander Bisenz, in der sie ihre Erlebnisse in Rückblenden unter anderem als Stiefmutter verarbeitet.

Weitere Publikationen der Autorin

“Spätsommerglühen über Afrika”

“Eine Überdosis Freiheit” bzw. „Ein Funke Hoffnung“

“Late Summer Glow over Africa”

“An Overdose of Freedom” bzw. „California Dreaming“

Die Bücher sind sowohl auf Deutsch als auch auf Englisch über KINDLE/Amazon erhältlich.

„Das schönste Weihnachten und andere Kurzgeschichten und Gedichte“ von Dary Christine und Roxana Isima (KINDLE/Amazon)